UNIVERSITÉ DE FRANCE.

ACADÉMIE DE DOUAI.   FACULTÉ DE DROIT.

THÈSE
POUR LE DOCTORAT

L'acte public sur les matières ci-après sera soutenu le lundi 15 juin 1874,
à trois heures du soir,

Par Désiré FLINIAUX,

Avocat à la Cour d'Appel,

Né à Cambrai le 10 septembre 1851.

LILLE,
IMPRIMERIE L. DANEL.

1874.

UNIVERSITÉ DE FRANCE.

ACADÉMIE DE DOUAI.   **FACULTÉ DE DROIT.**

THÈSE

POUR LE DOCTORAT

L'acte public sur les matières ci-après sera soutenu le lundi 15 juin 1874,
à trois heures du soir,

Par **Désiré FLINIAUX,**

Avocat à la Cour d'Appel,

Né à Cambrai le 10 septembre 1851.

Le Candidat devra en outre répondre à toutes les questions qui lui seront
faites sur les autres matières de l'enseignement.

Président : M. MABIRE,
Suffragants :
MM. TALON,
D. DE FOLLEVILLE, } Professeurs
LEFEBVRE,
TERRAT, } Agrégés, chargés de cours

LILLE,
IMPRIMERIE L. DANEL.

1874.

A MON PÈRE. — A MA MÈRE.

———

A MA SŒUR. — A MON FRÈRE.

———

A MES AMIS.

ESSAI SUR L'INTÉRÊT CONVENTIONNEL

INTRODUCTION.

Il y a longtemps qu'on a dit que l'intelligence humaine était faible, que, dans ses oscillations, elle n'évitait une erreur que pour tomber dans une autre et que la vérité toute nue l'éblouissait. Ces idées qui ont servi de base à bien des systèmes, depuis le doute socratique jusqu'au septicisme d'un Pyrrhon, ne sont malheureusement que trop vraies. Semblable au paysan de Luther, l'intelligence humaine tombe d'un extrème dans l'autre, toujours à la recherche de cette vérité qui est son élément, et que Dieu lui permet d'entrevoir pour l'empêcher de désespérer. Mais si sa condition est précaire, si ce n'est qu'après bien des tâtonnements, bien des efforts, quelquefois bien du sang répandu qu'elle arrive à posséder la vérité, du moins est-il vrai qu'elle y arrive, et qu'une idée vraie entrée dans le patrimoine de l'humanité compense bientôt par ses bienfaits les douleurs de son enfantement. Je veux essayer de faire l'histoire d'une de ces idées. Je veux remonter à l'origine des temps chercher qu'elle a été à sa naissance la théorie de l'intérêt conventionnel, la suivre dans ses transformations, dans ses vicissitudes, essayer de dire ce qu'elle doit être, et armé de ce critérium, juger enfin la législation actuelle ; œuvre de trente siècles , expression dernière d'une tradition imposante autant par son ancienneté que par l'acharnement de la lutte et la puissance des combattants, Ce serait en effet trop restreindre , je dirais même abaisser cette étude, que de la borner à l'analyse d'une législation et à la détermination de son sens et de sa portée. Plus haute et plus relevée est la mission du jurisconsulte. Il doit distinguer dans toute loi ce que le législateur a créé de ce qu'il s'est borné à consacrer , et sortant du domaine du droit positif où la volonté du législateur est la source de tout droit et la règle du juste et de l'injuste, s'élever jusqu'à cette hauteur d'idées d'où il n'aperçoit plus cette volonté que comme un fait qui ne trouve sa justification que dans sa conformité avec le droit naturel et avec la raison. Avant donc d'entrer dans l'étude des lois qui depuis Moïse jusqu'à nos jours ont réglementé l'intérêt conventionnel , je dois rechercher ce que la raison et l'expérience nous enseignent. Ce sera comme un point de repère qui me guidera durant toute cette étude et qui justifiera cette belle parole de Bossuet : « Il n'y a point de droit contre le droit. »

L'intérêt est-il légitime ? Telle est la question qui surgit au début de cette étude, et qui appelle avant tout une solution. Les principes, sur lesquels on s'appuie pour la résoudre , ont été tellement attaqués depuis leur naissance , tant de haines et de malédictions ont été accumulées sur l'intérêt, tant d'adversaires de toute nuance, de toute condition , ont dirigé sur lui leurs coups , que l'on peut dire sans crainte d'être taxé d'exagération que c'est là une des questions qui a soulevé le plus de tempêtes , contre laquelle ont été accumulés le plus de sophismes, et qui a eu le privilège de voir les ennemis les plus irréconciliables se réunir pour la combattre et marcher ensemble sous le même drapeau. Et faut-il s'en étonner ? N'avons-nous pas vu en plein XIXe siècle les principes les plus fortement assis, la propriété, base de toute civilisation, la famille, base de toute morale , être attaquées avec ardeur , je pourrais dire avec rage par des hommes que je voudrais croire convaincus pour ne pas être obligé de les maudire. Sans doute ces institutions n'ont pas fait à leurs défenseurs un appel inutile, sans doute elles ne sont sorties de cette lutte que plus belles et comme purifiées. Mais il n'en a pas moins coûté pour les remettre sur leur piédestal, bien des efforts et bien du sang. L'intérêt, lui aussi, s'est trouvé mêlé à cette lutte. Les adversaires de la propriété ne pouvaient, en condamnant le principe, pardonner à ses conséquences. Je dirai même plus : Il a rencontré devant lui des adversaires que la famille et la propriété n'avaient pas connus. On a cherché contre lui des armes jusque dans les paroles du Christ et l'Église l'a frappé de ses anathèmes. Benoit XIV l'a assimilé au meurtre, Saint-Bernard au vol ; et de nos jours le socialisme a repris à son profit la thèse qu'avait soutenue l'Église. La doctrine de Saint-Bernard est devenue son cri de guerre, et leur chef le plus éloquent et le plus audacieux n'a pas craint d'inscrire sur sa bannière ces mots tristement célèbres « l'intérêt c'est le vol. (1) » On me pardonnera donc au moment d'étudier une question aussi brûlante, de chercher à établir ce que je crois être là vérité. Je m'efforcerai ensuite de réfuter les arguments des doctrines que je combats.

Deux opinions biens tranchées luttent aujourd'hui pour s'assurer la victoire. L'une qui réclame la liberté de l'intérêt et qui est soutenue par les économites ; l'autre qui en demande l'abolition, qui ne voit de principes et de vérité que dans la gratuité du crédit, et derrière laquelle marche toute l'armée des socialistes. Entre ces deux opinions extrêmes se place le système consacré par la loi française, qui reconnaît le prêt à intérêt en le limitant. On a prétendu qu'entre les deux extrêmes la logique n'admettait ni transactions ni compromis. Il faut choisir, a-t-on dit, entre la liberté absolue et la prohibition totale, prendre parti pour Bastiat ou pour Proudhon. C'est là une prétention qui me semble erronée, et après bien des perplexités, après mûre réflexion, je crois que la vérité se trouve ici encore entre les deux opinions extrêmes, et que le poëte a encore une fois raison :

« Inter utrum que tene, medio tutissimus ibis. »

(1) Discussion avec Frédéric Bastiat sur la gratuité du crédit, 5ᵉ lettre.

Demandons-nous d'abord si l'intérêt est légitime. La réponse à cette question sera la réfutation du premier système. J'examinerai ensuite quelles sont les causes qui influent sur son taux, et si le législateur a le droit et le devoir de le limiter. C'est sur ce terrain que je rencontrerai le second système, celui soutenu par les éco· nomistes.

Pour examiner si l'intérêt est juste et conforme aux règles d'équité qui doivent régir les transactions humaines, il importe de prendre un exemple qui montre dans toute sa simplicité le jeu de l'intérêt et permette d'en analyser les éléments:

Pierre a besoin d'un capital qu'il ne possède pas. Il s'adresse à Paul qui lui le possède, et lui demande de le lui prêter pendant un certain temps. Paul y consent, à condition que Pierre lui rendra à l'époque convenue, le capital emprunté et une certaine somme en sus comme rémunération. Que trouvons-nous dans ce contrat? d'abord un service rendu, et cela est évident, puisque le prêteur en fournissant son capital permet à l'emprunteur soit de l'employer dans ses opérations commerciales en y réalisant de gros bénéfices, soit de s'en servir de toute autre manière. Ainsi donc le premier élément qui dégage l'analyse c'est le profit que l'emprunteur peut retirer du capital prêté. Rendons cela aussi lumineux que possible par un exemple, car on ne peut trop préciser en cette matière ou presque tout est contesté. Je l'emprunte à Bastiat: « Voici un homme, dit-il, qui veut faire des planches. Il n'en fera pas une dans l'année, car il n'a que ses dix doigts. Je lui prête une scie et un rabot, deux instruments qui sont le fruit de mon travail et dont je pourrais tirer parti moi-même. Au lieu d'une planche il en fait cent et m'en donne cinq. Je l'ai donc mis à même en me privant de ma chose d'avoir quatre-vingt quinze planches au lieu d'une (1). »

Je pourrais multiplier les exemples pour démontrer ce point évident presque a priori, que celui qui prête rend un service. Aussi cela n'est-il nié par personne, pas même par les socialistes.

« D'un côté, il est très-vrai, dit Proudhon en réponse à cette

____

(1) Gratuité du crédit, 2ᵉ lettre.

lettre de Bastiat que je citais tout-à-l'heure, que le prêt est service et comme tout service est une valeur; conséquemment, comme il est de la nature du service d'être rémunéré, il s'en suit que le prêt doit avoir son prix, ou pour employer le terme technique, qu'il doit porter intérêt. »

Ainsi sur ce premier point la discussion ne naît même pas.

Il est une autre face de la question sur laquelle il ne peut non plus s'élever un doute sérieux, c'est celle de la mutualité des services. En effet si l'on admet, et on ne peut le nier, que le prêteur rende un service, on doit aussi admettre pour ne pas violer le caractère de commutativité du contrat, que le prêteur est en droit de réclamer de l'emprunteur, en échange du service rendu, une valeur équivalente. Cette vérité a cependant été contéstée. Non, a-t-on dit, il ne peut y avoir ici mutualité de service : car celui qui a emprunté un capital, et l'a rendu à l'échéance, n'a eu au fond qu'un usage. On l'oblige en retour d'un usage reçu de restituer une valeur, c'est vouloir compenser l'une par l'autre deux choses sans équivalence possible, c'est détruire le principe de mutualité. Toute cette argumentation, que M. Chevé, l'un des chefs du socialisme, et l'un des rédacteurs du journal de Proudhon, *la voix du peuple*, a développé en 1848, repose sur une équivoque. Car qu'est-ce donc qu'un usage, si ce n'est une valeur, et une valeur susceptible d'être évaluée. De quel droit empêcherez celui à qui un service a qui une valeur a été fournie, de rendre service pour service, et de donner au prêteur une rémunération. Que si vous soutenez qu'on ne peut ne payer un usage avec une cession définitive de capital, vous arrivez aux plus étranges conséquences. Il faudrait, par exemple, que le manœuvre. le domestique rendissent au moment où on les congédie, ce qu'on leur a payé à titre de gage ou de salaire, ce qui serait absurde.

« Il est très vrai, répond Proudhon, que le prêt est un service, mais il est vrai aussi, et cette vérité subsiste à côté de la précédente que celui qui prête dans les conditions ordinaires du métier de prêteur ne se prive pas du capital qu'il prête. Il le prête parce qu'il n'en a que faire pour lui étant suffisamment fourni de capitaux.

Il le prête enfin , parce qu'il n'est, ni dans son intention , ni dans sa puissance, de le faire personnellement valoir ; parce qu'en le gardant entre ses mains, ce capital, stérile de sa nature, resterait stérile , tandis que par le prêt et par l'intérêt qu'il en résulte, il produit un bénéfice qui permet au capitaliste de vivre sans travailler. Or, vivre sans travailler, c'est, en économie politique aussi bien qu'en morale , une proposition contradictoire, une chose impossible. » (1)

J'ai cité complètement le passage où Proudhon expose son argument favori, afin qu'on ne puisse pas m'accuser de le dénaturer. Mais est-ce là autre chose qu'un tissu de sophismes? Si l'on est d'accord sur ces deux premiers points, à savoir que le prêt constitue un service et que la justice exige que le prêteur reconnaisse ce service par une rémunération, qu'importe que le capitaliste ne se prive pas? En rend-il moins un service? En est-il moins propriétaire? Ce capital qu'il prête n'est-ce pas toujours du travail accumulé soit par lui, soit par ses ancêtres, et dont le principe de l'hérédité lui permet de jouir comme s'il l'avait créé? Et du reste cet argument, s'il était vrai, attaquerait aussi bien la vente que le prêt. Ecoutez Bastiat, répondant en économiste spirituel aux sophismes parfois brutaux de son adversaire :

« Celui qui vend ne se prive pas du chapeau qu'il vend. Il le vend au contraire parce que cette vente ne constitue pas pour lui une privation. Il le vend parce qu'il n'en a que faire pour lui-même étant d'ailleurs suffisamment pourvu de chapeaux. Il le vend enfin parce qu'il n'est ni dans son intention, ni dans sa puissance de le faire personnellement servir. » (2)

L'argumentation de Proudhon, on le voit, ne tend à rien moins qu'à ruiner la civilisation en attaquant la propriété elle-même. Si l'on admet que le capitaliste ne peut prêter son superflu qu'autant qu'il n'exige aucune rémunération, ne faut-il pas aller jusqu'à dire que le producteur, le marchand de blé v. g. qui a produit une

<hr>

(1) Gratuité du crédit, 8ᵉ lettre,
(2)   Op. cit.   4ᵉ lettre.

quantité de blé supérieure à sa consommation devra le donner pour rien. Et alors que devient la propriété, que devient ce stimulant de l'activité humaine qui soutient l'homme dans ses travaux et sert de base à la civilisation toute entière. Rien pour rien, service pour service, telle est la formule de la Justice et le fondement du droit. Et du reste, rien ne paraît moins fondé que cette thèse de l'improductivité nécessaire du capital dans les mains du capitaliste. D'une manière ou d'une autre, un capitaliste a toujours l'emploi de son argent. Il ne le prête à intérêt que lorsque les autres formes de placement lui offriraient un revenu moins élevé ou plus incertain. Mais à défaut d'un prêt profitable, qui empêche le capitaliste de faire valoir son argent dans l'agriculture, dans l'industrie et dans le commerce? Il lui est assurément loisible d'acheter une terre ou une usine et s'il ne veut pas mettre lui-même la main à l'œuvre, il peut toujours s'associer à un agriculteur ou à un manufacturier, appliquer ses fonds à une commandite, acquérir des actions dans une entreprise de navigation ou de transport de chemin de fer. En interdisant le prêt à intérêt, les socialistes ont oublié d'interdire l'association et de fermer les voies à l'activité humaine.

Le capitaliste, va dire Proudhon, pourra donc vivre sans travailler? Et pourquoi non? Je ne vois là rien qui soit contradictoire ni en économie politique ni en morale. Le capital dont je vis, je l'ai gagné ou mes ancêtres l'ont gagné pour moi, peut-être à la sueur de leur front. Sans doute, si je laisse périr dans l'oisiveté et l'ignorance les facultés que j'ai reçues en naissant, j'en dois compte à Dieu, mais je n'en dois compte qu'à lui. La société ne peut demander aucun compte à qui respecte la maxime romaine : « honeste vivere, suum cuique tribuere, neminem lædere. »

Battu sur le terrain des principes, le socialisme se rejette sur l'histoire. Sans doute, dit-il, je ne nie point que l'intérêt n'ait eu à une certaine époque sa raison d'être et sa légitimité, mais ce que je soutiens c'est qu'il est devenu aujourd'hui spoliateur et inique, par la raison que la société peut aujourd'hui organiser le crédit gratuit, et que si elle le peut, elle le doit. « Je proteste, s'écrie Proudhon , contre votre crédit à 5 p. %, parce que la société a le pouvoir et le devoir de me le faire à 0 p. %. Et si elle me refuse , je l'accuse ainsi que vous de vol , je dis qu'elle est complice, fautrice, organisatrice de vol. » (1)

Peut-on rien de plus faux qu'une pareille argumentation? Quoi, dites-vous, l'intérêt a pu être légitime autrefois mais il ne l'est plus aujourd'hui. Mais qu'y a-t-il de changé dans les éléments qui le constituent, dans les lois qui le régissent? N'y trouve-t-on pas toujours production de valeur, ne constitue-t-il pas toujours un service? S'il est parfaitement exact que l'intérêt suive une marche descendante, faut-il en conclure qu'il est illicite? Evidemment non et sa légitimité reste intacte et l'on peut affirmer avec monsieur Berthet-Dupinay qu'il ne saurait descendre jusqu'à zéro. Oh, sans doute, vous m'objectez votre crédit gratuit , orgueilleuse et incompréhensible chimère , ridicule panacée avec laquelle vous essayez de dissimuler la fausseté de votre thèse et la pauvreté de vos arguments. Mais ne voyez-vous pas que votre crédit gratuit n'est qu'une utopie? Que ce capital que vous voulez prêter gratuitement , vous ne pouvez vous le procurer qu'en le puisant dans la bourse de tout le monde et que vous ne pouvez arriver à la réalisation de votre chimère , qu'en violant les lois les plus sacrées et en mettant la force publique au service de vos théories? Ne voyez vous pas qu'en déniant toute rénumération au capital, vous le tuez. Vous vous en applaudissez sans doute vous qni n'avez pas craint de l'appeler infâme et de le vouer aux dieux infernaux. Mais en faisant cela, aveugles que vous êtes, vous sollicitez la ruine de ceux que vous voulez défendre. En creusant un abîme entre le capital et le travail, entre les capitalistes et les ouvriers, outre que vous ouvrez la porte aux cataclysmes et déchaînez les tempêtes, vous dirigez vos coups contre ce qui peut seul améliorer la condition de l'ouvrier. Oui, le capital est démocratique et loin de le maudire et de jeter sur lui un anathème aussi coupable qu'insensé, vous devriez, vous qui vous posez en défenseur du peuple, le protéger et le bénir. Sans doute, vous êtes logique quand vous

repoussez le capital et niez le droit de propriété. La négation de
l'intérêt ne peut dériver que de la négation de la propriété elle-
même. Vous êtes forcé d'en convenir et bien que vous affirmiez ne
pas démander l'abolition de la propriété et ne vous attaquer qu'à
ses abus, vous écrivez dans un moment de franchise : « Tant que
la propriété aura pour corollaire la rente et l'usure son affinité
avec le vol sera établi : peut-elle exister dans d'autres conditions?
Quant à moi, je le nie. » (1) Ce n'est pas ici le lieu de défendre
la propriété et de montrer que loin d'être la cause des inégalités
et des misères sociales, elle a arraché l'humanité à la barbarie
pour lui donner la civilisation; de faire voir que fille de la liberté
et du travail, elle a engendré la société. M. Thiers l'a fait avec
éloquence et conviction dans son livre de la propriété, et le
socialisme n'est pas encore remis des coups qu'il lui a portés. Il
me suffit d'avoir montré que l'intérêt n'est pas une question subsi-
diaire et que son existence est intimement liée à celle de la famille
et de la propriété.

Je ne m'arrêterai pas plus longtemps à la réfutation de ce système insoutenable au point de vue des principes et du droit et
dont on ne peut attribuer la célébrité qu'à l'importance et à
l'acharnement de ses défenseurs. Je ne me suis attaqué, en le réfutant, qu'à ses partisans les plus récents, et je puis dire les plus
habiles, bien que l'intérêt ait eu à subir avant eux des assauts qui
l'ont terrassé pendant plusieurs siècles. La raison de cette restriction qu'on pourrait à tort considérer comme un oubli, est double.
J'ai voulu, d'abord, au lieu de prendre corps à corps des fantômes
(car je ne puis appeler autrement les arguments que l'église a mis
en avant pour justifier rationnellement ce qu'elle imposait du reste,
comme règle de foi), n'attaquer à la dernière expression vraiment
sérieuse de cette doctrine, et en réfutant ses derniers et ses plus
redoutables sophismes, la frapper au cœur. J'ai cru en second lieu,
qu'il était plus logique de placer ces arguments canoniques qui
n'ont plus qu'une valeur historique dans un chapitre postérieur où

(1) Gratuité du crédit, 9° lettre.

j'étudierai plus spécialement l'influence et la doctrine de l'Église dans l'ancien droit, en ce qui touche l'intérêt.

Ainsi et à ce point de la discussion, nous avons dégagé le premier élément de l'intérêt, c'est-à-dire le service rendu constituant une valeur, et à ce titre, devant servir de base à une rémunération. C'est sur le premier élément qu'ont porté tous les efforts de l'école socialiste, qui n'a réussi par la contradiction qu'elle a fait naître, qu'à mettre en plus vive lumière cette incontestable vérité. Mais là n'est pas le seul élément qu'une analyse attentive nous fasse découvrir dans ce fait complexe de l'intérêt. Il y a aussi le risque, le danger que court le prêteu, de se trouver en face d'un emprunteur insolvable et de perdre ainsi le capital qu'il a prêté.

« Le propriétaire foncier qui loue sa terre, dit Jean-Baptiste Say, n'a pas à craindre de la perdre. Son fermier ne peut ni détruire le fonds ni l'emporter et le propriétaire est assuré tout au moins de rentrer dans son bien si le locataire est hors d'état de payer les loyers. Il n'en est pas de même du propriétaire du capital; son capital peut être soustrait par la mauvaise foi, il peut être dissipé par l'impéritie. Un capitaliste qui calcule, est donc obligé d'exiger de son emprunteur non seulement le loyer de son instrument (loyer qui représente le service que cet instrument est capable de rendre) mais en outre, une prime d'assurance qui représente le risque que le capitaliste court de le perdre. Cette prime, ce loyer, s'expriment dans un seul terme, qui est le taux de l'intérêt. Mais il est évident que cet intérêt se compose de deux parties (1). »

Voilà donc les deux éléments qui composent la rémunération à laquelle le prêt donne droit: loyer du capital, prime d'assurance pour le risque subi.

Examinons séparément quelles sont les circonstances qui en théorie paraissent devoir faire varier chacun des deux éléments dont se compose l'intérêt. C'est là que nous rencontrerons les principaux arguments que mettent en avant les économistes pour combattre la

1) J. B. Say, *cours d'économie politique*, chap. XVI.

loi de 1807, et réclamer la liberté du taux de l'intérêt. Supposons d'abord que l'emprunteur jouisse du crédit le plus assuré et le mieux établi, qu'il ait donné au prêteur les garanties les plus sûres de telle sorte qu'il n'existe véritablement aucun danger pour le prêteur, de perdre ni son capital, ni ses intérêts. Dans une telle circonstance, le taux de l'intérêt sera la représentation exacte du loyer du capital, et la prime d'assurance contre les risques n'entrera pour rien dans sa composition. Ramené à cet unique élément, l'intérêt rentre sous la loi commune et la grande loi de l'offre et de la demande le régit, d'après la doctrine économique, comme toutes les autres valeurs. C'est qu'en effet, dit-elle, l'argent n'est qu'une marchandise comme une autre subissant les mêmes variations et toujours en corrélation parfaite avec les oscillations de l'offre et de la demande.

« Plus la demande sera vive, dit Jean-Baptiste Say, et plus le taux de l'intérêt haussera d'autant plus que les capitaux disponibles seront rares. Il baissera d'autant plus que les capitaux disponibles seront plus abondants et la demande moins vive. Le prix du loyer monte ou baisse suivant les lois qui gouvernent toutes les valeurs (1) »

Nous connaissons donc la loi qui, d'après les économistes, régit les oscillations diverses du taux de l'intérêt. Mais quels sont les phénomènes économiques qui influent sur l'augmentation ou sur la diminution de l'offre et de la demande ?

Et d'abord, le taux de l'intérêt diminue, dans le cas où les capitaux abondent. Il ne faudrait pas en induire que l'intérêt baissera en raison de la plus ou moins grande quantité de métaux précieux qu'un pays peut posséder. Non, car les métaux précieux, la monnaie métallique, en un mot, n'ont de véritable influence qu'autant qu'ils centuplent le travail et contribuent ainsi à augmenter la richesse générale de la nation. S'il est vrai que l'intérêt a baissé à l'époque de la découverte des mines de l'Amérique, cela provient surtout, comme l'a fait remarquer M. Baudrillard, de ce que tous

____

(1) Op. cit., *cours d'économie politique*, chap. XVI.

les capitaux se sont multipliés par l'effet de la science et de la mécanique qui ont si considérablement diminué les frais de production. Cela est si vrai, que l'on trouve l'intérêt très-élevé dans les pays où les métaux précieux abondent, plus bas dans les pays où il y en a peu. Ainsi, en Australie, l'intérêt est monté de 15 à 25 %, pendant qu'en Hollande, en Angleterre, il n'est guère que de 4 %.

Ce n'est pas seulement l'augmentation ou la diminution des capitaux provenant de l'augmentation ou de la diminution de la richesse qui peut provoquer la hausse ou la baisse de l'intérêt, c'est aussi l'augmentation ou la diminution de l'offre. Il faut bien se garder de croire que la baisse de l'intérêt soit toujours le signe assuré de la prospérité du commerce. De même que la hausse de l'intérêt provoquée par l'augmentation des demandes peut être le signe d'une renaissance d'activité commerciale, de même la baisse de l'intérêt peut être le signe d'un état de souffrance. Et, en effet, on demande peu quand on n'espère pas réaliser un bénéfice. Cela se produit dans tous les cas ou un gouvernement arbitraire, un malaise social, un symptôme d'insurrection ou de trouble, vient jeter la défiance dans le monde commercial et paralyser l'activité. Le commerce et l'industrie ne vivent que de sécurité. Là où elle fait défaut, les capitaux se cachent et ne trouvent plus d'emploi. C'est ce que dit en quelques mots, Jean-Baptiste Say, dans son cours d'économie politique.

« Un gouvernement est-il absolu, se livre-t-il à l'impulsion du premier mouvement comme celui de Napoléon, surtout vers la fin ? Vous verrez l'intérêt descendre à un taux fort bas. Une résolution capricieuse intempestive peut alors changer toutes les données et déranger les combinaisons les plus méditées. Quel motif aurait-on pour payer chèrement le loyer d'un instrument qu'on n'aurait aucun moyen d'employer avec sécurité (1). »

Toutefois et en dehors de ces exceptions, la baisse de l'intérêt est

(1) J.-B. Say, *cours d'écon. polit.*, chap. XVI.

en général un signe de prospérité sociale et elle est le but que la civilisation doit poursuivre dans l'intérêt de tous.

Nous avons étudié jusqu'ici les causes qui peuvent influer sur le taux de l'intérêt en le supposant réduit à l'unique élément du loyer du capital. Nous avons exposé la doctrine économique sans la discuter, nous verrons tout-à-l'heure quelles sont les conséquences que les économistes veulent en tirer.

Ce n'est pas de ce premier élément que naissent les plus grandes fluctuations de l'intérêt. Ils viennent de la prime d'assurance qui, plus ou moins forte, suivant les personnes et les circonstances, se joint naturellement au loyer. Plusieurs causes, en effet, influent puissamment sur le taux mobile de ce second élément de l'intérêt. D'abord, et cela est évident, la plus ou moins grande honorabilité de ceux qui empruntent, leur solvabilité, leur crédit. Pour certains même dont la loyauté et la solidité commerciale sont connues ce second élément disparaît presque complètement.

Une seconde cause qui influe sur le danger couru par le prêteur et par conséquent amène tantôt la hausse et tantôt la baisse de la prime d'assurance, c'est l'emploi fait par l'emprunteur des fonds prêtés. Si l'emprunteur se sert du capital prêté pour fonder ou augmenter une entreprise commerciale qui réunisse toutes les conditions que l'économie politique considère comme nécessaires, si, d'un autre côté, l'entreprise a son siége dans un endroit peu éloigné, avec lequel les communications soient faciles, ce qui permettra au prêteur d'exercer une surveillance plus sérieuse et plus continue, toutes ces circonstances amènent comme conséquence la baisse de la prime d'assurance et par suite du taux de l'intérêt. Au contraire, et c'est sur ce point qu'appuient surtout les économistes, si l'emprunteur ne demande de l'argent que pour satisfaire ses premiers besoins et le consacrer à ses plaisirs, cette consommation improductive ne lui offre aucun moyen de s'acquitter. Il ne peut remplir ses obligations qu'en se procurant d'autres ressources ; ce qui augmente les chances d'insolvabilité et par suite les risques courus par le prêteur.

Telles sont les vérités que la théorie nous présente comme certaines et que les économistes mettent en avant pour réclamer la liberté du taux de l'intérêt. C'est sur ce terrain que nous les rencontrons et le devoir nous incombe, à nous qui soutenons le principe de la loi de 1807, de démontrer que les arguments qu'ils en tirent, ne sont pas irréfutables, et que l'expérience souveraine en pareille matière et des considérations plus élevées, tirées de l'ordre public et de la morale, viennent leur donner un éclatant démenti.

Et d'abord, il est une question préjudicielle qu'il importe de résoudre au seuil de cette discussion. Avant de savoir, disent les économistes, si le législateur a le devoir de limiter le taux de l'intérêt, il importe d'examiner s'il en a le droit? Il est deux choses en effet que toute législation doit respecter : la liberté personnelle et le droit de propriété. Toute loi qui atteint l'une ou dénature l'autre est mauvaise. Or que fait le législateur en fixant une limite au taux de l'intérêt? Il vient s'ingérer dans une convention purement privée faite entre personnes majeures et capables, et y dicter des conditions que ni l'une ni l'autre peut-être n'eût acceptées. Il porte donc atteinte à la liberté des parties sans motifs et met des entraves au droit de propriété. Cette première objection paraît péremptoire; on peut cependant y répondre. En effet, s'il est vrai que le législateur doive respecter les manifestations de la liberté humaine et protéger le droit de propriété, il n'en est pas moins vrai qu'il a le droit, et je dirais même le devoir, d'y apporter certaines dérogations quand des considérations supérieures viennent l'exiger. Qui niera au point de vue spéculatif d'abord que le législateur ne puisse par des mesures prohibitives ou restrictives mettre un frein à la cupidité et prévenir des désordres sociaux. Ne doit-il pas avant tout faire régner l'équité et n'est-ce pas un axiome de droit que les principes les plus incontestables doivent fléchir devant des considérations d'un ordre supérieur. Qu'on veuille bien le remarquer, l'erreur de nos adversaires vient de ce que, considérant un principe comme bon, ils veulent sans tenir compte des nécessités pratiques et d'autres considérations plus élevées, le voir partout et toujours appliqué. Or c'est là ce qu'on ne peut admettre. Le principe le meilleur et le plus incontesté peut entraîner des conséquences fâcheuses. Vrai et fécond dans une situation il peut être faux et dangereux dans une autre. Aussi aucune législation n'a t elle jamais hésité à y apporter des dérogations quand l'équité l'exigeait, se souvenant que le *summum jus* entraînait toujours la *summa injuria.*

Et si nous considérons plus spécialement la matière qui nous occupe, la loi de 1807 consacre-t-elle un principe de droit nouveau inusité en législation et qu'aucun peuple n'ait admis. N'est-elle pas au contraire la dernière expression d'une tradition imposante dont l'origine remonte jusqu'à la loi des XII tables et qui s'est continuée jusqu'à nous? N'y a-t-il pas encore en Europe d'autres peuples qui aient refusé de consacrer législativement la doctrine nouvelle? Si donc il n'y a rien d'arbitraire en théorie, ni d'inusité en législation à faire régler par la loi le taux de l'intérêt, si même cette fixation prend le caractère d'un devoir social, puisque le défaut de toute limitation a entraîné des vices qui ont souvent troublé la chose publique elle-même, c'est en vain qu'on se retrancherait dans cette double proposition que Lmiter l'intérêt conventionnel serait porter atteinte d'abord au droit de propriété, ensuite à la liberté naturelle des conventions. C'est en effet en se plaçant au point de vue de l'équité et de l'ordre public, devant lesquels ces grands principes doivent eux-mêmes fléchir, que les législations anciennes et modernes ont admis des dispositions limitatives de l'intérêt et répressives de l'usure.

Et du reste peut-on dire ainsi qu'on le prétend qu'il y a une atteinte portée au droit de propriété? Ce n'est là qu'une affirmation qui, comme beaucoup de celles émises par les économistes, quoique purement théorique est désavouée par la théorie elle-même et de plus condamnée par la pratique. S'il est juste et équitable en effet que l'argent procure à son légitime propriétaire une rémunération proportionnée au service qu'il rend, il est non moins juste et non moins équitable que cette limite ne soit pas dépassée et que le patrimoine de l'emprunteur ne soit pas employé à satisfaire les prétentions exagérées et iniques d'un prêteur sans loyauté. Loin d'être une atteinte au droit de propriété, la loi modératrice du taux de l'intérêt en est au contraire la sauvegarde puisqu'elle empêche dans un contrat où le prêteur est libre, que celui-ci n'abuse de la position qui lui est faite pour s'approprier injustement le patrimoine de l'emprunteur.

Qu'on ne vienne pas me dire qu'une fois dans cette voie il n'y a aucune raison pour ne pas tarifer tous les contrats et par exemple pour ne pas fixer un quantum à la location d'un immeuble, car ce serait là, comme je le reprochais tout à l'heure aux économistes, arriver par la généralisation à outrance d'un principe à appliquer les mêmes règles à des situations toutes différentes. Car l'argent, comme je le montrerai plus tard en réfutant un autre argument économique, est un capital d'une nature toute particulière auquel on ne peut appliquer sans tomber dans de fâcheuses erreurs les règles régissant les capitaux ordinaires. Instrument nécessaire de toutes les transactions, condition *siné quá non* de la satisfaction des besoins les plus indispensables, il a le privilège d'être toujours demandé par le pauvre ou par la classe commerciale chez qui les capitaux personnels ne sont pas en rapport avec les opérations projetées. Et c'est ce qui fait que dans le contrat de prêt c'est la misère ou les situations difficiles qui sont presque toujours exploitées. En est-il de même dans le louage d'immeubles ? Qui osera soutenir que c'est la misère qu'on exploite quand la location d'un immeuble se conclut à un prix trop élevé ?

J'arrive, après cette discussion préliminaire, aux deux arguments principaux des économistes, ceux qu'ils font entrer en ligne quand le combat s'engage sérieusement et sur lesquels ils se reposent surtout du succès de leur cause. Il importe en raison de leur importance de les examiner avec soin.

L'argent, disent-ils d'abord, est une marchandise ne différant en rien des marchandises ordinaires et à ce titre il doit rentrer sous la grande loi de l'offre et de la demande qui seule peut donner aux choses leur véritable prix. Et d'abord je ferai remarquer que cet argument n'a pas l'importance décisive que ses partisans veulent bien lui attribuer ; car à supposer même qu'il fut irréfutable et que l'argent fût une marchandise, la question de savoir si certains principes de droit commun ne doivent pas fléchir devant des considérations d'un ordre supérieur resterait entière et suffirait à elle seule pour assurer la supériorité à l'opinion que je défends. Mais je veux bien pour un moment faire abstraction de l'observation qui précède et ne considérer en l'argument que l'argument lui-même. Eh bien! envisagé ainsi je soutiens qu'il n'est rien moins que concluant. Je nie d'abord que l'argent soit une marchandise comme une autre et ensuite qu'il soit possible de laisser la détermination de son prix à la loi de l'offre et de la demande, car à mes yeux l'argent diffère profondément de tout ce qui forme la matière habituelle des contrats et par sa nature intrinsèque et par le rôle qu'il joue dans la société. Et d'abord n'est-il pas vrai que l'argent a une nature spéciale, une sorte de privilége dont il jouit à l'exclusion de toute autre marchandise. Valeur par excellence il sert de mesure à toutes les richesses, d'instrument à toutes les transactions. C'est grâce à lui qu'une société civilisée peut vivre, car il engendre la vente en l'absence de laquelle on serait réduit à l'échange c'est-à-dire à une véritable impossibilité. Il est la marchandise par excellence, l'aliment indispensable de toutes les industries; de lui dépendent les destinées du travail et de la société. Est-il donc possible de ne pas reconnaître l'abîme qui sépare l'argent des autres marchandises, et est-il raisonnable pour s'asservir à une formule, d'abdiquer sa raison et de dénaturer les faits.

Mais, disent les économistes, il est un point que vous ne pourrez pas contester quelle que soit l'opinion que vous adopliez sur notre formule, c'est que la loi de l'offre et de la demande, qui rayonne sur la science toute entière et qu'il est impossible de nier, doive ici, comme en toute autre matière, recevo'r son application. Loin de moi l'intention de nier ce principe dont l'économie politique est si fière. Mais tout en reconnaissant sa parfaite exactitude, je soutiens que dans cette matière spéciale de l'intérêt, l'application en est fausse et qu'ici encore les économistes n'ont pas voulu comprendre que des principes vrais dans leur sphère ne le sont plus au delà. Car, pour que la loi de l'offre et de la de-

mande ne soit pas une lettre morte et produise tous les effets
qu'on est en droit d'attendre de la concurrence, il faut que, si la
demande est susceptible de s'accroître et de diminuer, l'offre soit
aussi de son coté susceptible de subir les mêmes oscillations. Il
faut qu'il puisse y avoir ce qu'on appelle en langage économique
un marché où les prétentions contraires, grâce à leur abondance,
puissent, en s'accordant, déterminer le prix normal qui représente
dans un certain rayon commercial la valeur vraie de l'objet
négocié. Or, tout cela est-il possible quand les transactions portent
sur le capital argent? Les économistes le prétendent, et ce n'est
pas là un de leurs moindres arguments que de faire miroiter aux
yeux de la foule, avec le libre jeu de la concurrence et de la liberté
du taux de l'intérêt, la séduisante promesse de la réduction
progressive de l'intérêt et de l'abolition de l'usure. Cette perspective est assurément tentante et d'autant plus insidieuse qu'elle
semble faire planer sur les adversaires des doctrines économiques
le reproche de contribuer à empêcher l'abaissement du taux de
l'intérêt. Est-ce là vraiment la conséquence qu'il faille tirer de
la doctrine que je défends. Heureusement non, et je crois que
l'on peut avec beaucoup plus de raison, et en s'appuyant sur les
faits, montrer avec l'histoire que c'est précisément dans la période
de liberté que le taux de l'intérêt a considérablement augmenté.
Les économistes ont-ils donc oublié ce fait historique et qui certes
a bien son éloquence, que dans l'espace des quelques mois qui
s'écoulèrent entre le décret du 17 avril 1793, qui donnait à l'argent
la qualité de marchandises, et celui qui la lui enlevait, le taux de
l'intérêt s'éleva subitement en France à 50 p. %. Ce n'est pas
tout, comment se fait-il que l'intérêt qui dans la limite légale
devrait subir les lois de la concurrence ait échappé aux causes
d'oscillations qui atteignaient les autres marchandises? A-t-on vu
un seul instant pendant cette période de plus de soixante ans
l'intérêt tomber au-dessous de cinq pour cent. Que l'on considère
depuis 1807 l'échelle des prêts civils en France, et l'on verra que,
quelle qu'ait été la prospérité commerciale et industrielle du pays,
quelque accumulation de capitaux qui se soit produite, le taux

légal de l'intérêt est resté la condition immuable de toutes les transactions. Comment expliquer cette déviation de la loi économique, cette conséquence dont les économistes trouvent plu simple de faire retomber la responsabilité sur la loi de 1807, alors qu'assurément dans la limite qu'elle fixait, la concurrence ne subissait aucune entrave? J'en trouve la raison dans ce fait, que la concurrence en matière d'argent a une portée beaucoup moins grande qu'en toute autre matière.

Qu'on veuille bien en effet considérer l'argent dans sa nature intrinsèque. C'est une marchandise inaltérable qui n'est exposée à subir ni dépréciation ni avaries. Ajoutez à cela qu'il est on ne peut plus facilement transportable et vous aurez en peu de mots l'explication de l'affirmation que j'ai énoncée. Pour que la loi de l'offre et de la demande puisse produire ses effets ordinaires, il faut que l'offre soit par suite de certaines circonstances, irréductible, et dépasse ainsi la demande. C'est ce qui arrive pour les marchandises ordinaires quand la production a excédé les bornes de la consommation et que les producteurs encombrés d'une masse de produits susceptibles de se détériorer rapidement, ou difficilement transportables, sont obligés pour éviter une perte plus considérable, de les vendre à un prix même inférieur au prix réel, sauf à compenser cette perte quand la situation se modifiant en leur faveur les aura à leur tour rendus maîtres du marché. Rien de pareil ne peut se produire en matière d'argent.

L'offre essentiellement réductible peut toujours se maintenir dans cette situation qui lui permet de faire la loi. L'argent s'accumule-t-il dans un lieu, le capitaliste peut garder sa marchandise qui ne subira aucune dépréciation. Il peut, étudiant avec soin l'état du monde monétaire, le transporter immédiatement et à peu de frais là où il est peu nombreux et ne peut suffire à la demande. Véritable Protée que la demande ne peut atteindre et qui se rit de ses efforts en lui imposant ses lois. Conséquence toute simple de cette nature exceptionnelle c'est que le marché régulateur que rêvent les économistes n'est qu'une illusion que, dans leur désir, ils prennent pour une réalité. L'argent est trop facilement transportable, son accumulation est chose trop difficile pour que la concurrence puisse sérieusement s'établir et que d'infinies et identiques transactions puissent déterminer d'une manière exacte l'état du marché monétaire, et fixer avec quelque autorité le taux normal de l'intérêt. La conclusion est donc qu'il n'y aura pas de marché d'argent parce qu'il ne peut y en avoir. Il ne restera dès lors que des capitaux stationnaires pour venir en aide au besoin de la propriété foncière et du petit commerce. Or, que se passera-t-il le jour où comme le demandent les économistes la liberté de l'argent sera proclamée? Cela n'est pas difficile à prévoir. La lutte économique s'engage en effet d'un côté entre un capitaliste qui peut attendre sans subir aucune perte, que rien n'oblige à contracter si l'emprunteur ne peut pas passer sous les fourches caudines qu'il lui prépare; de l'autre côté, un emprunteur agriculteur ou commerçant qui a besoin d'argent pour se procurer un petit capital qui lui permette d'employer son activité ou de parer à une crise. La lutte est-elle égale? Lequel selon vous succombera? L'emprunteur évidemment dont le maigre patrimoine ira bientôt grossir celui de son prêteur. Cette extrémité désastreuse la loi de 1807 a au moins l'avantage de l'écarter.

Le taux qu'elle a fixé n'est pas une création arbitraire qui ne s'inspire ni des besoins d'une partie, ni des droits de l'autre; Il est né de l'expérience qui, en cette matière, a toujours servi de guide au législateur. La statistique lui a fourni les éléments de sa décision. Elle lui a montré quelle était en France la moyenne des profits et c'est sur cette base rationnelle qu'il a établi la limitation. Qu'on ne s'y trompe pas, du reste, le taux légal est suffisamment rémunérateur et dans cette limite invariable, le capitaliste trouve un profit au moins égal à celui qu'une oscillation continuelle pourrait lui procurer. Aussi, n'est-ce pas dans le monde des affaires, dans le monde pratique, que les plaintes et les attaques s'élèvent. Le taux de 5 p. 100, répond à la nature des choses et aux plus légitimes exigences. Cela est si vrai, qu'il est entré dans nos mœurs et qu'il est considéré comme le taux régulateur qui établit l'équilibre entre les prétentions contraires, et empêche de naître ou tout au moins réprime, dans la plupart des cas, les visées excessives que l'imagination des prêteurs pourrait enfanter.

Ainsi, et à ce point de la discussion, je crois avoir victorieusement réfuté le premier argument des économistes reposant sur ce que l'argent est une marchandise comme une autre et sur ce que la loi de l'offre et de la demande doit par conséquent lui être appliquée.

Mais il n'est pas le seul et les économistes se placent alors sur un autre terrain. Comment comprendre, disent-ils, que l'on puisse *à priori* sans tenir compte des circonstances et des situations respectives des parties contractantes fixer un prix unique et invariable, à l'intérêt de l'argent. Que l'on puisse apprécier jusqu'à un certain point, le taux moyen du loyer, nous le concédons ; mais il est un autre élément que l'analyse a dégagé dans l'intérêt et qui lui est complètement inappréciable et se refuse à toute réglementation. C'est le risque. Or, c'est là qu'éclate dans tout son jour, le vice de l'œuvre législative de 1807, puisqu'elle prétend fixer une limite à ce qui rationnellement ne peut en accepter aucune. L'argument est spécieux et semble au premier abord irréfutable. On peut cependant y répondre. Quelle est, en effet, la situation ordinaire dans un contrat aléatoire. Dans un tel contrat, ce qui se vend, ce qui s'achète, ce qui, en un mot, fait l'objet du contrat, c'est le risque lui-même parfaitement apprécié, librement débattu, entre les parties contractantes qui s'engagent en connaissance de cause et non sous l'influence d'une nécessité. En est-il de même dans le prêt à intérêt ? Le risque est-il l'objet même du contrat de prêt ? Non, il n'en est qu'un élément accessoire. Ce n'est pas sur le risque que les parties traitent, ce n'est pas lui qui est l'objet de la convention, c'est le capital emprunté. Le risque n'est qu'un élément des conditions imposées par le prêteur. Or, qui, je vous le demande, appréciera quel est ce risque et à quel taux il convient de l'estimer? Le prêteur seul à la discrétion duquel l'emprunteur se trouve livré. Celui-ci n'a point comme garantie de ses droits, la libre discussion. Le prêteur lui impose ses conditions, apprécie le risque comme il l'entend sous l'influence d'un caprice ou d'une inmorale avidité et fait de cette appréciation une condition *sine qua non* de la passation du contrat. Qu'importe, que je sois un honnête homme, fidèle à mes engagements, et d'une inattaquable probité, si mon prêteur a intérêt (et il l'aura toujours) à supposer le contraire. Qu'importe, que je puisse lui offrir des sûretés qui lui assurent la restitution intégrale de son capital, s'il les juge insuffisantes. La liberté n'existe plus dans une pareille situation. L'une des parties et la plus digne de pitié est livrée pieds et poings liés à l'autre. Est-ce là de l'équité? Est-ce là de la justice? Non, certes, et notre législation tout entière proteste contre un pareil résultat.

Loin de moi la pensée, en protégeant l'emprunteur besoigneux contre une appréciation arbitraire, que je dénie au prêteur le droit de faire, de laisser ce dernier désarmé devant les dangers qu'une insolvabilité pourrait lui faire courir. La loi elle-même y a pourvu en augmentant le quantum du taux en matière commerciale et en élargissant les règles qui limitaient et gênaient le contrat de gage appliqué aux matières commerciales. Qu'on les augmente encore, si ces sûretés paraissent insuffisantes! C'est là qu'est la solution juste; car en même temps qu'elle garantit les droits du prêteur, en lui assurant la restitution de son capital, elle est utile à l'emprunteur dont elle augmente le crédit.

Il est encore un autre reproche que l'on fait journellement à toute loi limitative, c'est de contribuer à augmenter l'intérêt par l'accroissement du risque. En effet, dit-on, le prêteur à tous les dangers que peut lui faire courir l'insolvabilité possible de son débiteur, aura à ajouter ceux qui naissent d'une loi répressive. Il voudra, en un mot, escompter d'avance la pénalité qui le menace et s'assurer tout au moins, un dédommagement pécuniaire. Sans aucun doute, ceux qui font cette objection ne réfléchissent pas aux conséquences inadmissibles auxquelles elle conduit. Que propose-t-on, en effet, à la loi? De s'avouer vaincue devant la fraude et de reculer impuissante à la réprimer. Quoi! parce que quelques misérables trouveront dans la loi une occasion de plus d'enfler leurs prétentions et de stipuler une rémunération exhorbitante, faudra-t-il que le législateur manque à son devoir en présence de l'ordre public compromis et de la morale outragée? Et, au reste, à quelles conséquences n'arrive-t-on pas. N'est-ce pas dans bien des cas aboutir à rayer de notre Code toute sanction pénale? N'est-ce pas le caractère de toute loi répressive que d'augmenter les risques et par conséquent d'accroître les prétentions de ceux qui la violent. Singulière législation serait celle qui pour réprimer les crimes, n'aurait d'autres ressources que l'impunité.

Il est encore une autre impossibilité contre laquelle, dans le système des économistes, on vient se heurter. D'accord sur le principe de la liberté du taux de l'intérêt, les économistes se séparent aussitôt. Les uns, logiques dans leurs déductions et niant que l'usure soit autre chose qu'un vain mot, ne veulent admettre aucune répression pénale. Ils ne font aucune distinction entre l'intérêt modéré et l'intérêt excessif. A leurs yeux, l'un et l'autre sont la conséquence licite d'une convention libre qu'il faut respecter. « Dire que l'usure doit être prohibée, dit Bentham, ce n'est pas dire autre chose, sinon que l'intérêt le plus élevé qu'il soit permis de stipuler, doit être fixé par la loi ».

On ne peut, sans doute, faire à ces économistes le reproche de manquer de logique, mais on peut, à coup sûr, ce qui est plus grave, leur reprocher de sacrifier la justice à une satisfaction de parti. Comment! Voilà un homme qui n'a d'autre industrie que l'exploitation de la misère, dont les spéculations misérables n'aboutissent qu'à la ruine et peut-être au désespoir de malheureux ouvriers et la loi devrait tolérer une pareille conduite, bien plus, semblerait l'approuver. Il faut avoir fait de la logique une idole, pour ne pas reculer devant une pareille situation. Aussi, la plupart des économistes, sentant que l'exagération nuirait à leur doctrine, ont-ils admis que l'usure excessive et frauduleuse devrait être réprimée. Mais ils tombent alors dans un inconvénient non moins grave que le premier et qui n'avait pas échappé à la clairvoyance de Turgot : « Les cas, disait-il, où la loi est observée et ceux où l'infraction est tolérée, n'étant point spécifiés par la loi même, le sort des citoyens est abandonné à une jurisprudence arbitraire et changeante ». Voilà le danger ; c'est qu'en l'absence de texte, la détermination de l'usure devrait être abandonnée à l'arbitraire des tribunaux dont les appréciations varieraient à chaque affaire. Et alors, quelle sûreté y aurait-il dans les conventions, quelle certitude dans les transactions quotidiennes. Tel tribunal trouverait dans une convention une stipulation usuraire là, où tel autre, ne verrait qu'un prêt parfaitement licite. Ce serait là un pouvoir exorbitant contre lequel protesterait notre législation tout entière. Les économistes se trouvent ainsi enfermés dans un dilemme dont il leur est impossible de sortir. De deux choses l'une, en effet. Ou bien logiques à outrance, ils poussent leur principe jusqu'à ses dernières conséquences et n'admettent aucune répression, et alors, ils violent la justice distributive au nom d'une science trop dédaigneuse des idées simples et justes, ou bien ils reculent devant cette conséquence, et alors, ils tombent dans l'arbitraire le plus complet.

Il est encore d'autres considérations que je peux faire valoir en faveur de l'opinion que je défends. S'il est une partie du travail national qu'il importe avant tout de protéger et de développer, c'est assurément celle qui a trait à l'agriculture. C'est là, une des sources les plus sérieuses de notre richesse nationale, une des branches les plus considérables de notre industrie. Et bien, je ne crois pas trop m'avancer ici, en affirmant que ni la petite propriété qui est en immense majorité dans notre France, ni même la grande, ne pourraient supporter un intérêt supérieur au taux légal. Supprimez la loi modératrice de 1807, et par l'inévitable élévation du taux de l'intérêt vous arrivez à ruiner l'agriculture. Quelques trésors de prévoyance qu'il ait amassés, quelle que soit la grandeur de ses ressources et son habileté, celui qui cultive lui-même sa terre, ne pourrait sans s'obérer, s'engager au paiement d'un taux usuraire. C'est là une situation, que je crois exacte et devant laquelle, j'en suis sûr, reculeraient les partisans du système de la liberté.

Ce n'est pas tout, l'abolition de la loi de 1807 entraînerait encore une conséquence non moins grave et tarirait l'une des sources les plus abondantes de notre richesse nationale, je veux parler de

l'épargne. C'est en effet l'un des caractères distinctifs de la race
Française, de cette nombreuse et forte bourgeoisie tant marchande
qu'agricole, de prélever la part la plus grande possible sur la
richesse et de l'accumuler en prévision de l'avenir. C'est ce qui
faisait dire à Adam Smith qui avait si profondément étudié les
mœurs et la constitution de notre pays : « Il se fait obscurément et
en silence dans une nation, par l'irrésistible besoin d'assurer
l'avenir, il se réalise une telle somme d'épargnes que de période
en période historique on reconnaît facilement une amélioration
constante dans la fortune publique et privée. Et la cause immédiate
de l'augmentation du capital national c'est l'épargne et non l'industrie. » Et son disciple le plus célèbre, Léon Faucher, exprimait
la même idée quand il disait « l'Anglais s'enrichit par la production
et le Français par l'épargne. » Or s'il est un fait incontestable,
c'est que l'épargne s'accommode moins de l'élévation des capitaux
que de leur régularité et de leur fixité. Que les bénéfices soient
considérables et chanceux, l'esprit d'aventure et de spéculation se
développe, les désirs de jouissance augmentent au grand détriment
de la prévoyance et de la moralité. Cette vérité ressort lumineuse
de la pratique des caisses d'épargne qui s'alimentent presque exclusivement par le concours de cette classe de population à revenus fixes
et certains. Le taux limité de l'intérêt ne contribue pas peu à faire
acquérir aux revenus ces deux caractères si importants et il dé-
montre cette vérité si profonde, quoique en apparence si triviale, que
les capitaux ont des mœurs.

Enfin, et c'est à cette dernière considération que je m'arrête pour
ne pas dépasser les bornes que je dois fixer à ce travail, la loi de
1807 loin de nuire au développement du commerce et de l'industrie
ne fait au contraire que l'asseoir sur des bases plus solides et contribue à rendre moins fréquents ces désastres commerciaux dont le
contre-coup se fait toujours douloureusement sentir. Ecoutons
Adam Smith dans son ouvrage admirable sur la richesse des
nations : « La limitation légale des profits qui se font dans les prêts,
dit-il, est une circonstance qui doit rendre le prêteur plus attentif
aux sûretés qu'on lui offre et plus disposé par conséquent à s'assurer

de la prudence des entreprises que son argent est destiné à soutenir. D'où l'on peut induire que la tendance des lois limitatives du taux de l'intérêt, est d'aider à discerner les bons des mauvais projets et de favoriser les premiers aux dépens de ceux-ci. » Et il ajoutait : « Si le taux légal dans la Grande Bretagne se trouvait porté jusqu'à 8 ou 10 %, la plus grande partie de l'argent destiné à être prêté le serait aux prodigues et aux hommes à projets qui seuls consentiraient à donner un intérêt aussi élevé. Une portion du capital du pays se trouverait ainsi retiré des mains les plus capables d'en faire un emploi profitable et avantageux pour être livré à celles qui selon toute apparence ne pourraient en faire qu'un mauvais usage. » Ces paroles sont claires et je les crois vraies. Elles renferment une idée profonde et dont l'importance n'échappera à personne. Le taux élevé de l'intérêt entraîne comme conséquence, les spéculations hasardeuses sans lesquelles il ne pourrait exister. Le même reproche pourra-t-il être adressé à la loi de 1807. Le commerce a-t-il été entravé faute de capitaux ? nul n'oserait le prétendre et l'on n'a pas encore oublié les déclarations de M. de Forcade la Roquette dans la séance du 29 mars 1862, prouvant par des chiffres incontestables que le commerce extérieur avait plus que quadruplé dans cette période d'un demi-siècle. Du reste c'est précisément sur ce prodigieux développement du commerce et de l'industrie que l'on se fonde pour demander la liberté du taux de l'intérêt. Soyons donc justes envers les choses comme nous devons l'être envers les personnes, ne les dénaturons pas dans l'intérêt d'un système et sachons reconnaître la vérité, quelles que soient nos préférences personnelles et l'amour que nous portons à une théorie.

Il importe maintenant, après cette discussion exclusivement économique, de nous élever jusqu'à une sphère plus haute que semble trop dédaigner l'économie sociale moderne. Loin de moi la pensée de chercher à déprécier cette science qui encore à son berceau a déjà rendu de si grands et si incontestables services. Je n'ai pas oublié les coups mortels qu'elle a portés aux théories malsaines qu'a vues naître notre époque, et les principes féconds qu'elle a mis en lumière. Le seul reproche que je me permette de lui

adresser c'est de s'être laissée trop souvent égarer par des déductions a priori et de n'avoir pas toujours tenu assez de compte de
l'éloquence brutale et instructive des faits. C'est ensuite d'avoir
exagéré sa compétence et d'avoir cru et de croire encore pouvoir
résoudre à elle seule tous les problèmes sociaux qu'elle pense être
de son domaine exclusif. Ainsi et pour ne prendre un exem, le que
dans la matière spéciale qui nous occupe, s'il est hors de doute que
l'économie politique a bien fait de dénier à la religion sa compétence, il n'est pas moins vrai que c'est de sa part une prétention
exhorbitante de prétendre qu'en dehors d'elle ce problème ne peut
être sérieusement résolu. L'économie politique a pour but l'étude
du mécanisme de la richesse ; elle ne va pas au delà de la prospérité commerciale et industrielle, de l'abondance des capitaux, du
bonheur et de la grandeur matériels des peuples. Là est sa sphère,
là elle est compétente. Mais n'y a-t-il que ces questions qui puissent
s'imposer à nos études ; n'y a-t-il que ces principes qui puissent à
bon droit prétendre à une part d'influence dans la solution des
problèmes sociaux ? Personne n'oserait le prétendre, car au-delà de
la perfection matérielle il y a la perfection morale et intellectuelle
qui elle aussi a bien ses droits. Il est donc indispensable pour
rester dans la vérité des principes et pour éviter d'en faire une
application désastreuse de soumettre les solutions que cette science
nous donne au contrôle de l'intérêt général de la morale et de l'ordre
public. Cette vérité est du reste reconnue par des économistes eux-
mêmes : « Si dans une question, disait Rossi, l'intérêt le plus cher
d'une nation, le but dominant est la richesse, c'est l'économie
politique qui doit l'emporter. Quand le contraire a lieu, les considérations économiques ne sont plus que des motifs de second ordre. »
Toute la question est donc de savoir si le degré de civilisation d'une
nation, si la place qu'elle occupe dans le monde se mesure à sa
richesse ou à sa moralité. Or pour tous ceux qui ne se sont pas
laissé prendre aux piéges d'une philosophie menteuse, pour tous
ceux qui ont à cœur le bonheur et la grandeur de leur patrie, le
choix ne saurait être un instant douteux. L'économie politique doit
donc reconnaître la prééminence de la morale dans toutes les

questions qui y touchent par quelque endroit. Or l'intérêt est de ce nombre. Il ne s'agite pas seulement dans la classe secondaire des intérêts matériels. Son rôle est plus noble. Il met en mouvement l'idée de justice, relève de la morale qui est au plus haut point engagé dans le débat. Libre, l'histoire est là pour le montrer, il ouvre la porte à toutes les convoitises, aux spéculations les plus basses et les plus effrénées. La morale se voile la face devant cette soif de jouissances matérielles, de calculs sans pudeur qui se dégagent de cette partie bestiale de l'homme que la raison et la religion ont tant de peine à comprimer. L'avidité ne connaît plus de limites, les notions les plus élémentaires de la morale semblent s'effacer et l'honnête homme se laisse même parfois entraîner par ce tourbillon qui emporte l'humanité. Dira-t-on que j'invente à plaisir pour le besoin de ma cause et que j'accumule à dessein les couleurs les plus sombres pour noircir le tableau. Mais grand Dieu ! ce que j'essaye de reproduire ici, n'est-il pas écrit tout au long dans l'histoire parfois même en lettres de sang. N'avons-nous pas le récit lamentable des misères de Rome et du Moyen-Age, des séditions causées par les souffrances d'une plèbe exploitée sans pudeur. De tout temps en face des maux énormes causés par l'usure on a essayé d'y porter remède. Le plus souvent on s'est contenté de limiter le taux de l'intérêt, parfois aussi on a été jusqu'à l'abolir. On demande aujourd'hui de le rendre libre. Evitons l'un et l'autre excès. Répudiant la doctrine du Moyen-Age ne nous laissons pas égarer par cette perspective attrayante de liberté si voisine de la licence que les économistes font miroiter à nos yeux. Maintenons haut et ferme le drapeau de la morale et en présence d'une si ancienne et si respectable tradition, n'oublions pas le cri patriotique d'un de nos plus illustres jurisconsultes : « *Nefas est corrumpere leges patrias.* »

DROIT ROMAIN.

APERÇU HISTORIQUE DES LÉGISLATIONS ANTÉRIEURES AU DROIT ROMAIN.

L'usage par le prêteur de se faire payer une certaine somme par l'emprunteur jusqu'à ce que celui-ci se soit libéré, se rencontre dans les sociétés les plus anciennes. Les textes qui régissent cette matière remontent presque aux temps héroïques, tant le prêt à intérêt est indispensable à toute société même naissante. Étudions-les en détails en suivant autant que possible l'ordre chronologique des temps.

CHAPITRE 1er.

DE L'INTÉRÊT CONVENTIONNEL CHEZ LES HÉBREUX.

Il y a dans la bible plusieurs textes émanés de Moïse qui nous montrent quelle étaient à cette époque les idées sur l'intérêt et que les partisans et les adversaires de l'usure ont tour à tour revendiqué. Le premier est tiré du Deutéronome et est ainsi conçu : « *Non fænerabis fratri tuo ad usuram, pecuniam nec fruges nec quamlibet aliam rem ; sed alieno. Fratri autem tuo, absque usurd, id quo indiget, commendabis ; ut benedicet tibi Dominus tuus in omni opere tuo in terrd ad quam ingredieris possidendam* (1). Ce texte dans son premier alinéa interdit aux Juifs d'exercer entre eux le prêt à intérêt. Le second alinéa le permet entre juifs et étrangers. Aussi les partisans de l'intérêt s'en emparent-ils pour soutenir que Moïse ne considère pas le prêt à intérêt comme contraire au droit naturel ; car comment admettre dans l'opinion adverse qu'il l'ait autorisé entre Juifs et étrangers. Qu'il l'ait défendu pour un motif politique, cela se conçoit aisément, mais on ne peut soutenir, en présence de ce texte, qu'il ait fait de cette défense un précepte de morale. Les jurisconsultes et les docteurs chrétiens ont cependant essayé d'expliquer ce texte dans le sens de leur opinion. Saint-Thomas soutient que Moïse a toujours considéré le prêt à intérêt comme contraire au droit naturel mais qu'il l'a toléré par condescendance pour leur cœur avare et dur, *ad duritiam cordis eorum.* La plupart des juris-

(1) Deutér., cap. 18, v. 19 et 20.

consultes chrétiens Pothier, et Domat entre autres, se contentent
de cette explication que leur foi plus que leur raisonnement les
oblige à admettre. Il est étrange de voir une telle pensée dans la
bouche d'un saint, car elle tend à faire admettre que Dieu se prête
aux passions humaines et sait au besoin violer la loi naturelle
quand elle est contraire à ses desseins. Ce n'est rien mions, qu'un
blasphème.

Saint-Ambroise donne de ce passage une autre interprétation qui
pourrait sembler, à première vue, plus admissible. Elle est tirée de
son livre *de Tobid* chap. XV. Voici comment il s'exprime: « *Legis
verba considera: Fratri tuo non fœnerabis ad usuram sed alieni-
genæ..... Quis erat tunc alienegenus nisi Amaleck, nisi Amorrœhus,
nisi hostis? Ibi, inquit, usuram exige... ab hoc usuram exige
quem non sit crimen occidere.* » Il ressort de ce texte que la raison
pour laquelle on peut prêter à intérêt à l'étranger et le pressurer par
l'usure, c'est qu'on le considère comme maudit et qu'on peut sans
crime l'exterminer. Mais outre que cette interprétation est divinatoire, on peut s'étonner aussi de la trouver dans la bouche d'un
saint. Car il n'est pas plus permis de violer le droit naturel chez un
ennemi qu'envers un concitoyen. Camille, qui n'était point un
saint, pratiquait une morale plus pure, quand il disait: « *sunt et
belli sicut in pacis jura.* »

La véritable interprétation de ce texte consiste, je crois, à dire
que Moïse n'a nullement considéré le prêt à intérêt comme contraire au droit naturel et qu'il l'a interdit entre les Juifs par des
motifs purement politiques. Voulant maintenir entre eux la concorde,
il a pensé que les rapports de créancier à débiteur étaient une
cause fréquente de trouble et cela explique qu'il ait interdit le prêt
à intérêt parmi son peuple. Il est constant que Moïse voulait plier
les Juifs à des sentiments de charité. Aussi établit-il dans le Deutéronome les meilleurs préceptes pour calmer la soif des richesses, (1)
pour ménager le débiteur, respecter son domicile, attendre le paie-

(1) Proverb. XXVIII, v. 8, 11, 16, 20, 22.

ment de la dette, plutôt de la bonne volonté que de la contrainte. (1)
De là aussi la remise des dettes tous les sept ans dans cette fameuse
année sabbatique où toutes les affaires étaient arrêtées (2). Cette interprétation est donc la plus rationnelle ; elle découle du reste naturellement du reste et d'un autre passage du Lévitique : « *pecuniam tuam
non dabis ad usuram et frugum surperabondantiam non exiges.* » (3)·
Du reste chez les Hébreux le commerce était presque nul.
C'était un peuple pasteur. On comprend que leur législateur ait pu
sans inconvénient leur interdire le prêt à intérêt.

----

(1) Deutér., c. 24, v. 6, 10, 11, 19.
(2)　　Id.　　c. 15, v. 11 et 8.
(8) Lévitique, cap. 25, v. 86 et 87.

CHAPITRE II.

DE L'INTÉRÊT CONVENTIONNEL CHEZ LES GRECS.

En passant en Grèce nous nous trouvons en présence de peuples tout différents. La Grèce, outre quelques petites villes de moindre importance, comprenait deux peuples aussi dissemblables de mœurs et d'habitude que de législation. D'un côté Athènes, la ville intelligente, frondeuse, commerçante; de l'autre Sparte, centre de guerriers pour qui les travaux de l'esprit et du commerce n'étaient que secondaires et qu'une législation dure et souvent contraire à la nature avait immobilisés. Aussi ne trouve-t-on dans cette dernière aucune trace de l'intérêt. On a prétendu le contraire sur la foi de Plutarque, mais à tort selon nous. Car on sait que les relations de Sparte avec les autres peuples voisins furent très-restreintes et que l'or et l'argent étaient sévèrement proscrits. Tout le numéraire de Sparte consistait en quelques morceaux de fer non façonnés, passés au feu et ensuite trempés dans du vinaigre pour qu'il devînt impossible de les employer à un autre usage (1). Sparte était du reste peu commerçante. On n'y connaissait que l'échange, et la peine capitale était encourue par ceux qui cachaient de l'or et de l'argent. Il est donc permis de croire qu'elle ne connut pas même le prêt à intérêt.

Nous rencontrons les mêmes principes chez les Perses dont la

(1) Plutarque, *Vie de Lycurgue.*

constitution était encore plus rigide que celle des Lacédémoniens (1).

Tout autres étaient le peuple et la législation d'Athènes, ville commerçante et industrielle. On y pratiquait fréquemment le prêt à intérêt, et loin que les lois les prohibâssent, on y trouve un système de crédit parfaitement organisé. La banque florissait et les nécessités du commerce avaient révélé à cette cité toutes les formes principales du prêt à intérêt et notamment le prêt à grosse aventure. Démosthènes nous apprend cependant que toute action était déniée au prêteur d'argent sur un vaisseau qui transportait du blé dans un autre port qu'Athènes (2). En dehors de ce cas exceptionnel l'intérêt était libre. Le taux le plus usité était de 10 %, mais il pouvait s'élever jusqu'à 18 et même jusqu'à 30 % (3). Nous voyons même dans un passage de Xénophon, que la plupart du temps le capital était triplé en un an par l'adjonction des intérêts. Ce taux exorbitant ne se présentait du reste que dans le prêt commercial. L'intérêt civil était plus modéré et ne dépassait guère 16 %. Du reste la législation Athénienne avait organisé un système de garanties pour le prêteur et particulièrement l'hypothèque publique. Enfin les lois de Dracon permettaient de réduire en servitude et de vendre à l'étranger le débiteur, sa femme et ses enfants quand les biens ne suffisaient pas à l'acquittement de la dette (4).

Mais si les lois autorisaient le prêt à intérêt que la constitution même du peuple Athénien rendait indispensable, les philosophes et les poëtes, raisonnant théoriquement au lieu de se guider par l'expérience, s'efforçaient de le combattre. On connaît la fameuse théorie d'Aritote (5) sur laquelle s'appuyèrent les Pères de l'Église et les Conciles pour légitimer la proscription de l'intérêt. Nous l'étudierons plus à fond quand nous arriverons à l'histoire de cette

(1) Applien, *de bellis civilibus*, 1, p. 103.

(2) Démosth. *in Laertium*, p. 173, *édit de Verdière*.

(8) Voy. d'Anach. 58.

(4) Diogène de Laërte, *Vie de Solon*.

(5) Aristote le politique, 1. I, cap. 7.

époque. Aristophane, lui aussi, dans ses Nuées se jouait avec sa verve mordante de l'intérêt.

« Crois-tu, dit un débiteur à ses créanciers, que la mer soit plus grande qu'autrefois? » et comme celui-ci reconnaît qu'il serait très-fâcheux que la mer devînt plus grande : « Comment, maraud, ajoute le débiteur, tu dis que la mer où tous les fleuves du monde viennent se jeter n'est pas plus grande qu'autrefois et tu prétends que ton argent augmente tous les jours. »

Le peuple applaudissait à ces saillies, mais l'intérêt reposant sur la nature des choses n'en restait pas moins vainqueur de toutes les attaques.

---

(3) Aristophane, *les Nuées*, act. IV, sc. V.

DE L'INTÉRÊT CONVENTIONNEL A ROME.

CHAPITRE Ier.

NOTIONS GÉNÉRALES.

Il n'est peut-être point de peuple dans l'histoire desquels l'intérêt ait joué un plus grand rôle que le peuple Romain. Ce qui pour les autres peuples n'est qu'une question juridique ou économique était chez lui une question vitale, à laquelle se mêlait la politique, brandon de discorde entre les classes, à qui les plébéiens durent une grande part de leurs conquêtes mais qui faillit aussi plusieurs fois arrêter brusquement à leur naissance les destinées du peuple romain. « *Sane velus*, dit Tacite, *Urbi fænebre malum et seditionum discordiarumque creberrima causa.* » On ne peut donc traiter la question de l'intérêt à Rome sans faire une longue incursion dans son histoire, et, chose étrange en une matière qui au premier abord semble de pur droit, les matériaux nous sont en grande partie fournis par les historiens et les poëtes, les monuments originaux étant pour la plupart perdus. Avant d'entrer dans l'étude même du sujet, il importe pour éviter toute confusion de définir nettement les quelques expressions spéciales qui reviendront souvent dans ce travail et sur le sens desquels il faut parfaitement se fixer.

Le *mutuum* est un contrat réel par lequel une personne transfère à une autre la propriété de certaines choses à la condition que celle-ci lui rendra plus tard une égale quantité de choses de même nature et de même qualité. On est d'accord sur les éléments constitutifs du *mutuum*, sur ses conditions d'exercice et ses effets juridiques. On l'est moins sur son étymologie. Les commentateurs repoussent en général l'étymologie des Institutes que Justinien avait empruntée à Paul et à Gaïus, et d'après laquelle le mot *mutuum* viendrait de ce que la chose nous est donnée *ut ex meo tuum fiat*. On préfère généralement l'interprétation de Varron : « *Si datur quod reddatur, mutuum quod Siculi* μοῖτον. » Il est, en effet, prouvé que les Romains empruntèrent aux Siciliens la plupart des dénominations concernant les monnaies.

Le *fœnus* n'est qu'une variété du *mutuum*. C'est le prêt à intérêt proprement dit, tandis que le *mutuum* est tout prêt de consommation purement gratuit. Les Romains le distinguèrent avec soin du *mutuum*. Nonius Marcellus indique d'une manière très-précise la différence entre les deux contrats. « *Mutuum a fœnore hoc distat, quod mutuum sine usuris, fœnus cum usuris sumitur* ». Les jurisconsultes Romains ont aussi beaucoup discuté sur l'étymologie du mot *fœnus*. D'après Varron, *fœnus* viendrait de *fœtus*, fruit, produit. « *A fœtu et quasi fœtura quadam parientis atque increscentis* ». Mais le grammairien Hypsicrate et Cloatius Perrus, cités l'un et l'autre par *Aulu Gelle* donnent au mot *fœnus* une autre étymologie : « *Fœnerator appellatus est quasi* φαινεράτωρ ἀπὸ τὸ φαίνεσθαι ἐπὶ τὸ χρηστότερον, *quoniam id genus hominum speciem ostentent humanitatis et commodi esse videantur inopibus nummos desiderantibus* ». Aulu Gelle repousse cette interprétation qu'il qualifie d'insensée et il approuve celle de Varron que Pestus a également suivie.

L'intérêt, au point de vue juridique, doit être considéré comme un fruit. Quelle raison y a-t-il de distinguer quand on néglige les détails, entre les produits périodiques d'un champ 'qui sont les moissons, le produit d'une maison qui est le loyer et le produit d'une somme d'argent qui est l'intérêt. Cette analogie avait frappé les jurisconsultes Romains, si bons juges en pareille matière. Aussi, voyons-nous Ulpien nous dire dans la loi 34, *de usuris* (22. 1) : *Usuræ vicem fructuum obtinent, et merito non debent a fructibus separari »*. On pourrait, à la vérité, objecter une autre loi du Digeste, la loi 121, de *verbor. significat.* (50, 16) qui au premier abord paroit en contradiction avec la loi précitée. Elle dit, en effet : *« Usura pecuniæ quam percipimus in fructu non est : quia non ex ipso corpore sed ex alia causa id est nova obligatione »*. Mais cette contradiction n'est qu'apparente et on applique ce texte en disant qu'il signifie simplement que l'intérêt n'est pas un fruit véritable produit organiquement par la créance du capital. C'est pourquoi, la loi 34, dit: *« vicem fructuum »* sont assimilés à des fruits. Papinien exprime la même idée dans la loi 62, pr. D. *de rei vindic.* (6, 1,) en disant: *« Vectura, sicut usura non natura percenit, sed jure percipitur »*. Il n'y a là, qu'une vérité assez indifférente au point de vue du droit, à savoir que les intérêts ne sont pas des fruits dans le sens propre du mot. Les modernes expriment la même idée par la distinction qu'ils établissent entre les fruits naturels et les fruits civils.

Ainsi, le *mutuum*, c'est le prêt de consommation. Le *fœnus*, c'est le prêt de consommation qui a pour objet une somme d'argent avec stipulation d'intérêts. L'intérêt, les Romains l'appellent *usura*. *Caput, sors* c'est le capital. Nous verrons plus tard en traitant du taux de l'intérêt quels noms les Romains avaient donnés aux différents degrés de l'échelle du taux.

CHAPITRE II.

ESQUISSE HISTORIQUE DE LA LÉGISLATION ROMAINE SUR L'INTÉRÊT.

On peut dire sans crainte d'être taxé d'exagération que l'usure a été inhérente à la constitution de Rome. C'était une terre admirablement appropriée à sa nature et sur laquelle elle a poussé ses plus fortes tiges et porté ses plus beaux fruits. Reportons-nous, en effet, aux origines de Rome que M. Fustel de Coulanges a si admirablement décrites. Romulus et ses compagnons arrivent sur les bords du Tibre, pour y fonder leur nouvelle ville. Ils y ont transporté avec un soin religieux, leurs foyers et leurs dieux. La religion qui, à cette époque est dominante, les rend aussitôt propriétaires, en fera plus tard des Patres et donnera enfin naissance à toute leur législation. Trop peu nombreux pour former un peuple, ils font appel à tous les hommes sans patrie et sans foyer. Ceux-ci accourent et forment la plèbe sans existence religieuse, n'ayant aucun droit, aucune prérogative, si ce n'est celle de vivre sous la dépendance des Patres.

Toute l'histoire romaine, depuis sa naissance jusqu'à Auguste, n'est que l'histoire de la lutte entre les deux classes; la première voulant monter et conquérir l'égalité des droits civils et politiques; la seconde, jalouse de son pouvoir et voulant continuer à régner sous le manteau de la religion. Sans ressources aucunes, n'ayant d'autre propriété que ses bras, la plèbe est obligée d'emprunter aux patriciens pour se procurer un petit capital. Elle cultive la terre et

peut d'abord faire face aux engagements qu'elle avait contractés.
Mais peu à peu, le trafic s'inocule et se répand dans les dernières
classes. Les emprunts deviennent plus considérables et plus fréquents et le patricien à l'auréole dont l'entouraient déjà la religion
et les ancêtres ajoute bientôt la puissance de la fortune. A tous ces
liens qui enchaînaient déjà la plèbe au patriciat se joignent les
liens nouveaux et si rigides dans la législation Romaine dérivant des
rapports de créancier à débiteur. Aussi, voyons-nous bientôt le
peuple qui augmente tous les jours en nombre et qui sent croître
ses forces en même temps que l'idée du droit commence à naître et
à se développer en lui, étouffer pour ainsi dire, dans la situation
qui lui est faite et mordre sa chaîne pour la briser. Sa condition,
du reste, s'aggravait de jour en jour. Sans cesse en guerre avec
les populations voisines, jalouses de cette cité naissante à qui les
oracles prédisaient l'empire du monde, les patriciens étaient obligés d'appeler à leur secours les plébéiens pour courir sus à l'ennemi et repousser ses invasions. Le peuple forcé de s'équiper lui-
même et de s'entretenir sur son maigre patrimoine (1), trouvait à
son retour, son champ ravagé, sa cabane incendiée. Encore, si les
dépouilles de l'ennemi étaient venues compenser un peu ses pertes,
il eût pu prendre son sort en patience et remplir ses engagements.
Mais la guerre qui comblait les patriciens de richesse et de gloire,
n'était pour les plébéiens qu'une cause de misère et de ruine.
« *Accensaque ea cupiditas*, dit Tite-Line, *malignitate patrum qui
devictis eo anno Volscis æquisque militem præda fraudavere. Quod
captum est ex hostibus vendidit Fabius consul et redegit in publi-
cum* (2) ». Aussi, dans l'impossibilité de relever sa maison et de
réparer ses pertes, le plébéien n'avait d'autres ressources que d'implorer le patricien pour se faire escompter l'espérance de la pro-
chaine victoire. Celui-ci, rendu plus impitoyable par les risques que
la situation précaire de son débiteur lui faisait courir, stipulait un

(1) La solde ne fut établi qu'en 849 de la fondation de Rome, 87 ans après
la loi des XII tables.

(2) Tite Live, II, 42, Junge, liv. III, 81.

intérêt énorme, assuré de voir bientôt son patrimoine s'arrondir de celui de son emprunteur. Qu'on juge de ce que devait être la situation du Plébéien, rongé par l'usure, s'enfonçant de plus en plus dans l'abîme où il engloutissait, non seulement ses biens, mais encore sa personne et celle de sa femme et de ses enfants. En vain, il s'adressait à la terre lui demandant à la sueur de son front de quoi nourrir sa famille et apaiser un créancier impitoyable. Celui-ci arrivait au moment de la récolte et enlevait à son malheureux débiteur jusqu'à sa dernière ressource. Heureux encore, quand ce dernier n'échangeait pas sa liberté contre l'esclavage dans la prison des villes où son créancier pouvait le tenir enchaîné, lui, sa femme et ses enfants. On connaît les prescriptions odieuses du droit Romain à l'égard des débiteurs insolvables. Ils se divisaient en deux classes : les *nexi* et les *addicti.* Les premiers tiraient leur nom de la solennité qui avait donné naissance à leur obligation. Le *nexum* était, en effet, un mode de contracter le prêt à intérêt, en employant la balance. Cet acte solennel produisait des conséquences autres que celles qui dérivaient du prêt à intérêt ordinaire Si le débiteur ne payait pas à l'échéance, le créancier était investi de la *manûs injectio*, c'est-à-dire, du droit de saisir, *obtorto collo*, le débiteur et sa famille, de les emmener dans sa maison où il les faisait travailler pour lui, jusqu'à ce qu'ils l'eussent payé. Ils prenaient alors le nom de *nexi.* Qu'une telle situation amenât dans la pratique des résultats révoltants, on le conçoit aisément. Tite-Live nous en a, dans des pages indignées, conservé les hideux détails. Les débiteurs, mis ainsi par la loi à la disposition de leurs créanciers, n'étaient que trop souvent les victimes de sa violence et de sa lubricité. Ce n'est qu'avec un profond dégoût qu'on lit dans Tite-Live (1), le honteux épisode dont l'usurier, L. Papirius, fut le triste héros. Ces excès amenèrent heureusement une réaction et l'on vit apparaître la loi Pætelia, abolissant les mesures coercitives contre les personnes des débiteurs et infligeant ainsi à la contrainte par corps un hideux stigmate. « *Pecuniæ creditæ bona creditoris non*

----

(1) Tite Live, liv. VIII, tit. XXVIII.

corpus obnoxium esset (1). » Cette loi est considérée par Tite-Live comme le point de départ de la liberté romaine : « *Eo anno plebi Romanæ velut aliud initium libertatis factum est quod necti desierunt* ».

Telle fut la condition des nexi jusqu'au moment où la loi Pætelia vint mettre un terme aux horreurs que la pratique avait révélées. La condition de la seconde classe des débiteurs, de ceux qui n'avaient pas employé les formes solennelles du nexum, ne le cédait en rien à la première en injustice et en cruauté. *L'addictus* était le débiteur qui, poursuivi par son créancier, avait été condamné *in judicio* par le judex ou avait avoué sa dette in jure devant le magistrat. Si trente jours après la sentence il n'avait pas payé, le créancier avait sur lui la *manus injectio judicati* (2) Il le conduisait devant le magistrat et si le débiteur ne donnait pas un répondant, un vindex, il était déclaré addictus et était mené dans la maison du créancier. Il devenait esclave de fait. La loi des XII tables avait fixé le poids de ses chaînes à quinze livres, la quantité de farine qu'il pouvait exiger à une livre. Cet état durait soixante jours pour donner au créancier et au débiteur le temps de transiger. Pendant ce délai il fallait conduire trois fois *l'addictus* sur la place publique, un jour de marché. On proclamait la dette en demandant si quelqu'un voulait l'acquitter. Après le troisième jour, le débiteur était vendu comme esclave trans Tiberim. Voilà pour le cas où il n'y avait qu'un seul créancier. S'il y en avait plusieurs, la loi des XII tables portait : « *tertiis nundinis partes secanto, si plus minus ve secuerunt, se sine fraude esto.* » Ainsi les créanciers pouvaient couper leurs débiteurs en morceaux et se les partager. Ce mode d'exécution du jugement a paru tellement atroce que beaucoup d'auteurs ont cru qu'il ne fallait l'entendre que dans un sens figuré, la loi voulant dire que les créanciers pourraient se partager les biens de leur débiteur. Montesquieu a

(1) Op. loc. citat.

(2) Gaïus, l. IV, § 21.

paru le révoquer en doute (1), mais je ne crois pas qu'il soit possible de suivre l'opinion de ces auteurs en présence d'un texte formelle d'Aulu Gelle. Le philosophe Favorinus cause de la loi des XII tables avec le jurisconsulte Sextus Cæcilius et il lui dit : « *Nunc de immanitate illa secandi patiendique humani corporis, si unus ob debitam pecuniam judicatus addictusque sit pluribus, non libet meminisse et piget dicere; quid enim videri potest efferatius, qui ab hominis ingenio diversius quam quod membra et artus inopis desitoris brevissimo laudatu distrahebantur, sicut nunc bona in renum distrahuntur.* » Et Sextus Cæcilius, le jurisconsulte, félicite le philosophe sur sa grande connaissance de la loi des XII tables. Or, si les mots *partes secanto* avaient été métaphoriques, il n'aurait pas manqué de relever l'erreur de son contradicteur. Du reste, il ajoute : « *Dissectum antiquitus, neminem equidem neque legi neque audivi.* » (2) Et nous trouvons aussi dans Quintilien : « *sunt enim quædam non laudabilia natura sed jure concessa; utin XII tabulis debitoris corpus inter creditores dividi liceat, quem legem mos publicus repudiavit.* » (3) Que cette loi ait été appliquée ou non, je crois avoir démontré qu'elle existait dans toute sa réalité atroce et c'en est déjà trop pour l'honneur d'un peuple.

Ainsi, et pour résumer en quelques mots la situation du débiteur à Rome, tout se tournait contre lui pour l'accabler. Saccagé et ruiné par des guerres incessantes, écrasé par de lourds impôts, sentant de jour en jour augmenter sa dette par l'accumulation d'intérêts exorbitants, le plébéien n'apercevait dans l'avenir pour comble de maux, que la prison et l'esclavage pour lui et les siens, heureux encore s'il échappait à la mort horrible qu'une législation barbare permettait à son créancier de lui infliger. Faut-il donc s'étonner de l'horrible misère dont Tite Live nous trace le sombre tableau ? De nos jours, le paupérisme sévit encore sur une partie notable de nos populations. Il y a encore bien des souffrances

(1) Montesquieu, *Esprit des lois*, cap. XXIX, 2ᵉ note
(2) Aulu-Gelle, noct. atl., liv. XX, chap. I.
(3) Quintilien, orat. III, 6.

exploitées par des misérables et qui de temps en temps font explosion, mais quel abîme n'y a-t-il pas entre cette misère présente
et la misère romaine que tout contribuait à aggraver tandis que
la nôtre diminue de plus en plus sous l'influence féconde et réparatrice du travail, de la prévoyance et de la liberté. Dans chaque
palais, à Rome, il y avait une prison où gémissaient de malheureux
débiteurs. Faut-il s'étonner des révoltes continuelles d'un peuple
qui souffrait à ce point. Tantôt c'était un vieillard hâve et décharné
qui, s'échappant des mains de ses gardiens, accourait sur la
place publique implorer le secours des Quirites en disant : « *æs alienum fecisse.* » (1) Tantôt c'était un vieux centurion, la poitrine
couverte de blessures reçues sur le champ de bataille et qui venait
montrer ses épaules déchirées (2), tantôt on voyait un jeune
homme le corps lacéré par les verges pour avoir résisté aux bru-
tales passions de son créancier (3). Tantôt enfin le Forum était
sillonné par de longues files de débiteurs emmenés par les
créanciers passant mornes et la rage au cœur devant une foule
humiliée et d'autant plus sympathique qu'elle sentait suspendue sur
sa tête la même catastrophe.

Pendant tout le temps que dura la royauté, alors que le taux de
l'intérêt était illimité, le peuple ne se sentant pas assez fort, dût
subir sans protestations les exactions des Patriciens. Mais lorsque
celle-ci se fût écroulée, et que le pouvoir dictatorial eût bientôt
remplacé, par suite de la gravité des circonstances, le pouvoir
consulaire, le peuple sentant le besoin qu'on avait de lui, releva
la tête et commença à poser des conditions. Déjà Rome avait
triomphé des premiers ennemis que lui avait suscités la famille
des Tarquins lorsque se dressa devant elle un péril plus pressant
que tous ceux qu'elle avait victorieusement affrontés. Une dernière
aspiration de liberté et d'indépendance soulevait les peuples voisins
et alliés du Latium et une ligue terrible se formait contre elle. A

(1) En 259, Tite Live, II, 23.
(2) En 370. Id. VI, 14.
(3) En 429, Tite Live, VIII, 29.

ces dangers extérieurs se joignirent bientôt des troubles intérieurs. Convoqués pour courir à la défense de la patrie, le peuple refusait de combattre. Il ne voulait plus verser son sang pour cette patrie, tendre mère pour les patriciens qu'elle comblait de faveurs, à qui elle accordait gloire, puissance, fortune; dure marâtre pour le peuple à qui elle ne réservait en récompense de ses travaux que la misère et l'esclavage. Il demandait en échange de son concours qu'on le déchargeât de l'usure qui le rongeait et qu'il ne fût pas exposé, lui le maître du monde, en revenant victorieux, à gémir dans une prison. Valerius Publicola proposait hautement l'abolition des dettes. Il comprenait les immenses dangers que faisait courir à Rome le divorce existant entre les classes et se laissait inspirer par sa prudence et son humanité. Mais Appius Claudius, riche Sabin, s'opposait énergiquement à cette mesure, s'appuyant sur la sainteté des contrats et sur le danger qu'il y aurait à porter atteinte à la foi publique et à donner à la sédition une nouvelle audace en créant un précédent. La situation était grave, on créa Lartius dictateur. Adoptant une solution mixte, il décida que les dettes seraient suspendues pendant la guerre. Le peuple, voyant dans cette décision une première concession à sa demande et le gage de conquêtes plus sérieuses dans l'avenir, se rendit sous les drapeaux à l'appel de son chef et la sanglante bataille du lac Régille, mit fin à cette lutte qu'on a appelée la guerre sociale.

Mais le triomphe du peuple fut bien éphémère. Les dettes n'avaient été suspendues que pendant la guerre. Aussi la guerre à peine finie, les poursuites des créanciers recommencèrent plus impitoyables que jamais. Il s'éleva de nouvelles réclamations. Appius Claudius que nous avons déjà vu s'opposer de toutes ses forces à la mesure populaire proposée par Valerius Publicola parlait hautement au sénat en faveur de la résistance vers laquelle penchaient du reste les Patriciens dont le pouvoir s'était trouvé consolidé par la victoire du lac Régille. Ainsi les dissentiments profonds qui séparaient les deux classes s'aggrandissaient de plus en plus; presque chaque jour il éclatait quelque émeute, prélude d'une explosion plus terrible qui n'attendait qu'une occasion favorable

pour éclater. Cette occasion ne se fit pas trop longtemps attendre.
Le peuple était réuni comme de coutume sur la place publique
faisant entendre ses plaintes et ses menaces, quand un vieillard
se précipite sur le Forum, tout couvert des marques de ses nombreuses souffrances. Ses vêtements sales et en lambeaux couvraient
à peine un corps exténué par les privations et les mauvais traite-
ments et qu'une extrême pâleur faisait paraître presque hideux.
Et cependant les nombreuses cicatrices qui sillonnaient sa poitrine
montraient qu'il avait combattu avec courage pour sa patrie On
disait même qu'il avait été centurion. On l'entoure, on le presse,
on l'interroge. Il répond que pendant la guerre contre les Sabins,
sa maison avait été incendiée, son champ ravagé; qu'à son retour,
obligé de payer un impôt écrasant, il avait dû emprunter; que
bientôt, dans l'impossibilité de faire face à ses engagements, il
s'était vu enlever tout ce qu'il possédait et que bientôt même sa
personne était tombée au pouvoir de son créancier en qui il
n'avait trouvé qu'un geolier et un bourreau. A ces paroles, à cette
vue, la sédition éclate dans toute sa force. Les consuls Servilius
et Appius Claudius veulent en vain l'apaiser. Le peuple demande
à grands cris l'abolition des dettes et la convocation du sénat. Au
milieu de ces discussions intestines on apprend l'approche d'une
armée formidable de Volsques. Le consul Claudius voulait apaiser
la sédition par la rigueur, mais Valerius fit triompher une opinion
plus humaine et publia un édit par lequel il était interdit de retenir
dans les fers tous ceux qui voudraient s'enrôler. (1) Satisfait de
cette concession le peuple s'enrôla en foule et les Volsques furent
repoussés. Mais ce triomphe ne fut pas plus durable que le précédent. Le consul Claudius refusa de renouveler l'édit de son
collègue Valerius et la situation des débiteurs redevint en peu de
temps ce qu'elle était auparavant. Ce fut alors que le peuple une
seconde fois trompé par les Patriciens, prit cette grande résolution, si fameuse dans l'histoire, et qui fut le point de départ de son
émancipation politique.

(1) Tite Live, liv. II, 23.

Il sortit de Rome, passa le Tibre et se retira sur le mont sacré.
Le sénat était perdu si le peuple avait persisté dans sa résolution. Il
le sentit et lui envoya aussitôt en députation Menenius Agrippa,
homme sage que sa douceur avait rendu populaire. On connaît
l'apologue célèbre qu'il leur cita. Son éloquence persuasive ramena
le peuple dans la ville et rétablit momentanément l'union entre les
classes. Et cependant, dit M. Troplong, il ne dépeignait pas avec
exactitude la situation des parties belligérantes. « Si l'estomac se
nourrit du travail des autres parties du corps il leur rend à son tour
la nourriture et la vie. Mais les usuriers s'engraissaient de la substance du peuple et ne lui laissaient que les tributs, les fatigues de la
guerre et la servitude (1). » Toutefois ce ne fut pas sans condition que
cette réconciliation s'opéra. Le peuple deux fois leurré voulut au lieu
d'une concession temporaire et qui lui montrait trop sa dépendance
sans rien faire pour l'en tirer, une institution perpétuelle capable
de le protéger. Il demanda la création de deux tribuns, première
victoire politique dont l'usure fut la cause et qui eut une si grande
influence sur les destinées de la république (2). Que fit pour mettre
fin aux maux dont souffrait le peuple cette magistrature populaire ?
Son action fut plus politique que réparatrice au point de vue civil.
Toutefois son action se fit sentir au point de vue de l'usure, lors de
la refonte du vieux droit public et privé et de son unification. Ce
fut là une transaction entre les Patriciens et les Plébéiens dont il
faut, d'après Tite-Live, faire remonter tout l'honneur aux tribuns (3).
Depuis trois siècles la république romaine avait grandi. L'usure,
grâce aux circonstances, à la constitution même du peuple romain,
à l'absence de tout commerce et de toute industrie, était devenue un
véritable fléau. Les tribuns espérèrent porter au mal un coup
décisif en limitant le taux de l'intérêt. Nous trouvons en effet dans
la loi des XII tables, ce premier monument législatif pour lequel
les Romains eurent toujours un si religieux respect, une disposition

(1) Troplong, *Préface du prêt*, p. 19.
(2) Tite Live, liv. II, 82, année 261.
(3)   Id.   liv. III, 31.

entièrement contraire aux habitudes grecques, consultées suivant l'opinion la plus générale par les auteurs de cette loi, disposition qui fixe au taux de l'intérêt une limite et prononce la peine du quadruple contre tout Romain convaincu de l'avoir violée. « *Duo decim tabulis*, dit Tacite, *sanctum ne quis unciario fœnore amplius exerceret, quum antea ex libidine locupletium agitaretur.* » (1) Quel était le taux de l'intérêt fixé par la loi des XII tables? C'est là un des points les plus difficiles et les plus controversés de tout le droit Romain et que nous étudierons plus loin en détail. Qu'il nous suffise de savoir maintenant que la première loi qui s'occupa de l'intérêt fut la loi des XII tables, qui limita son taux et établit une sanction du quadruple, peine supérieure à celle qu'elle prononçait contre le voleur. « Nos pères, dit Caton l'ancien, ont voulu et ils l'ont écrit dans la loi que le voleur rendît le double et l'usurier le quadruple».(2) Montesquieu, dans son Esprit des Lois, repousse l'assertion de Tacite et n'admet pas que la loi des XII tables se soit occupée de l'intérêt. Voici, en effet, ce qu'il nous dit au livre XXII chapitre 22.

« Tacite dit que la loi des XII tables fixa l'intérêt à 1 % par an. Il est visible qu'il s'est trompé et qu'il a pris pour la loi des XII tables une autre loi dont je vais parler. Si la loi des XII tables avait réglé cela, comment dans les disputes qui s'élevèrent depuis entre les créanciers et les débiteurs, ne se serait-on pas servi de son autorité? On ne trouve aucun vestige de cette loi sur le prêt à intérêt. Et pour peu qu'on soit versé dans l'histoire de Rome on verra qu'une loi pareille ne devait point être l'ouvrage des Decemvirs.» (3) J'en demande pardon à cet esprit si grand et si vaste, mais entre un auteur comme Tacite nous affirmant dans ses annales un fait qui, à cette époque, ne pouvait pas être ignoré, et un auteur comme Montesquieu,quels que soient son autorité et son génie mon choix ne saurait être un instant douteux. Ce n'est pas tout, car Caton beaucoup plus rapproché des antiquités romaines que Tacite n'assigne

(1) Tacite, annal. VI, 16.

(2) Caton, *de re rustica pr.*

(3) Montesq. *Esprit des lois*, liv. XXII, l. 22.

pas à l'amende du quadruple prononcée contre l'usurier, une autre origine qu'à l'amende du double qui punissait le voleur. Or, personne ne met en doute que cette dernière amende n'ait été portée par la loi des Décemvirs. (1) Ainsi, et cela paraît maintenant hors de doute, le premier document législatif sur l'intérêt fut la loi des XII tables. Cette loi fut-elle observée ? on peut sans hésiter répondre négativement. La classe patricienne qui possédait alors toutes les magistratures avait trop d'intérêt à ne donner à cette disposition qu'une existence nominale et à retirer indirectement la concession qu'elle s'était vue dans la nécessité d'accorder. Aussi 74 ans plus tard, l'an 376 de la fondation de Rome, nous voyons les consuls Caïus Licinius et L. Sextius, tribuns du peuple, réunir de nouveau tous leurs efforts pour terrasser cette hydre de l'usure qui exerçait de nouveaux et terribles ravages. Une des trois fameuses rogations liciniennes qui donnèrent pour la première fois des consuls plébéiens, portait que les intérêts déjà payés seraient déduits du capital et que le reste serait acquitté par tiers en trois ans. (2) Un historien, qui n'est pas sans valeur, Vertot, dans son histoire romaine t. 2 p. 268, a prétendu que la loi licinienne ne faisait que la déduction des intérêts excessifs. Mais c'est là une erreur évidente, qui ne peut s'appuyer sur aucune phrase des discours des tribuns. Nous voyons au contraire Appius, le farouche patricien, adversaire déclaré des rogations liciniennes, reprocher aux tribuns de libérer le peuple avec l'argent d'autrui et de violer la foi publique : *a Pecunias alienas dono dant.., fidem abrogari, cum quâ omnis humana societas tollitur.* » (3)

Il ne faut pas se le dissimuler ; cette loi licinienne, telle qu'elle nous est présentée par Tite-Live, fut une véritable banqueroute. Nieburh lui-même est obligé de le reconnaître tout en s'efforçant d'en atténuer la portée. Son résultat naturel et logique fut de rendre les prêts plus rares et l'intérêt plus élevé. Quand on viole la

(1) Junge Nieburh, t. 5, p. 73.
(2) Tite Live, VI, 35.
(3) Tite Live, liv. VI, 41.

sainteté des contrats, loin d'être utile au débiteur, on ne fait que rendre plus exorbitantes les prétentions du créancier qui croissent avec le danger. La loi des XII tables n'avait pas arrêté les prêts usuraires ; la loi licinienne, inappliquée pour les mêmes causes, les rendit plus exorbitants. Aussi en 398, dix ans après cette dernière loi, se trouva-t-on dans la nécessité d'en porter une nouvelle pour fixer une limite au taux de l'intérêt. Un conseil se réunit pour indiquer les mesures à prendre pour combattre l'usure. Il était composé de C. Duellius, L. Decius Mus, Q. Publius et T. Aulius. Ces cinq magistrats furent chargés par les consuls d'opérer avec les ressources pécuniaires dont on disposait l'acquittement des dettes et pour cela reçurent le nom de *Mensarii*. C'était là une opération difficile, mais en usant de ménagements et par des avances sur les fonds publics ils réussirent à la mener à bonne fin. En effet le retard dans les paiements provenait parfois autant de la négligence des débiteurs que de leur gêne réelle. On dressa sur le Forum des comptoirs chargés d'argent et le trésor paya après avoir pris toute sûreté dans l'intérêt de l'État. Ainsi sans injustice, sans aucune plainte des partis, on acquitta un grand nombre de dettes. Aussi Tite-Live nous dit-il : « *Meriti æquitate cura que sunt ut per omnium annalium monumenta celebres nominibus essent;* » (1) C'est aussi sur leur proposition que fut présentée par les tribuns du peuple M. Diulius et L. Menius, une loi sur le taux de l'intérêt : « *Haud æque læta patribus insequenti anno de unciaro fœnore a M. Duilio et L. Mænio tribunis plebis rogatio est perlata. Et plebs aliquanto eam cupidius scivit accipit que.* » (2)

Tite-Live dans ce passage en attribuant à cette loi de 398 la fixation du taux de l'intérêt est ici en désaccord avec Tacite, qui, comme nous l'avons montré plus haut, l'attribue formellement à la loi des XII tables. Comment concilier ces deux assertions contradictoires ? Nieburh pense que la loi des XII tables avait été abrogé et que cette loi n'eut d'autre but que de la remettre en vigueur.

(1) Tite Live, liv. VII, 21.
(2)   Id   liv. VII, 16.

Mais cette explication est plus spécieuse que vraie, car on ne comprendrait pas que le peuple qui chaque jour croissait en puissance eut laissé ainsi abroger une loi pour laquelle il avait été sur le point de faire une révolution. Tout au moins ne l'eut-elle pas été sans trouble et nous n'en voyons aucune trace ni dans les poëtes ni dans les historiens. L'explication qui me semble la plus plausible est celle qui consiste à dire que la loi des XII tables ayant été en pratique fréquemment éludée, cette loi de 398 eut pour objet de la rappeler et de raffermir la défense.

Malheureusement toutes ces mesures législatives loin de triompher de l'usure et de l'arrêter ne faisaient que la rendre plus dévorante. Le peuple réclamait sans cesse. La scission entre les deux classes s'accentuait de plus en plus. En 408 un nouvel effort fut tenté. Une loi fut portée réduisant de moitié le taux de l'intérêt légal et établissant le *semiunciarium fœnus*. (1) Toutes ces lois avaient un inconvénient très-grave : elles portaient atteinte au crédit et ne satisfaisaient personne. Aussi trois ans après, en 413, de nouvelles séditions éclatent et en 414, suivant quelques historiens, une loi fut rendue sur la proposition du tribun Genucius, abolissant complètement le prêt à intérêt. Tacite paraît au paragraphe 16 du livre VII de ses annales on ne peut plus affirmatif sur cette question. Tite-Live énonce la même idée mais avec moins d'assurance. Voici comment il s'exprime : « *Præter hæc invenio apud quosdan L. Genucium, tribunum plebis, tulisse ad populum, ne fœnerare liceret Quæ si omnia concessa sint plebi, apparet haud parvas vires defectionem habuisse.* » (2) Quoiqu'il en soit de cette loi *Genucia* abolitive du prêt à intérêt et sur laquelle les documents historiques et législatifs font presque complètement défaut, on peut sans crainte de se tromper dire que si elle fut portée sous l'influence de quelque sédition son existence ne fut encore que nominale et quelle ne fut pas observée. C'était en effet combattre un mal par un mal plus grand encore et violer toutes les lois économiques par une légis-

(1) Tacite, annales, l. VI, 16.
(2) Tite Live, liv. VII, 42.

lation que M. Troplong qualifie d'insensée. Saumaise n'hésite pas à croire que la loi Genucia fut constamment éludée (1) et du reste nous trouvons dans les historiens et les poëtes postérieurs à cette loi, des passages d'où l'on peut conclure que le prêt à intérêt était à leur époque encore ancré dans les mœurs, s'il ne l'était plus dans les lois. Il est certain du reste que la loi des XII tables, la loi Licinia et la loi Duilia ne furent pas abrogées par cette loi Genucia qui n'était qu'un plébiciste et ce n'est qu'en 468 que la loi Hortensia a donné aux plébicistes force de loi. Nous trouvons en l'an 420 l'attentat de l'usurier Papyrius dont nous avons déjà parlé et qui nous est rapporté par Tite-Live. Puis si du quatrième siècle nous passons au cinquième au moment où le peuple Romain applaudissait aux comédies de Plaute, nous voyons par les œuvres de ce poëte que le prêt à intérêt et l'usure étaient loin d'avoir disparu. Voici quelques-uns de ces passages.

Sub veteribus, ibi sunt qui dant, quique accipiunt fœnore.
(Curculio, act. 4, sc. 4).
Id adeo argentum ab damistà apud Thebas sumpsit fœnorè.
(Epidie, act. I, sc. 1, v° 53).
Quos quidem quam ad rem dicam in argentariis
Referre habere, nisi pro tabulis nescio,
Ubi œra præscribantur usurarià.
(Trucul, act. I, sc. 1, v° 52).

Caton lui même, qui, dans son grand ouvrage *de re rusticd* ne s'était pas dissimulé le caractère immoral de l'usure et qui était à peu près contemporain de Plaute, abandonna l'agriculture dont il avait fait un si magnifique éloge pour se livrer à l'usure maritime. Il citait son fils à faire ainsi profiter son argent, et au dire de Plutarque il osa soutenir que celui-là était un homme divin et digne de louanges immortelles qui par son industrie augmentait tellement ses facultés que l'économie qu'il y ajoutait montait plus que le principal qu'il avait hérité de ses parents (2). Toutefois si la loi Genucia

(1) *Saumaise de modo usurarum*, p. 292.

(2) Plutarque, *Vie de Marcus Cato*, 45.

n'eût en pratique aucune application, le peuple ne fut pas livré
tout-à-fait sans défense à l'avidité de ses créanciers. Il eut surtout
comme protecteur les Consuls qui depuis les rogations liciniennes
pouvaient être plébéiens et les édiles.

A cette époque, la banque qui était depuis longtemps connue à
Athènes commençait à se développer. Plaute parle des banquiers
dans quelques unes de ses comédies et les appelle tantôt *Trapezitæ*,
argentarii, *mensorii*. Ils tenaient boutique dans le Forum près du
temple de Castor, et leurs opérations consistaient dans le prêt usuraire dans le change pour lequel ils avaient le monopole et dans les
dépôts qu'ils faisaient fructifier et pour lesquels ils payaient un intérêt. A côté d'eux le fœnus était pratiqué par nombre de personnes à
Rome, et c'était la conséquence des institutions romaines elles-mêmes.

Quelle plus grande excitation à se procurer la fortune, quel
meilleur moyen d'introduire dans le peuple *l'auri sacrafames* que
cette institution du cens qui établissait un rapport exact entre la
puissance et la fortune.

Sans richesses il n'était pas possible de s'élever aux honneurs,
de briguer les charges que l'on n'obtenait que par la corruption. De
là, étant donnée l'insatiable ambition des Romains, on conçoit
qu'ils se soient appliqués avec cette ardeur et cette ténacité qu'ils
mettaient à toutes leurs entreprises à augmenter leur patrimoine
et comme l'usure offrait, pour atteindre ce but, un moyen facile et
rapide, il est tout naturel qu'elle ait acquis un si haut développement. Aussi les banquiers qui venaient étaler au grand jour leurs
opérations usuraires étaient-ils généralement détestés. Il suffit
pour s'en convaincre de lire les apostrophes que Plaute leur lançait,
sûr de provoquer ainsi les applaudissements de la populace. « Non,
disait-il, vous ne valez pas mieux que les prostitueurs. Ceux-ci au
moins vont cacher loin des regards leur infâme commerce ; vous,
vous l'étalez en plein Forum. Eux, c'est par la séduction qu'ils
perdent les hommes ; vous, c'est par l'usure que vous les assassi-
nez. Le peuple a rendu contre vous beaucoup de lois, mais à quoi
bon, les lois ! Vous les violez sans cesse ; vous avez toujours quelques biais, quelques faux fuyants. Vous comparez les lois à l'eau

bouillante qui ne tarde pas à se refroidir (1). » Ces satires san-
glantes amenèrent de la part des Édiles quelques sévères répres-
sions. Des usuriers furent assignés à comparaître devant les Édiles.
Leurs biens mis sous séquestre et confisqués furent employés à
amortir la dette contractée pour soutenir la dernière guerre et avec
les amendes dont ils étaient frappés, on éleva à Jupiter de somp-
tueux autels.

La loi Genucia, qui avait prohibé le prêt à intérêt, ne s'étendait du reste pas au-delà du Latium. Marcellus l'avait bien fait
rayonner jusqu'en Sicile et en Sardaigne, ce qui lui avait valu de
la part de Tite-Live l'épithète de *sanctus* et d'*innocens*. Mais dans
tous les autres contrées qui étaient soumises à Rome, le prêt à
intérêt était complètement libre. Aussi les Romains qui ne trouvaient pas dans Rome un emploi assez sur et assez lucratif de leurs
capitaux, allaient par l'émigration augmenter le nombre des usuriers qui désolaient les provinces. Les proconsuls et préfets que le
Sénat envoyait pour les gouverner mettaient tout leur soin pendant
la durée de leur magistrature, à pressurer autant que possible par
l'usure et la rapine les pays dans lesquels ils devaient faire régner
l'ordre et la justice (2). A Rome même on avait trouvé le moyen
d'en freindre légalement les lois restrictives sans sortir de la ville.

Il suffisait de faire intervenir au contrat un allié et de souscrire
l'obligation en son nom. Pour porter remède à cette situation la
loi Sempronia établit que les alliés et les latins seraient gouvernés
par le droit romain sur les dettes. Cette loi est de 561. Voici en
quels termes Tite-Live raconte comment elle fut portée : « *Civitas
fœnore laborabat ; et quod cum multis fœnebribus legibus constricta,
avaritia esset, via fraudis inita erat, ut in socios, qui non tene-
rentur iis legibus, nomina transcriberent. Ita libero fœnore obrue-
bant debitores..... Postquam professionibus detecta est magnitudo
æris alieni, per hanc fraudem contracti, M. Sempronius, tribunus
plebis et auctoritate patrum plebem rogavit, plebesque scivit, ut cum*

(1) *Curculion Plaute*, IV, 2, 19 et 1.
(2) Cicér., *Pr. Fontego*, IV, *in Verrem*, III, 17.

sociis ac nomine latino, pecuniæ creditæ jus idem, quod cum civibus romanis esset (1). »

La loi *Sempronia* en généralisant et en étendant aux provinces, la loi *Genucia* n'amena pas de résultat sérieux. Le créancier se cacha et prêta à un taux plus élevé et l'usure quoique cachée, ou plutôt parce que cachée, n'en fut que plus dévorante. C'est alors que les Gracques s'inspirant de la situation et du plus pur patriotisme, résolurent de couper le mal dans sa racine, en s'attaquant à l'organisation romaine elle-même. Frappés de cette injustice qui consistait à attribuer aux Patriciens la totalité des dépouilles et des terres prises à l'ennemi, ils se proposaient pour but de faire disparaître cette inégalité native en provoquant un nouveau partage des terres conquises, de *l'ager publicus*. Ils échouèrent dans cette entreprise qui eût sauvé la liberté romaine en faisant disparaître cette noblesse tyrannique et cette populace éhontée, pour la remplacer par cette forte race d'agriculteurs qui avait fait dans les premiers temps la force de Rome. Tout ce qu'ils purent obtenir ce fut la remise en vigueur de la loi *licinia* qui décidait, on se le rappelle, que les intérêts seraient imputés en déduction du capital qui serait acquitté en trois périodes.

Ce fut aussi à peu près vers cette époque (car les textes faisant complètement défaut, il est impossible de la préciser) que s'établit à Rome en matière d'usure un nouveau comput qui depuis longtemps était en usage à Athènes. A Rome on calculait à tant par an, ce qui, étant donné le chiffre énorme de l'intérêt, aggravait la position des débiteurs ; à Athènes le calcul se faisait par mois et cet intérêt mensuel prenait le nom de centésime. Cet usage, qui en scindant l'intérêt le faisait paraître moins énorme fut introduit à Rome d'autant plus facilement que les usures maritimes, aussi venues d'Athènes, s'étaient considérablement développées. Au reste, quoique cet usage fût généralement suivi, il ne l'était cependant point exclusivement et l'on trouve dans les textes des exemples d'intérêt stipulés payables par an. Ainsi Paul nous dit : « *Cum quidam ca-*

(1) Tite Live, liv. XXXV, 7.

vissel, si quotannis quincunces usuras præstraturum. Et si quo anno
non solvisset, tunc totius pecuniæ ex die qud mutuatus est, semisses
soluturum; Et redditis, per aliquot annos usuris, more stipulatio
commissa esset... cet (1). » Ainsi en dehors des cas exceptionnels
auxquels Paul fait allusion, le premier jour de chaque moisqu'on
appelait jour des calendes était celui où se réglaient tous les comptes
existant entre les créanciers et débiteurs. La religion avait aussi des
rites qui faisaient de ce jour un jourde réunion et la multitude du
peuple qui se réunissait à Rome, à cette occasion le rendait fort com-
mode pour les règlements de compte. On comprend aisément que
ce jour ait été éxécré par les débiteurs obérés et presque tous l'é-
taient. Aussi trouvons-nous dans les auteurs latins des épithètes
malsonnantes accolées à ce jour des calendes. Horace exprime,
avec sa verve habituelle, l'horreur du peuple pour les calendes
dans le passage suivant :

> « *Odisti et fugis ut Drusonem debitor æris*
> « *Qui nisi, cum tristes misero venere Calendæ*
> « *Mercedem aut nunmos unde unde extrical : amaras*
> « *Porrecto jugulo historias, captivus ut audis.* »

Ces comptes courants nombreux et rapprochés comme ils l'étaient
à Rome, exigeaient la tenue de registres. Et, en effet, nous trouvons dans plusieurs auteurs et dans certains textes du Digeste, des
passages qui en font mention. On appelait ce livre de compte mensuel le *calendarium* qu'on peut dire renouvelé des Grecs qui, eux
aussi, tenaient un livre de comptes, appelés *éphémérides*. Sur ces
livres étaient marqués avec soin la dette et l'intérêt stipulé avec le
jour de l'échéance (2). Nous trouvons dans Saumaise de curieux
détails sur cette coutume romaine. Le centésime, dénomination
nouvelle de l'intérêt, se marquait avec un C renversé qui représentait l'unité pour cent. On marquait donc autant de C renversés
qu'il y avait de centimes convenus (3). Le *calendarium* qui d'abord

(1) L. 17, D. *pr. de usuris.*
(2) *Séncc de beneficiis*, 7, 10.
(3) *Saumaise de modo usurarum*, p. 810.

était entendu dans le sens de livre de compte, avait bientôt été employé pour désigner l'état commercial d'un individu. Aussi, l'on voit dans les textes du Digeste des expressions qui seraient incompréhensibles si l'on ne prenait le mot *calendarium*, dans le sens précité. La loi 41, §6, D. *de legatis* 3° emploie l'expression « *calendarium exercere* » qu'il faut absolument traduire pour donner un sens à la phrase par ces mots : « prêter son argent à intérêt ». De même, il résulte de la loi 64, D. cod. Tit., que les legs du *calendarium* comprenait les créances avec les intérêts qu'elles produiraient. Le même sens résulte aussi à l'évidence de la loi 34 D, *de legatis* 3° et de la loi 88 D. *de legatis* 2°. Ordinairement le soin de tenir ce registre était confié à un esclave (l. 41 D. *de rebus creditis*(. Les villes pouvaient aussi jouer le rôle de créancières et de débitrices. Dans le premier cas, elles avaient aussi un *servus publicus* préposé à cette fonction.

On voit par tous ces détails quelle place énorme le prêt à intérêt tenait à Rome dans les mœurs et les habitudes. A l'époque où nous sommes arrivés, c'est-à-dire aux grandes luttes de Marius et de Sylla, toutes les lois restrictives ou prohibitives de l'usure sont tombées en désuétude, et celle-ci s'étale avec plus de liberté et d'audace que jamais. Cette situation qui explique l'intervention de Sylla nous est attestée d'une manière formelle par Appien. « *Per idem tempus, inquit, et in urbe ob æs alienum exorta est seditio, dum quidam acerbius usuras exigunt : Contra quam cautum esset antiquis legibus. Videntur enim prisci Romani abhorruisse fænore ut negotiatione modesta pauperibus et litium inimicitiarumque materia : Quæ res ne Persis quidem placuit ut non aliena a fraude ac mendacio. Sed qua veteri jam more fænus receptum fuerat, fæneratores reposcebant id jure suo : debitores bellum et seditiones causando, differebant reddere; nec deerant qui urgentibus mulctam intentarent. Tum Asellio prætor, cujus erat jurisdictio, quia conciliare partes conatus nihil proficiebat, permisit eos legibus agere; admonitis prius est in re perplexa, tum de jure tum de more judicibus. Illi fæneratores ægre ferentes, renovari mentionem legis veteris, præto-*

rem tollunt e medio (1) ». Appien nous parle dans ce texte d'une
sédition dont la cause était encore l'exagération de l'usure. C'est
vers 564 qu'elle éclata. Asellio, qui était alors préteur, essaya de
l'apaiser et de porter remède à cette éternelle plaie dont souffrait le
peuple romain et pour cela, il prit le parti d'accorder une action
aux débiteurs par application des lois anciennes. Mais il souleva
contre lui toutes les haines de ce parti si puissant et les usuriers le
firent assassiner. Telle était alors la puissance et la force de cette
partie du peuple romain qui demandait à l'usure l'augmentation de sa
fortune. Sans doute, l'entreprise d'Asellio intervenant au milieu d'é-
poques troublées comme l'était celle de l'invasion des Cimbres suivie
d'une guerre civile, était souverainement imprudente. Car, outre
les lois économiques, elle avait contre elle tous ceux, et ils étaient
nombreux, que possédait *l'auri sacra fames.* Que Jugurtha connaissait bien Rome, quand il lui lançait cette apostrophe sanglante : *O Urbem venalem !*

Lorsque Sylla fut rentré dans Rome en vainqueur, il dut songer
à rendre un peu de force et de vie à ce colosse romain que ses
blessures avaient épuisé. Au milieu de ces orgies de vengeances de
ces saturnales éhontées, le commerce avait été interrompu, les
conventions particulières à peu près nulles. Il songea sérieusement
à rehabiliter le prêt à intérêt en facilitant aux débiteurs le remboursement de leurs dettes. Mais la mesure qu'il prit et qu'il fit
exécuter par sa toute puissance, était marquée au loin de l'arbi-
tiraire le plus complet. Il permit aux débiteurs de se libérer envers leurs créanciers en leur donnant les biens qu'ils possédaient,
mais en les estimant à la valeur qu'ils avaient au commencement
de la guerre (2).

C'était donc une dation en paiement ; mais comme par suite
de la guerre les biens avaient subi une dépréciation considérable, il s'en suivait que les débiteurs, étant autorisés à payer leurs
dettes à l'aide de biens auxquels était attachée une valeur fictive,

(1) Appien, *de bellis civilibus,* liv. 1, p. 193.
(2) *Cæsar de bello civili*, III, 1.

trouvèrent dans ce mode de paiement une réduction de leur dette. Cette décision était tout entière dirigée contre les créanciers dont elle diminuait la confiance en violant un contrat pour venir au secours de l'une des parties. Aussi, ce ne fut pas sans quelque résistance que les créanciers consentirent à se soumettre à cette loi. Le pouvoir dictatorial put seul les forcer à s'incliner. Toutefois on essaya de déguiser cette mesure arbitraire sous une apparence juridique. On supposa, l'obligation ayant été contractée avant la guerre ; que le débiteur avait à ce moment même remis un immeuble à son créancier, consentant à ce qu'il lui demeurât en pleine propriété en cas de non paiement à l'échéance. Ce ne furent pas du reste les seuls moyens qu'on employa. Après la violation des contrats vint l'altération des monnaies, mesure que l'on avait déjà employé à Athènes.

Adam Smith, dans son ouvrage sur la richesse des nations, nous donne des détails très-curieux sur l'altération de la monnaie romaine. Il n'entre pas dans le plan de ce travail de m'appesantir sur ce point. Qu'il me suffise de dire que, après la première guerre punique, l'as qui valait douze onces de cuivre fut réduit à deux, de telle sorte qu'avec deux onces le débiteur pouvait payer une dette de douze. La dette était ainsi réduite des cinq sixièmes. Après la guerre punique, l'as fut réduit à une once et même à une demie once 1).

Grâce à ces moyens despotiques, et qu'il eut besoin de tout son pouvoir pour faire accepter, Sylla parvint à faire cesser pour quelque temps les réclamations des débiteurs. Malheureusement il fut suivie dans la voie qu'il avait montrée. Nous lisons, en effet, dans Velleius Paterculus, que Valerius Flaccus permit au peuple de se libérer en payant en monnaie de cuivre au lieu de monnaie d'argent. Ainsi pour un sestesce qui était d'argent, on donna un as qui était de cuivre et qui ne valait que le quart du sesterce, ce qui réduisit d'un seul coup les dettes des trois quarts. C'était très-simple, on le voit, mais c'était aussi injuste que maladroit. Injuste,

(1) *Velleius Paterculus historiæ*, lib. II, cap. 23.

car c'était violer les contrats et prendre anx uns ce qu'on donnait aux autres ; maladroit, car c'était porter à la confiance un coup mortel et légitimer les exactions des *fœneratores*. Aussi ne faut-il pas s'étonner que cette loi ait été qualifiée par les auteurs de *lex turpissima* et surtout qu'elle n'ait pas été observée longtemps.

Nous arrivons ainsi à Cicéron. Ce grand homme mieux instruit que ses devanciers des lois économiques et plus strict observateur de la justice, ne voulut jamais rendre de ces édits spoliateurs qui ne calmaient les séditions qu'en violant la justice et en dépouillant les créanciers. Et cependant, la situation dans laquelle il se trouvait était pleine de périls. Les hordes de Catelina se recrutaient de tous les débauchés et de tous les débiteurs obérés qui ne craignirent pas plusieurs fois d'exciter des séditions pour obtenir du consul des mesures identiques aux précédentes. Cicéron resta inébranlable, sourd à la fois et aux réclamations menaçantes de la multitude, et aux flatteries des *fœneratores*. Citons un exemple qui nous montrera dans tout son jour la fermeté du consul Cicéron et nous fera voir en même temps à quelle dévorante usure était livrée la province. La ville de Salamine avait fait un emprunt assez important à deux romains habitant l'île de Chypre, MM. Scaptius et P Martinius, L'intérêt avait été fixé par eux à 4 p. 100 par mois. Ces deux créanciers n'étaient que des prête-noms et le véritable créancier était Brutus, qui s'il avait en politique des principes inflexibles avait dans les relations privées la conscience beaucoup plus large. Le sénat influencé par Brutus avait autorisé le prêt. Mais, au moment du paiement, des difficultés s'élevèrent et Cicéron fut appelé à se prononcer sur elles. Malgré les intrigues dont il fut entouré, malgré les sollicitations et les menaces de Brutus (1), malgré l'intervention officieuse d'Atticus, le consul resta inébranlable et ne voulut jamais permettre la perception d'un taux aussi usuraire. Aussi put-il écrire ces paroles remarquables : « Le plus solide appui de l'ordre public, c'est la confiance. Ceux qui dirigeront les affaires de l'État s'abstiendront de cette espèce de libéralité qui donne aux

____

(1) Cicéron, *ad Atticum*, VI, 9. (Edit. Panck, t. 20, p. 82·).

uns en prenant aux autres (1) ». Il est probable que l'opinion publique faisait une distinction entre ceux qui ne demandaient en retour du service rendu qu'une rémunération raisonnable et ceux qui, comme Brutus, ne craignaient pas de stipuler des intérêts exhorbitants. Aux seconds seuls étaient réservés cette dénomination flétrissante de *fœneratores* méritée par l'*improbum fœnus*, auquel ils se livraient et qui les couvrait d'infamie. « *Improbum fœnus exercentibus et usuras usurarum illicite exigentibus, infamiæ macula irroganda est* (2) ». Mais ce qu'on peut affirmer sans crainte d'être démenti, c'est que l'usure à Rome était bien rarement renfermée dans de justes limites, et que la seconde classe l'emportait de beaucoup sur la première.

Les émeutes et les séditions continuaient toujours plus terribles et plus fréquentes, soutenues et exploitées qu'elles étaient en dehors des débiteurs obérés par cette tourbe déjà si nombreuse à Rome et qui mise en goût par les proscriptions réclamait « *panem et circenses.* » Pendant que César et Pompée se disputaient l'empire du monde, le tribun Dolabella, faiblissant devant l'émeute, avait promis de renouveler les lois qui proscrivaient le prêt à intérêt et d'en exiger impérieusement l'exécution. (3) Telle était la situation, lorsque César vainqueur de Pompée revint triomphant à Rome et fut créé imperator. Trop clairvoyant pour mettre à exécution la promesse qu'avait faite dans un moment de frayeur le tribun Dolabella, César se contenta de remettre en vigueur les lois de Sylla. Voilà à quels expédients on en était réduit. Certes, si la législation romaine a mérité de la postérité le nom si glorieux de raison écrite, ce n'est assurément pas pour cette partie qui réglemente le prêt à intérêt. Ce n'est pas avec de telles mesures aussi arbitraires qu'illogiques qu'on peut triompher de l'usure. Aussi, à l'époque où nous sommes arrivés, voyons-nous le prêt à intérêt, brisant toutes les chaînes dont on avait voulu le charger,

(1) Cicéron, *de officiis*, II, 24.

(2) L. 20 C, *ex quibus causis infamia irrogatur.*

(3) Erasme de Rotterdam sur Suétone, édit. de 1542, texte et p. 28.

régner en maître et envahir le sénat se riant des coups que le
pouvoir législatif, convaincu de son impuissance, a renoncé à lui
porter. Sous Auguste on ne voit plus aucune loi contre l'intérêt.
Ce prince se contente de blâmer ceux qui, après avoir emprunté à
un faible taux, retiraient du même argent un intérêt plus élevé (1).
Ce n'est que sous Tibère que nous voyons le pouvoir essayer de
remettre en vigueur les lois existantes. Le préteur Gracchus fut
chargé spécialement de connaître des délits d'usure et d'en poursuivre la répression. Mais il se trouva en présence d'un nombre
tellement considérable de personnes qui avaient contrevenu aux
lois sur l'usure qu'il crut devoir, avant d'aller plus avant, faire
un rapport au sénat. Chose curieuse et qui peint d'un seul coup
les mœurs romaines sur ce point, ce rapport porta la terreur
parmi les Pères Conscrits. Tous étaient usuriers, tous avaient violé
la loi. Écoutons Tacite nous raconter ces turpitudes : « *Sed tum
Grachus prætor cui ea quæstio evenerat, multitudine periclitantium
subactus, retulit ad senatum : trepidi que patres (neque enim quis—
quam tali culpd vacuus) veniam a principe petivere ; et concedente,
annus in posterum sexque menses dati, quis secundum jussa legis
rationes familiares quisque componerent.* » (2) Ils en furent donc
réduits, comme nous le dit le texte, à solliciter la clémence de
l'empereur qui ordonna de suspendre toutes les poursuites pendant
dix huit mois. Pendant ce délai, tous les créanciers se hâtèrent de
demander à leurs débiteurs le remboursement des sommes qu'ils
leur avaient prêtées, ce qui amena une véritable crise. Le sénat
avait bien permis de se libérer des trois quarts de sa dette en
abandonnant jusqu'à due concurrence des immeubles en paiement.
Mais cette *datio in solutum* était onéreuse et pénible. Du reste,
il y avait un quart qui devait être remboursé en numéraire, et les
créanciers exigeaient le remboursement intégral. Aussi vit-on
dans Rome des fortunes renversées et de nobles maisons presque
réduites à l'indigence. Je ne puis mieux faire que de laisser ici la

(1) Suétone *vie d'Auguste*, édit. de 1842, p. 209.
(2) Tacite, annales, liv. VI, § 16.

parole à Tacite : « *Hinc inopia rei nummariæ, commoto simul omnium ære alieno, et quia tot damnatis bonisque eorum divenditis, signatum argentum fisco, vel ærario attinebatur. ad hoc senatus præscripserat, duas quisque fœnoris partes in agris per Italiam collocaret. Sed creditores in solidum appellabant: nec decorum appellatis minuere fidens: Ita primo concursatio et preces; Dein strepere prætorie tribunal : ea que quæ remedio quæsita venditio et emptio, in contrarium mutari, quia fœneratores omnem pecuniam mercandis agris condiderant, copiam vendendi secuta vilitate, quanto quis observatior ægriùs distrahebant, multi que fortunis provolvebantur: Eversio rei familiaris dignitatem ac famam præceps dabat, donec tulit opem Cæsar disposito per menses millies sestertio, facta que mutuandi copia sine usuris per triennium, si debitor populo in duplum prædiis cavisset, si refecta fides, et paullatim privati quoque creditores reperti, neque emptio agrorum exercita ad famam senatus consulti, acribus, ut ferme talia, initiis, incurioso fine.* » (1) On est heureux de voir l'empereur Tibère commettre un acte que n'eut pas désavoué un homme d'état et un honnête homme. Ce secours venu si à propos atténua la crise et rétablit bientôt le crédit. Mais, ajoute Tacite, la réforme que Tibère voulait tenter en ordonnant des poursuites fut comme toutes les autres sévère au commencement et négligée bientôt. A partir de cette époque nous ne rencontrons plus de lois contre l'intérêt conventionnel. Son existence n'est plus mise en doute et son triomphe sur la législation est complet. On ne voit plus que des lois limitatives du taux de l'intérêt. Nous les expliquerons dans la section suivante qui sera spécialement consacrée à l'étude du taux de l'intérêt.

____

(1) Tacite, annales, liv. VI, § 17.

CHAPITRE III

DU TAUX DE L'INTÉRÊT CONVENTIONNEL A ROME.

Nous venons de jeter dans cette première partie de notre travail un coup d'œil général sur la législation romaine sur l'usure. Cette étude nous a permis, en faisant passer successivement devant nous toutes ces ébauches législatives, d'acquérir une vue d'ensemble qui seule peut donner des idées nettes et permettre au milieu de ces séditions et de ces luttes, de ce conflit de prétentions et même de convoitises de dégager les principes et d'en faire sortir l'idée du droit. Mais notre tâche est loin d'être terminée et nous en abordons seulement dans cette section la partie la plus aride et la plus délicate. S'il est un point en effet qui ait soulevé de nombreuses et interminables controverses, qui ait désespéré les commentateurs et sur lequel on soit le moins sûr de posséder la vérité, c'est assurément celui de savoir quel était le taux de l'intérêt. Parmi toutes les questions controversées elle est assurément une des plus importantes et malgré tous les in-folios qui ont été écrits, elle reste entière, aussi obscure qu'à l'époque où Jean-Frédéric Gronovius et Martin Schookius écrivaient volume sur volume sans parvenir à se convaincre. Je n'ai pas la prétention de la résoudre et n'espère pas trancher une difficulté qui a désespéré les plus savants commentateurs du moyen-âge et divisé encore aujourd'hui les meilleurs esprits. Je me bornerai à exposer avec autant d'exactitude que possible les différents systèmes qui se sont produits, me contentant d'indiquer sous toutes réserves celui qui, après mûre réflexion, me paraîtra devoir mériter la préférence.

SECTION PREMIÈRE

Loi des XII Tables. — De l'unciarium fœnus.

Jusqu'à la loi des XII tables, le prêt à intérêt fut parfaitement libre. Aucune loi n'en restreignait le taux qui fut exhorbitant. Deux mesures seules, toutes de circonstances et toutes temporaires vinrent adoucir un peu la situation des débiteurs. Quelle était la cause de cette situation? Je l'ai expliquée avec détail dans la section précédente, je n'y reviendrai donc pas. La loi des XII tables fut la première intervention sérieuse du législateur dans cette matière de l'intérêt. On l'a nié; mais je crois l'avoir suffisamment établi. Tacite est en effet on ne peut plus affirmatif sur ce point et un texte de Caton permet de considérer cette opinion comme à peu près certaine. Le texte de Tacite, le seul qui nous apprenne quel était le taux de l'intérêt, nous dit que c'était *l'unciarium fœnus*. Que faut-il entendre par ces mots: *unciarium fœnus?* Là est toute le question sur laquelle se sont élevés quatre systèmes principaux.

Un premier système soutient que l'intérêt légal fixé par la loi des XII tables était de cent pour cent par an. Ce système a été présenté pour la première fois par le président Coquille (1) qui a

____

(1) Coquille, sur Nivernais, tr. des Cheptels, 2, art. 15.

mis à son service un incontestable talent soutenu par une entière
conviction. Voici comment il a raisonné. Il prend pour type du
capital l'as qu'il divise en douze onces. C'était là, dit-il, une
habitude invétérée chez les romains de diviser toutes leurs unités
en douze onces. C'est ainsi qu'on rencontre dans les textes men-
tionnés ce calcul en matière d'hérédité. L'once est donc le douzième de l'as qui représente le capital. Or, si l'on veut bien
considérer qu'à l'époque de la loi des XII tables la computation
mensuelle venue de Grèce était déjà entrée dans les habitudes
romaines, on arrive à cette conclusion que l'on payait tous les
mois à l'époque des calendes *l'unciarium fœnus*, c'est-à-dire le
douzième du capital, l'once, et qu'au bout de l'année qui, depuis
Numa, était de douze mois, on avait payé douze douzièmes, c'est-
à-dire l'as entier. L'intérêt annuel était donc égal au capital, en
d'autres termes, il était de cent pour cent. Tel est le raisonnement du savant auteur de la coutume du Nivernais, dans toute sa
rigueur. On peut y faire plus d'une réponse. Et d'abord, avant de
réfuter directement l'argument sur lequel il s'appuie, ne peut-on
lui faire le reproche de ne pas tenir assez de compte du bon sens.
Comment ! voilà une loi qui a pour but de venir au secours des
débiteurs en limitant le taux de l'intérêt et de refréner un peu
l'avidité des riches patriciens en la renfermant dans des bornes
raisonnables et le moyen qu'elle emploie consiste dans la fixation
d'un taux aussi exhorbitant ! Quel était donc alors et où s'arrêtait
l'intérêt réclamé par le prêteur avant la loi des XII tables à
l'époque où le prêt était libre ? Jusqu'à quelle extravagante exagération était donc poussée l'âpreté du *fœnerator* ? Si une telle opinion était vraie, je ne m'étonnerais que d'une chose, c'est que le
peuple romain, aussi odieusement exploité, n'ait pas, dans une
explosion terrible, exterminé ses bourreaux. Étrange protection
vraiment que celle qui consacre légalement une usure aussi
monstrueuse. Cette considération devrait suffire déjà à faire rejeter
ce système quand bien même le raisonnement du président
Coquille paraîtrait irréfutable. Mais il est loin d'en être ainsi. Où
cet auteur a-t-il vu qu'à l'époque de la loi des XII tables le paie-

ment se fit par mois. Tous les textes, aussi bien juridiques qu'historiques, sont d'accord pour ne faire remonter ce mode de paiement qu'à l'époque de l'asservissement de la Grèce, époque où le vaincu subjugua son vainqueur en lui imposant ses idées, ses coutumes et ses institutions. Ce point est certain. Mais je veux bien admettre pour un moment que le règlement mensuel ait en effet une origine aussi reculée, peut-on logiquement en induire que l'intérêt fut à un taux aussi exhorbitant. Y a t-il entre la fixation de l'époque des paiements et le taux de l'intérêt une corrélation nécessaire. Evidemment non. Et si l'auteur de ce système peut opposer des textes où l'on parle de calendes, il en est bien d'autres qui supposent encore des règlements annuels. (1) Cette première opinion est donc insoutenable.

Elle se réfute d'abord par le vice du raisonnement qui lui sert de base par l'erreur historique qu'elle commet, ensuite et surtout par les conséquences inadmisibles qu'elle entraîne et que démentent la nature des choses et le bon sens. Aussi est-elle aujourd'hui universellement abandonnée.

Un second système exagéré en sens contraire veut que *l'unciarium fœnus* de la loi des XII tables signifie l'intérêt à 1 % par an. Ce système a été surtout énergiquement soutenu par Saumaise. Il a été ensuite adopté par Dumoulin, Cujas, Pothier, Montesquieu et est encore aujourd'hui suivi par M. Burnouf dans ses notes sur Tacite et par M. Alexandre Nicolas dans ses annotations sur le même auteur. Bien que je ne le considère pas comme vrai, ce système qui a obtenu de si puissantes adhésions doit être examiné dans tous ses détails. Voici sur quels arguments il repose. Saumaise prend pour type du capital le nombre 100 et pour type de l'intérêt l'as qui, décomposé en ses fractions oncières, montre comparé au nombre 100 le rapport de l'intérêt au capital. L'as entier ou décomposé en fractions est toujours l'intérêt que le capital 100 produit dans l'espace d'une année. Il est divisé en douze parties qui sont l'once. Il y a, dit Saumaise, toute une nomenclature basée

(1) L. 17 D, *de usuris*.

sur cette division. En effet l'intérêt *deunces* dont parle Perse dans une de ses satires (1) est le taux de 11 %, c'est-à-dire un as moins une once. Le 10 % prend le nom de *dextantes*, puis viennent les *dodrantes* ou *nonanciæ usuræ* correspondant à 9 %. Les *besses* ou 8 % dont Cicéron parle dans une de ses lettres à Atticus ; *septimes* c'est 7 % *semisses* 6 %; intérêt dont parle Ulpien dans un texte et qu'il qualifie de *levior usura* (2), expression qu'il n'eut pu employer si le calcul avait été fait par mois au lieu de l'être par an. Nous trouvons après les *quincunces* correspondant au 5 % taux que Perse appelle modeste.(3) Les *trienses* qui ne sont autre que le 3 % et enfin en suivant la série on aboutit fatalement à *l'unciaria usura* qui n'est autre que l'inconnue cherchée, 1 %. Et alors, disent les partisans de cette doctrine, tout s'éclaircit dans les textes. Nous voyons l'as type de l'intérêt divisé en douze fractions qui correspondent chacune à un taux différent de l'intérêt. On comprend alors les rogations Liciniennés, la loi *Duilia* et enfin la loi *Genucia* qui arrive par une pente douce et logique à l'abolition du prêt lui-même et on s'explique ce taux inférieur de l'intérêt en se rappelant que la loi des XII tables fut une conquête violente du peuple sur les patriciens. Tel est ce système, cher surtout aux littérateurs pour qui ces raisons que M. Troplong appelle grammaticales doivent paraître d'un grand poids. Et cependant quelque soit la force de l'argument principal sur lequel il s'appuie, quelle que soit sa prétention de concilier les textes et de donner la clef de la législation romaine sur l'usure, je ne le crois fondé ni en raison ni en droit.

Je ferai d'abord remarquer que le calcul qui est de base à ce système et qui consiste à prendre pour type du capital le nombre 100 est tout à fait arbitraire. Ce capital type, cette unité divisée en 100 parties est contraire aux mœurs romaines à cette époque et à la computation ordinaire. L'unité chère aux Romains était l'as que nous trouvons à chaque instant dans les textes. Ce mode de

(1) Perse, satire V.
(2) L. 5 D, *de oper. publicis*.
(3) Perse, satire V.

calcul florissait en Grèce où le capital type qui était la mine valait 100 drachmes et où l'intérêt se composait d'un certain nombre de drachmes comparé au nombre 100. Mais à l'époque de la loi des XII tables où nous nous plaçons actuellement et où aucune relation ne s'était encore établie entre Rome et Athènes, ce mode de calcul est tout-à-fait inadmissible. Il n'y avait en effet à Rome à ce moment qu'une monnaie de cuivre qui était l'as valant douze onces, sur lequel les Romains avaient fait pour le calcul de l'intérêt une opération analogue à celle des Grecs, mais en conservant leur type national et non en s'asservissant a un nombre arbitraire et factice qui ne correspondait à rien dans leur système monétaire. Ce n'est pas tout. nous trouvons dans Tite-Live un texte formel en complète contradiction avec ce système et qu'il est impossible d'expliquer si l'on admet la doctrine que nous combattons. Je fais allusion au discours du vieux centurion délivré par Manlius. Lorsqu'il raconte au peuple l'histoire de ses souffrances et de sa ruine il se plaint amèrement de ce que les intérêts accumulés avaient dépassé plusieurs fois la valeur du capital. « *Multiplici jam sorte resoluta mergentibus semper sortem usuris.* » (1) Or comment concevoir une accumulation aussi exhorbitante avec un intérêt aussi minime? Pour qu'un intérêt de 1 % arrivât même avec le secours de l'anatocisme à dépasser ainsi plusieurs fois le capital, il faudrait assurément plus qu'une vie d'hommes. Et si maintenant on examine ce système à un autre point de vue, si on l'examine au point de vue de la raison et de l'histoire on reste convaincu qu'il est contraire aux données que nous fournit la science actuelle et qu'il dénature l'histoire pour la plier à une opinion préconçue. S'il est en effet un point aujourd'hui certain en économie politique et que les savantes dissertations de MM. Batbie et Guillaume Roscher ont mis hors de doute, c'est qu'à l'origine des sociétés alors que le numéraire est très-rare, le taux de l'intérêt est très-élevé. Or est-il possible d'admettre qu'une loi renversant la nature des choses que les mœurs seules et l'intérêt privé suffisaient à dévoiler, ait fixé à l'intérêt un taux qu'on pourrait

____

(1) Tite Live, VI. 14.

appeler dérisoire puisque nos sociétés modernes malgré, toute leur
civilisation, la grande quantité de numéraire qu'elles possèdent et
l'emploi facile des capitaux ne l'ont pas encore atteint et ne l'atteindront sans doute jamais. Ces considérations condamnent tellement leur système que les partisans de cette doctrine n'essaye pas
de les nier. Sans doute, disent-ils, il y a là une violation évidente
des lois économiques, mais faut-il s'en étonner au milieu des séditions et des coups de force qui agitaient à chaque instant la
république romaine. Qui ne sait que la loi des XII tables fut une
conquête violente de la plèbe sur les Patriciens ? qui ne sait que
plus la misère était grande, plus l'intérêt de l'argent avait été
exagéré, plus il y a de motifs pour croire que le taux de l'intérêt
fut abaissé à la limite la plus extrême. Laissons ici la parole à
M. Troplong pour réfuter cette erreur historique. « Si la loi des
XII tables avait été, dit-il, une conquête violente de la démocratie
sur le patriciat, on comprendrait jusqu'à un certain point qu'elle
eut consacré une mesure qui équivalait à l'abolition de l'intérêt de
l'argent. Mais tel n'est pas le caractère de la loi des XII tables ;
elle fut une concession pacifique, une sorte de trêve volontairement
consentie, une diversion à la question brûlante des lois agraires et
de la diminution du pouvoir consulaire. Si l'on songe de plus que
c'était les patriciens qui disposaient du numéraire et qui prêtaient
aux plébéiens, comment peut-on supposer que cette classe avare,
orgueilleuse et jalouse, dont la dureté aristocratique venait de se
signaler en refusant aux plébéiens le droit de contracter mariage
avec les Patriciens se fut adoucie au point d'en venir avec eux à
des rapports fondés sur l'abrogation de tout intérêt. » (1) Enfin et
c'est là une dernière considération, si véritablement le taux de
l'intérêt a été fixé, comme le prétend Saumaise, à 1 °/₀, comment
expliquer alors ces séditions terribles et continuelles, cette retraite
du peuple sur le Mont sacré, cette ruine et ces misères nombreuses,
enfin l'impossibilité ou se trouvaient les débiteurs de payer leurs
dettes et d'éviter les prisons et les tortures de leurs créanciers.

(1) Troplong, préface du prêt-intérêt.

Comment peut-on supposer qu'un intérêt si modique et si dérisoire ait pu soulever tant de tempêtes et amener dans le sein des diverses classes tant de haines et d'animosités les unes contre les autres? Comment admettre surtout qu'on ait senti en 408 la nécessité de diminuer le taux de l'intérêt de moitié, qu'on ait en 403 aboli complètement le prêt à intérêt par la raison sans doute qu'un intérêt de 1/2 % était exhorbitant et ruineux pour le débiteur. Ou il faut effacer l'histoire de toute cette période, traiter d'inventions et de fables les récits de séditions, les institutions nées de ces révoltes, les lois proposées et votées sur cette matière, ou il faut rejeter la supposition d'un intérêt de 1 % par an.

Une troisième opinion soutenue par Scaliger, Sigonius, Hotman et dans les derniers temps par M. Pellat, voit dans *l'unciarium fœnus* de la loi des XII tables, l'intérêt de 12 % par an. Ce système prend pour type du capital le nombre 100 pour type de l'intérêt l'as qu'il divise naturellement en douze onces et repose sur le raisonnement suivant : *L'unciarium fœnus* est l'once, douzième partie de l'as qui se paie mensuellement au jour des Calendes. Or comme l'année depuis Numa est de douze mois, on arrive à la fin de l'année à avoir payé l'as entier, c'est-à-dire 12 %. Les partisans de ce système font ensuite remarquer que nombre de textes mentionnent cette habitude des Romains de régler les intérêts dûs chaque mois et qu'il serait étrange qu'on ne pût trouver aucune trace d'une transformation aussi complète dans les habitudes romaines. Ils ajoutent ensuite qu'on ne saurait admettre que l'intérêt ait augmenté à mesure que la civilisation grandissait et que les capitaux et les richesses grâce au développement du commerce et aux conquêtes lointaines, croissaient dans une proportion considérable. Ce serait en effet le renversement de tous les principes économiques et il est plus naturel d'admettre que le taux rétabli par Cicéron à la fin de la République et accepté par tous n'était autre que cet *unciarium fœnus*, consacré par la loi des XII tables. Enfin, et ce n'est pas là, disent les partisans de ce système, une considération sans valeur, la *centesima usura* qu'à rétablie Cicéron est partout dans les textes qualifiés de *legitima* ; or, dit M. Pellat, si comme

on le croit communément, elle avait été établie par le préteur, il me
paraît impossible qu'elle ait été qualifiée de *legitima*. On sait que
cette épithète est toujours réservée aux institutions établies par une
loi et surtout à celles qui sont dues à la loi des XII tables. C'est
ainsi que l'on dit *legitima hereditas, legitima tutela* etc. Tels sont
les deux arguments présentés à l'appui de cette opinion. Mais on
peut y répondre. Et d'abord je lui ferai le reproche que j'ai déjà
adressé à un système précédent, c'est de méconnaître les habitudes
romaines et de commettre une erreur historique. En effet ce système
prend comme type du capital le nombre de 100 essentiellement
d'origine grecque et que les Romains ne pouvaient, à l'époque de la
loi des XII tables, même pas soupçonner. Ensuite il suppose établi
à la même époque le règlement de compte mensuel, ce qui est
démenti par les textes, (1) et universellement contredit par les
historiens.

Tous les textes que l'on cite à l'appui de ce premier point, sont
postérieurs de beaucoup à la loi des XII tables, et du reste,
comme le dit très-justement M. Troplong, même en ne consultant
que la nature des choses, ce règlement de compte par mois est
très-difficile à admettre dans les premiers temps de la république,
à une époque où les citoyens livrés à la vie des champs et passant
dans les légions une partie de l'année se trouvaient absents pendant plusieurs mois consécutifs. L'argument économique n'est pas
plus heureux. Car pour que les partisans de ce système puissent
invoquer les lois économiques en leur faveur, il faudrait qu'ils nous
montrassent l'intérêt décroissant à mesure que la richesse augmente et c'est ce qu'ils ne font point, puisque, pour eux, l'intérêt
reste stationnaire.

Les principes économiques sont aussi bien violés dans leur système que dans le nôtre à supposer qu'ils le soient. Mais il n'en est
rien. Cette augmentation de l'intérêt s'explique, car, à l'époque
de Cicéron, la situation n'est plus la même qu'au moment où rè-
gnent les décemvirs. La richesse s'est déplacée et les emprunteurs

(1) L. 17, *de usuris*, D.

5

ne sont plus uniquement les plébéiens besoigneux, mais honnêtes des premiers temps de la république. Sous le consulat de Cicéron ce sont pour la plupart de jeunes patriciens débauchés, dépensant dans les plaisirs l'argent qu'ils empruntent et se souciant très-peu de payer en retour un intérêt plus élevé. Il n'est donc pas étonnant que, en présence de cette demande nombreuse et facile, l'offre ait dicté des conditions.

Reste enfin l'argument que M. Pellat a tiré de l'expression *légitima*, employée dans les textes, pour désigner la centésime, ce qui serait inadmissible si c'était un préteur qui l'eût instituée. Mais qui dit que la centésime ait été d'institution prétorienne. Tout porte à croire, au contraire, que le taux de 12 p. 100, fut fixé par un Senatus-Consulte. Cicéron le mentionne dans une de ses lettres (1). On trouve, du reste, au Code et au Digeste des constitutions qui l'avaient confirmée (2). N'est-ce pas suffisant pour expliquer cette expression de *legitima usura ?* N'appelait-on pas *pacta legitima* des pactes qui n'avaient été munis d'actions que par des constitutions impériales ? Enfin, il résulte d'une loi des empereurs Dioclétien et Maximin, insérée au Code de Justinien, que dans les cas de mise en demeure, le débiteur ne devait que les intérêts en usage dans la contrée. Or, ces intérêts, qui à coup sûr, ne viennent pas de la loi, qui n'ont leur origine que dans un simple usage, sont formellement qualifiés de légitimes. En conclura-t-on qu'ils dérivent de la loi des XII tables ? Ce système n'est donc pas appuyé sur des arguments assez solides pour que l'on puisse lui décerner la palme.

Enfin un quatrième système, que je crois le meilleur, mis au jour par Nieburh (3), adopté sauf quelques modifications par Schrader (4) et soutenu de nos jours avec le talent et la verve qu'il met

(1) Cicéron, *ad Atticum*, liv. V, épist. 21.

(2) L. 13 et 26 D, *de actione accepti.* — C. *de usuris*, 1. 20.

(3) Nieburh, *histoire Romaine*, t. V, p. 65 et suiv., trad. de Golbéry.

(4) Schrader, *Rechtsgeschichtliche Bemerkungen.*

au service de ses opinions favorites par M. Troplong dans la préface de son traité du prêt, consiste à dire que *l'unciarium fœnus* de la loi des XII tables, n'est autre que le denier douze. Nieburh considère l'as comme le capital-type et il le divise en douze onces. Il admet aussi que le calcul et le paiement des intérêts se faisait par an à l'époque de la loi des XII tables et alors il aboutit naturellement à admettre que l'intérêt oncier, *l'unciarium fœnus* n'était autre que le douzième du capital. Or, si l'on convertit par une simple opération d'arithmétique cet intérêt du douzième en le calculant par rapport à un capital-type de 100, on arrive au chiffre de 8 1/3 environ, taux qui n'est autre que celui consacré par la loi des XII tables. Ce calcul suppose l'existence de l'année cyclique. Que si l'on prétend, ce que je crois exact, qu'à l'époque de la loi des XII tables l'année cyclique n'existait plus et qu'elle avait été remplacée sous le règne de Numa, par l'année de douze mois, comme le prétendent Tite-Live et Florus, on arrive, en conservant le même principe et en employant le même calcul, à un intérêt de 10 %. Il nous reste à donner de ce système une démonstration aussi complète qu'il est possible de la fournir en une matière où les textes manquent et dont les origines sont quelque peu voilées.

Et d'abord, remarquons qu'il est parfaitement d'accord avec ce que l'histoire nous apprend des habitudes romaines. En effet, dans ce système l'unité capital est l'as, seule monnaie alors connue à Rome et que tous les historiens et les poètes nous présentent comme universellement et uniquement adoptée.

C'est là une première supériorité sur les deux systèmes dont l'argumentation prend pour point de départ le capital 100. Remarquons ensuite, qu'évitant l'erreur chronologique dans laquelle sont tombés les auteurs de deux des opinions précédentes, le système de Nieburh conserve le calcul antique qui se faisait annuellement et ne suppose pas existant à l'époque de la loi des XII tables le calcul mensuel au jour des calendes qui ne s'introduisit à Rome que beaucoup plus tard après l'asservissement de la Grèce. Enfin, il a pour lui la vraisemblance historique. Sans tomber dans une exagération évidente comme le système soutenu par le président Coquille, évitant la réaction qui dans le système de Saumaise, fait tomber l'intérêt à 1 et même en 408 à 1/2 %, il a l'avantage d'aboutir à un taux raisonnable assez fort pour expliquer les émeutes et les plaintes populaires qu'il est impossible sans fouler aux pieds l'histoire de révoquer en doute. Ces considérations militent déjà en faveur de ce système et lui donne en présence de ses rivaux un avantage sérieux. Mais ce ne sont pas là les seuls arguments que l'on puisse présenter en sa faveur.

Nous trouvons d'abord une inscription de l'an 608 de Rome, qui malheureusement ne nous est pas parvenue dans son intégrité et qui qualifie la *Decima usura* de *donum moribus antiquis pro usuris*.

Nous avons ensuite un texte de Festus qui, bien que mutilé, fournit à l'appui de ce système un argument sérieux. Ce texte est ainsi conçu : « *Unciaria lex dici capta est quam L. Sulla et O. Pompeius tulerunt qva sanctum est ut debitores decimam partem...* » Le reste du texte est illisible, ma's ce qui est parvenu parmi nous suffit pour établir l'argument. En effet, la loi dont parle Festus, est la loi *unciaria* et, comme dit M. Troplong, le mot est précieux puisque c'est précisément celui dont nous recherchons le sens. Or, comment Festus l'interprète-t-il ? Il suppose d'abord évidemment un paiement, un règlement de compte, cela résulte de la phrase elle-même et ce qui ne peut être autre que l'intérêt est aussi dénommé *decima pars* et qualifié par la loi elle-même *unciaria*. N'est-ce pas là la consécration formelle de notre système qui prenant pour base de calcul l'année de douze mois décide que l'intérêt est la dixième partie du capital, 10 %. Qu'on ne vienne pas dire que ce texte est incomplet et qu'il est impossible de tirer un argument sérieux d'un passage dont la pensée échappe, nous répondrons que si ce texte est incomplet il n'en est pas moins vrai que ce qui en reste est parfaitement suffisant pour permettre à un savant attentif de découvrir la pensée de l'auteur et de construire un argument que M. Troplong appelle victorieux et irrésistible.

Ce n'est pas tout. Il est un troisième argument développé longuement par Niebuhr et dont ne parle pas M. Troplong mais qu n'en a pas moins une grande valeur et qui est tiré des règles d'Ulpien. Voici d'abord le texte :

§ 12. Morum nomine graviorum quidem sexta retinentur; leviorum autem, octava. Graviores mores sunt adulteria tantum, leviores omnes reliqui.

§ 12. A raison des mœurs la rétention est du sixième, si l'atteinte aux mœurs est grave ; du huitième si elle est légère

On n'entend par atteintes graves que les adultères.

Toutes les autres fautes sont qualifiées d'atteintes légères.

§ 13. Mariti mores puniuntur in eâ quidem dote quæ annuâ binâ trimâ die reddi debet Ita ut propter majores mores presentem reddat; propter minores senum mensum die. In eâ autem, quæ præsens reddi solet, tantum ex fructibus jubetur reddere, quantum in illa dote, quæ triennio redditur, repræsentatio facit.

§ 13. La punition des mœurs du mari, dans le cas d'une dote restituable par tiers en trois ans, consiste à la rendre sur le champ si la faute est grave ; par tiers, de six mois en six mois, si la faute est légère. Quant à la dote qui est restituable aussitôt après le mariage dissous, le mari doit rendre sur les fruits la quantité qui correspond au temps dont la restitution est avancée pour la dot remboursable en trois ans (1).

Ces textes prévoient des modifications introduites dans la restitution de la dot pour cause de divorce par suite de fautes plus ou moins graves commises par l'un ou l'autre des époux. Ces modifications étaient une véritable peine qui variait suivant la gravité de la faute. Ainsi la femme qui s'était rendue coupable d'une faute grave, c'est-à-dire d'un adultère, car c'est la seule qui était considérée comme telle, subissait sur sa dot une retenue d'un sixième. S'il ne s'agissait que d'une faute légère, c'est-à-dire de toute autre faute autre que l'adultère, la réduction opérée n'était que d'un huitième. Le mode de calcul était tout autre pour le mari. D'après le droit commun et en dehors de toute stipulation contraire, le mari avait

(1) *Ulpian. Regul.*, tit. VI *de dotibus*, §§ 12 et 13.

trois ans pour restituer la dot. Mais ce délai était modifié lorsqu'il était coupable de quelque faute et la privation des fruits, c'est-à-dire de l'intérêt dans l'espèce constituait précisément la peine dont la loi le frappait.

La faute était-elle grave, ou comme disent les textes *propter majores mores*, il était complètement déchu du bénéfice du terme et devait restituer la dot immédiatement. La faute était-elle légère, *propter minores mores*, la dot devait être restituée *senum mensum die* (pour senorum mensum die) expression que Nieburh traduit ainsi : « un tiers de suite et les deux autres tiers de six mois en six mois. Or, dit Nieburch, il résulte de source certaine et des mœurs romaines elles-mêmes sur cette matière, que la peine infligée à la femme devait être égale à celle infligée au mari.

Or, en opérant le calcul dont le texte fournit les éléments on ne peut arriver à un résultat établissant cette égalité de peines qu'en admettant que l'intérêt de la loi des XII Tables était d'un douzième du capital.

En effet la femme *propter majores mores* perd un sixième de sa dot, le mari, en cas pareil, restitue la dot sur le champ au lieu de la restituer en trois ans. Il perd donc l'intérêt d'un an pour le premier tiers de la dot, l'intérêt de deux ans pour le deuxième tiers, l'intérêt de trois ans pour le troisième tiers, ou ce qui revient au même, l'intérêt de deux ans pour la dot entière. Or si l'on admet qu'en établissant cette peine on a eu en vue l'intérêt du douzième du capital, la perte du mari est donc exactement égale à celle qui est infligée à la femme, puisque l'intérêt de deux ans sera égal à 2 1/2 ou au sixième du capital.

Propter minores mores la femme perd un huitième de sa dot. Le mari dans le même cas restitue en trois termes de six mois la dot qu'il aurait restituée en trois termes d'un an, c'est-à-dire qu'il restitue un tiers sur le champ et les deux autres tiers de six mois en six mois. Le mari perd donc l'intérêt d'un an pour le premier tiers de la dot qu'il restitue sur le champ au lieu de le restituer au bout d'un an ; l'intérêt d'un an et demi pour le deuxième tiers qu'il restitue au bout de deux ans ; l'intérêt de deux ans pour le troisième tiers qu'il

restitue au bout d'un an au lieu de le restituer au bout de trois ans.
Ce qui revient à une perte d'un an et demi d'intérêt sur la totalité
de la dot. Or l'intérêt d'un an étant égal à 1 1/2 du capital l'intérêt
d'un an et demi sera

$$\frac{1}{12} + \frac{1}{24} = \frac{3}{24} = \frac{1}{8}$$

La perte éprouvée par le mari est donc encore égale ici à celle
qu'éprouverait la femme.

Tel est présenté dans toute sa force et dans toute sa simplicité
le troisième argument développé par Nieburh à l'appui de son système et qui fait naître sinon la certitude, ce qui paraît presque
impossible en cette matière divinatoire, du moins une forte présomption en faveur du système qui peut le revendiquer. On peut
ajouter une dernière considération, c'est que l'intérêt du douzième
se déduit rigoureusement du terme même employé par la loi
Décemvirale. Que veut dire *unciarium fœnus ?* Intérêt du douzième.
Si l'intérêt est une *uncia* ne s'en suit-il pas que le capital est l'as? Je
suppose que dans l'ancienne France où l'unité monétaire était la
livre, qui valait vingt sous, une loi fût venue dire : l'intérêt légal
sera d'un vingtième (formule identique à celle de la loi des XII tables)
quel esprit bien fait eut pu y voir autre chose que ceci : Le taux
de l'intérêt annuel est d'un sou par livre. Donc denier douze est la
traduction exacte et grammaticale de ces mots: *unciarium fœnus.*
Enfin qu'on n'oppose plus la nomenclature de Saumaise pour criti-
quer cette traduction de *unciarium fœnus.* Car c'est là une expression primitive, sacramentelle et appartenant à un tout autre ordre
d'idées que l'*unciaria usura* du calcul centésimaire. Nous allons étudier dans le paragraphe suivant les réformes qui s'introduisirent
dans la législation romaine sous l'influence des idées venues de
Grèce.

SECTION DEUXIÈME

Du taux de l'intérêt conventionnel depuis les derniers temps de la République jusqu'à Justinien.

Le résultat que produisi.   toutes ces lois limitatives du taux de l'intérêt et même abolitiv   'u prêt lui-même, dans un moment de surrexitation mais bientôt in écutées fut, comme nous l'avons montré, à peu près nul. On se rappelle les objurgations de Plaute comparant ces lois à de l'eau bouillante bientôt refroidie, et les détails si précis donnés par Tite-Live, dans ses décades. Nous pouvons encore ajouter le témoignage de Tacite qui dans une phrase concise et froide nous peint de main de maître cette situation. « *Multis plebiscitis obviam itam fraudi.* «, *quæ totiens repressæ miras per artes rursum oriebantur.* (1) » 'l ut porté à croire, bien qu'il règne sur ce point une grande obscurité . qu'après la loi *Sempronia*, il n'y eut, jusqu'à Cicéron, aucune loi nouvelle sur le taux de l'intérêt. On était comme fatigué de porter des lois dont l'existence n'était que nominale et qui purement arbitraires et factices, en ce qu'elles voulaient interdire un contrat indispensable à toute société civilisée, succombaient immédiatement dans la 'utte qu'elles engageaient avec la nature des choses et les mœurs 'e toute une nation. Tout essai législatif en cette matière provoquait immédiatement la fureur de la classe de plus en plus nombreuse des *fœneratores* qui ne reculait pas même devant l'assassinat pour conserver son entière liberté. Aussi voit-on sans étonnement, quoique no sans tristesse, la tentative malheureuse du préteur Asellio pour remettre

(1) Tacite, annales, lib. VII, cap. 27.

en vigueur les lois restrictives de l'intérêt. L'inopportunité du moment où elle intervint contribuait du reste à la faire échouer. C'était en 664, l'une des époques les plus orageuses et les plus critiques de la République. On sortait à peine de l'invasion des Cimbres et des Teutons et de la guerre sociale pour entrer dans la guerre civile. L'argent était rare, l'âpreté au gain plus forte que jamais. C'était à ce moment que Jugurtha lançait au peuple romain sa sanglante apostrophe ; aussi la mesure généreuse de l'imprudent préteur fit-elle naître un orage dans lequel il fut emporté. Pendant cette période et jusqu'à la fin du consulat de Cicéron, le taux de l'intérêt fut donc un fait complètement libre. Il fut soumis à ces oscillations brusques et considérables causées par l'âpreté des uns et l'ambition insatiable des autres, et, trait de mœurs curieux à noter, Cicéron nous raconte dans une de ses lettres (1) que l'approche d'une élection le faisait augmenter en vingt-quatre heures de plus de moitié. Il fallait en effet aux ambitieux de l'argent pour acheter les suffrages. Vers la fin de la République, sous le consulat de Cicéron, nous voyons surgir un nouveau taux légal de l'intérêt. C'est la centésime c'est-à-dire le douze pour cent. Qu'elle était son origine et dans quel document législatif puisait-elle son droit d'existence ? Quelques commentateurs veulent que ce soit la loi *Gabinia* qui ait fixé ce taux en l'étendant aux provinces. Mais c'est là une erreur que Gronovius (2) et Gérard Noodt (3) ont clairement fait ressortir. L'opinion la plus accréditée est que la centésime qui florissait certainement en Grèce, fut une de ces institutions que cette nation vaincue imposa à son vainqueur. J'ai déjà montré que les Grecs avaient pour capital type le nombre 100 et que le calcul de l'intérêt se faisait chez eux tous les mois, au jour des Kalendes. Que toute cette organisation ait passé à Rome, cela est hors de doute et ressort de textes nombreux. Je l'ai établi plus haut et n'y reviendrai pas. Ce fut un sénatus-consulte rendu selon les uns à l'époque

(1) Cicéron, *ad Atticum*, IV, 15.

(2) *De centesimis usuris et fænore unciario*, lib. 2, § 36.

(3) *De fænore et usuris*, lib. 2, c. 4.

de Cicéron, selon les autres vers l'an 703 qui vint consacrer législativement ce taux de douze pour cent. Voici ce que nous dit Cicéron : « *Senatusconsultum modo factum est, in creditorum causâ ut
centesimæ perpetuo fænore ducerentur* (1). » Toutefois il ne faudrait
par croire que cette législation ait été ainsi transplantée de prime
saut et sans transition à Rome. Avant d'obtenir force de loi elle
avait obtenu droit de cité dans les édits des proconsuls et des
préteurs. C'est dans la province qu'elle prit naissance. Lucullus,
nommé gouverneur de l'Asie et qui en sa qualité de partisan de
Sylla détestait les chevaliers, fut le premier qui dans son édit mit
obstacle à leurs exactions en fixant l'intérêt maximum à douze pour
cent et en décidant qu'il ne pourrait jamais dépasser le capital.
Ce taux fut bientôt adopté dans tous les édits et Cicéron nous dit
lui-même qu'alors qu'il était gouverneur de Cilicie il avait dans son
edictum translatitium adopté ce taux *cum anatocismo*. C'est alors
et pour donner la force legislative perpétuelle à une disposition
qu'un pouvoir temporaire avait déja consacréé qu'intervint ce senatus-consulte fixant le taux de l'intérêt à 12 % par an, sans anatocisme (2) et sans que le capital pût jamais être dépassé (3). Voici
quelles étaient les différentes divisions de l'as qui lui, composé de
douze onces, formait le taux maximum *l'assarium fænus*,

UNCIA	= un onze	ou 1/2
SEXTANS	= deux onces	ou 1/6
QUADRANS	= trois onces	ou 1/4
TRIANS	= quatre onces	ou 1/3
QUINCUNX	= cinq onces.	
SEMIS	= six onces	ou 1/2
SEPTUNX	= sept onces.	
BES	= huit onces	ou 2/3
DODRANS	= neuf onces.	
DEXTANS	= dix onces.	
DEUNX	= onze onces.	
Enfin l'ASSARIUM FŒNUS	= douze onces.	

(1) Ciceron, *ad Attic.*, V, 21 (édit. Panckouk, t. 20, p. 278).

(2) L. 27 D, *de re Judic.* (42, 1). — L. 26, § 1er, *de cond. ind.* (12, 6). —
L. 28 C. *de usuris.*

(3) L. 10 C, *de usuris.*

Avec cette nomenclature les expressions journalières étaient *quadrantes usuræ*, *quincunces usuræ*, *trientes usuræ* etc., signifiant 3 %, 4 %, 5 %. Quant aux intérêts supérieurs à la centésime et que stipulaient certains usuriers, on les appelait *binæ*, *ternæ*, *quaternæ usuræ*, c'est-à-dire 24, 36, 48 %. Certes, cette limitation de l'intérêt à douze pour cent était très-raisonnable. Il ne faut donc pas s'étonner qu'elle ait survécu aux dernières guerres civiles et aux crises financières par lesquelles passa la fortune publique au milieu des orages de la politique et des fautes de l'administration. Nous ne voyons dans l'histoire trace d'aucune loi qui l'ait modifié jusqu'à Justinien, sauf celle, qui au dire de Tacite, fut portée par César. Quelle était-elle? Quel était son but précis et le mal auquel elle voulait porter remède? On ne peut à ces questions faire de réponse catégorique, car Tacite, qui seul en parle, est on ne peut plus laconique.

Quoi qu'il en soit de ce point de droit sur lequel les sources sont muettes, nous retrouvons sous Néron et sous Trajan la centésime en pleine vigueur. Sénèque et Pline sont formels sur ce point (1). Plusieurs textes du Digeste et du Code nous permettent d'affirmer son existence au temps où vivait le jurisconsulte Paul et pendant le règne de Dioclétien (2). Mais quelque dur que fût déjà pour un peuple sans grand commerce et sans industrie, un taux de 12 %, ce que la nature des choses suffit à démontrer et ce que nombre de jurisconsultes nous affirment (3), il ne manquait pas à Rome d'avides usuriers dans les rangs desquels on pouvait compter plus d'un patricien, qui ne craignaient pas de stipuler le double et même le triple.

C'est ainsi que nous avons vu le farouche Brutus exiger sous des prête-noms une quadruple centésime, c'est-à-dire 48 %. Hâtons-

(1) *Senec*, VII, *de benef.*. II. — Pline, *epistol.*, X, 62.

(2) L. 40 D, *de rebus cred t.* — Sentences, liv. 2, t. 14, § 2. — L. 8 C., *si cert. petat.*

(3) Ulpien, L. 7, § 8 D, *de adm. tutor.* — Tryph., L. 45 D. h. t. — L. 38 D, *de neg. gest.*

nous de dire pour l'honneur du peuple Romain, que ce n'étaient là que des exceptions et que les citoyens honnêtes se contentaient d'un moindre intérêt. Antonin le Pieux et Alexandre Sévère ne prêtaient qu'à 4 %. J'ai dit plus haut qu'aucune modification ne fut apportée jusqu'à Justinien au Sénatus-Consulte qui établissait la centésime. Je dois cependant pour être complet mentionner ici deux textes qui sans toucher aux principes y apportent une légère dérogation. Nous trouvons d'abord au Code Théodosien la loi 4 *de usuris* (II. 33) qui défendit aux sénateurs de prendre un intérêt supérieur à 6 %; et une loi du Code nous apprend qu'il était interdit aux gouverneurs de province de faire des prêts à intérêt (1) dans leurs provinces. Reste un point à examiner. Quelle était la sanction établie par le Sénatus Consulte ? Il semble bien résulter de ce que nous en connaissons et des renseignements que les textes nous fournissent qu'il n'y en avait aucune. Peut-être avait-on senti qu'établir une sanction nominale contre les usuriers, c'était en déconsidérant le pouvoir législatif rendre plus onéreuse et plus précaire la condition de ceux que l'on voulait protéger. Il nous faut descendre jusqu'aux empereurs Dioclétien et Maximien, pour trouver une disposition répressive. Une constitution de ces empereurs établissait contre ceux qui violeraient la loi sur l'usure la peine de l'infamie (2). Plus tard une constitution des empereurs Valentinien, Théodose et Arcade que nous trouvons rapportée au Code Théodésien, rétablit contre les usuriers la peine du quadruple que prononçait déjà contre eux la loi des XII tables (3). Nous arrivons ainsi à Justinien, qui dans son ardeur de réforme apporta quelques modifications à la matière spéciale que nous étudions.

---

(1) L, 3 C., *si certum petat.*

(2) L. 20 C., *ex quibus causis inf. irrog.*

(3) L. 2 C, *Theodos.*, h. t.

SECTION TROISIÈME

Législation de Justinien.

———

La question du taux de l'intérêt était trop importante, elle avait joué un rôle trop considérable dans l'histoire du peuple Romain pour que Justinien qu'enflammait la noble ambition de refondre tout le droit civil, et de l'unifier en le réformant, ne cédât pas au désir d'essayer à son tour de la résoudre. Toutefois ce serait une erreur de croire que le christianisme naissant ait eu quelque part dans ces réformes. Justinien qui, ne manque jamais de donner dans un style pompeux les raisons de ces réformes juridiques, se serait bien gardé de le passer sous silence. La seule raison qu'il en donne et que nous verrons énoncée dans le préambule de la constitution célèbre rendue sur cette matière, c'est la dureté des anciennes lois et les charges écrasantes qu'elles laissaient peser sur les débiteurs. Voici en effet, ce que nous dit ce prince dans cette constitution dont il est nécessaire, vu son importance, de citer les principaux passages.

« *Super usurarum vero quantitate etiam generalem sanctionem facere necessarium esse duximus, veterem, duram et gravissimam earum molem ad mediocritatem deducentes. Ideoque jubemus, illustribus quidem personis, sive eas præcedentibus minime licere ultra tertiam partem centesimæ usurarum nomine in quocunque contractu vili vel maximo stipulari. Illos vero qui ergasteriis præsunt, vel aliquam licitam negotiationem gerunt, usque ad bessem centesimæ (usurarum nomine in quocunque contractu) suam stipulationem moderari. In trajectitiis autem contractibus, vel specierum fœnori dationibus, usque ad centesimam tantummodo licere stipulari nec eam excedere; licet veteribus legibus hoc erat concessum. Cæteros*

*autem (omnes) homines dimidiam tantummodo centesimæ usurarum
(nomine) posse stipulari* (1) ».

Il est facile par la lecture de ce texte de se faire une idée des
réformes opérées par Justinien. Il établit plusieurs taux suivant la
qualité des personnes et la nature du contrat. Ainsi, il interdit
d'abord aux personnes illustres de stipuler un intérêt supérieur au
tiers de la centésime, c'est-à-dire à 4 %. Il est plus large pour
ceux qui s'occupent de commerce, car il fixe pour taux maximum
8 % Il ne conserve l'intérêt centésimaire précédent que pour deux
cas qui dans l'ancienne législation jouissaient de la plus complète
liberté. Je veux parler du *nauticum fænus* et du prêt de denrées.
Enfin, pour tous les autres sujets qui ne rentrent dans aucune des
classes précitées et ne se livrent pas au commerce, il fixe le taux
de l'intérêt à 6 %. Persuadé de l'excellence de la loi nouvelle,
Justinien décide qu'elle sera rétroactive et que tous les intérêts antérieurement stipulés seront, en cas d'excès, réduits au taux nouvellement fixé (2). Enfin, Justinien confirme et rend plus efficace la
prohibition déjà portée par les lois anciennes contre l'anatocisme (3). Telle est en résumé, la législation de Justinien sur l'u-
sure. Malgré les promesses d'immortalité que lui fit son auteur, elle
dura moins que la précédente. C'est qu'alors, le christianisme
grandissait de jour en jour et que son influence bienfaisante à cette
époque se faisait de plus en plus sentir. Après avoir conquis d'innombrables adhésions et s'être assis sur le trône à côté des Césars
il pénétrait dans la législation pour y faire triompher les nouveaux
principes qu'il préconisait. Toutefois, la justice nous force à le reconnaître, son influence en cette matière ne fut pas heureuse.
Touché des plaintes de ceux que l'usure opprimait et voulant transformer en règle de droit des principes de pure morale, il proscrivit
le prêt à intérêt. C'est sous l'influence de cette haine contre l'intérêt que nous verrons se développer durant le moyen-âge et amener

(1) L. 26 C, *de usuris.*

(2) L. 27 C, h. t.

(3) L. 28 C. h. t.

les papes et les conciles à une exagération d'idées et d'expressions qui ferait sourire, si l'intention ne protégeait les actes, que l'empereur Basile rendit une constitution prohibant complètement le prêt à intérêt. Mais la nature des choses et la coutume étaient encore plus fortes que la nouvelle puissance qui s'élevait, et quelques années après son fils, Léon le philosophe, dut revenir sur cette prohibition en abaissant toutefois le taux de l'intérêt à 4 %.

Il nous reste, pour épuiser cette matière, à mentionner ici quelques dernières modifications apportées par Justinien à l'ancienne législation sur l'usure. Il était de principe avant lui que l'intérêt pour être dû devait être stipulé avec fixation d'un taux précis. Ainsi, si deux personnes contractant un *mutuum* y ajoutaient une stipulation par laquelle l'une des parties s'engageait à payer des intérêts sans en fixer le taux, il n'était dû aucun intérêt et le prêteur n'avait aucune action pour se le faire payer. C'est là une solution quelque peu étrange et qui certainement aboutissait à méconnaître l'intention des parties mais qui en droit était certaine. Nous la trouvons, en effet, exprimée de la manière la plus explicite dans un texte d'Ulpien : « *Quod in stipulatione ita adjectum est : et usuras, si quæ competierint, nullius est momenti, si modus certus non adjiciatur* (1) ». Justinien établit une exception à ce principe en faveur des *argentarii* en décidant que même en l'absence de toute stipulation ils auraient droit à un intérêt de 8 % (2).

Une autre novelle apporte aussi une exception à un principe qui avait été admis dans l'ancienne jurisprudence. Presque tous les jurisconsultes, en effet, reconnaissaient que sans doute le créancier n'avait aucune action en justice pour recouvrer un intérêt usuraire mais appliquant la maxime pratique, *utile per inutile non vitiatur*, il décidaient que la créance serait parfaitement valable dans la limite légale et qu'il y avait lieu simplement à la réduire et non à l'annuler. Marcien nous dit, en effet : « *Placuit sive supra*

(1) L. 31 D, *de usuris*.
(2) Novelle, 136, chap. 4

*statum modum quis usuras stipulatus fuerit, sive usurarum usuras,
quod illicite adjectum est pro non adjecto habere et licitas peti
posse (1).* » Par exception à cette règle, Justinien déclare que
l'usure dans les prêts de denrées faits aux paysans sera punie par
la perte de toute la créance (2).

Les réformes de Justinien en établissant plusieurs classes de personnes et en fixant plusieurs taux à l'intérêt facilitaient singuliè-
rement certaines fraudes consistant dans l'interposition de personnes et dans l'emploi fréquent de prête-noms. On conçoit, en effet,
facilement l'intérêt qu'un personnage illustre avait à prêter sous le
couvert et en empruntant le nom d'un commerçant. Justinien
décide que, même dans ce cas, l'usure devra être réprimée et l'intérêt ramené au taux légal. Et pour que cette prescription ne soit
pas une lettre morte, il admet que la fraude pourra être prouvée
même par la délation du serment à l'emprunteur (3).

Justinien cherche aussi à prévenir différentes fraudes qui pouvaient
se produire en donnant en prêt des objets précieux livrés sur estimation
exagérée et en stipulant un intérêt proportionnel à la somme pré-
tendûment prêtée. L'Empereur veut que l'intérêt soit ramené par
une estimation sérieuse et équitable au taux permis par les constitutions sans que l'emprunteur puisse arguer d'une valeur d'af-
fection qu'il attachait à ses objets. (4)

Il en serait de même si le porteur d'une somme d'argent avait
stipulé un intérêt payable en denrées afin de pouvoir bénéficier de
la latitude que la constitution 26 laissait à ces sortes de prêts.
Justinien ordonne encore dans ce cas que l'intérêt sera ramené au
taux légal. (5) Il est aussi interdit de stipuler en cas de retard sous
le couvert d'une clause pénale une peine pécuniaire supérieure aux
intérêts légaux de la somme due. La loi 15 est formelle. Elle

(1) L. 29 D, *de usuris.*

(2) Novelle, 85.

(3) L. 26 C, § 1er, *in. f. de usuris.*

(4) L. 8 C, *si cert. petat.*

(5) L. 16 C, *de usuris.*

interdit toute convention ainsi faite. « *Ut si intra diem certum debito satis non fecisset, cum pœna quadrupli redderet quod accepit.* » Car « *Juris forma non patitur lege contractu istius ultra pœnam legitimarum usurarum posse procedere.* » (1)

Justinien laisse toute liberté aux conventions, que l'intérêt stipulé soit de telle ou telle nature, peu importe ; il ne prohibe que l'usure. Nous avons vu que l'intérêt, pouvait être stipulé en denrées pourvu que le taux légal fût respecté. Ainsi encore il permet au créancier qui s'est fait donner pour sureté de sa dette une hypothèque de stipuler qu'il percevra les fruits en déduction des intérêts à lui dus, pourvu qu'il n'y ait pas violation de sa constitution. (2)

Mais il en serait autrement dans le cas d'antichrèse à cause de l'alea que renferme toujours un pareil contrat. Il est en effet plus qu'évident que celui consent à forfait à se contenter, en paiement de ses intérêts, de la récolte d'un fonds, peut, par mille circonstances, s'en voir privé. Aussi les textes font ils cette distinction réclamée du reste par la nature même des choses. « *Si ea lege possessionem mater tua apud creditorem obligavit ut fructus in vicem usurarum consequeretur, obtentu majoris percepti emolumenti propter incertum fructuum proventum rescindi placita non possunt.* » (3)

Il ne faudrait pas non plus voir une stipulation usuraire dans l'espèce prévue par la loi 34 à notre titre. Voici l'hypothèse que prévoit ce texte un emprunteur est convenu avec son prêteur que pour se payer des intérêts, celui-ci aurait le droit d'habiter une maison à lui appartenant. Quelle que soit la valeur locative de l'immeuble comparé au taux légal de l'intérêt et quoiqu'elle soit de beaucoup supérieure, l'Empereur Alexandre Sévère décide qu'il n'y aura lieu à opérer aucune réduction. *Minime oportet*, dit-il et voici la raison qu'il en donne : « *Licet enim uberiore sorte*

---

(1) L. 15 C, code tit.

(2) L. 1er, § 3 D, *de pignor. et hypoth.*

(3) L. 17 C, *de usuris.*

potuerit contrahi localio : non ideo tamen illicitum fænus esse contractum, sed vilius conducta habitatio videtur. » (1)

Ce ne sont pas là les seuls moyens par lesquels on pouvait percevoir un intérêt usuraire. La loi 26 à notre titre en prévoit un autre. Il se pourrait, en effet, et cela s'était présenté dans la pratique, que le créancier au moment même où il versait entre les mains de l'emprunteur la somme empruntée retint sur le capital fourni une certaine somme représentative des intérêts qu'il devait toucher à l'échéance, fit en un mot cette opération qu'on appelle, en langage moderne, escompte en dehors. Et il y a là avantage évident pour le créancier puisqu'il retient les intérêts d'une somme supérieure à celle qu'il prête. Justinien prohibe formellement ce mode d'agir et décide que l'intérêt ne sera calculé que par rapport au capital réellement prêté. « *Interdicta licentia creditoribus,* dit ce prince, *et pecuniis fænori dandis aliquid detrahere, vel retinere siliquarum nomine vel sportularum vel alterius cujuscunque causæ gratia. Nam si quid hujus modi factum fuerit, principale debitum ab initio ea quantitate minuetur, ut tam ipsa minuenda pars, quam usuræ ejus exigi prohibeantur.* » (2)

Tels sont les principaux cas prévus par les textes où l'usure se cache sous les dehors de contrats en apparence licites. Ce ne sont pas les seuls et l'on pourrait, en fouillant le Digeste et le Code en découvrir bien d'autres, car les jurisconsultes romains avaient scruté cette matière avec cette sûreté et cette profondeur d'analyse qui en font encore aujourd'hui des modèles. Mais on comprend qu'une pareille recherche dépasserait les bornes de cet ouvrage et que l'on ne peut, même dans une thèse de doctorat, qu'indiquer les grandes lignes.

Quelle était la sanction qui garantissait l'exécution de la loi? C'était le refus d'action et l'inexistence complète d'aucune obligation même naturelle. Jusqu'ici rien de plus simple, mais *quid* si les

____

(1) L. 14 C, code tit.

(2) L. 26 C, code tit.

intérêts usuaires ont été payés? Le débiteur pouvait-il les répéter au moyen d'une *condictio indebiti*?

Il faut pour répondre à cette question faire une distinction. Les intérêts usuraires ont-ils été payés sciemment? Aucune répétition ne sera possible mais on les imputera sur le capital. C'est ce que nous dit Ulpien dans la loi 26 de cond. ind. « *Si super legitimum modum solvit*, dit ce jurisconsulte, *D. Severus rescripsit (quo jure utimur) repeti quidem non posse, sed sorti imputandum.* » Sur ce premier point tous les jurisconsultes étaient d'accord. Il n'en était plus de même quand le capital avait été payé avant les intérêts. Quelques jurisconsultes soutenaient que, dans ce cas, l'imputation ne pouvant être faite sur le capital, le débiteur se trouvait dépourvu de toute action pour répéter ce qu'il avait indûment payé, mais Ulpien repoussait cette doctrine et admettait même dans ce cas la répétition des intérêts usuraires par une *condictio indebiti*. « *Et si postea*, ajoutait-il, *sortem solvit, sortem quasi indebitam repeti posse. Proinde et si ante sors fuerit soluta, usura supra legitimum modum solutæ, quasi sors indebita repetantur. Quid si simul solverit? Poterit dici et tunc repetitionem locum habere.* » (1) L'opinion plus large et plus équitable d'Ulpien avait du reste été consacrée dans une opinion de l'empereur Philippe. « *Indebitas usuras, etiam si ante sortem solutæ non fuerint, ac propterea minuere eam non potuerint, licet post sortem redditam creditori fuerint datæ, exclusa veteris juris varietate repeti non posse, perpensa ratione firmatum est.* » (2)

Une seule exception était admise au principe qui défendait de stipuler un intérêt supérieur au taux légal, exception admise déjà, du reste, dans la législation antérieure. C'était pour le cas où le débiteur condamné au paiement d'une certaine somme, laissait passer le délai de quatre mois sans exécuter la condamnation. Il devait alors payer les intérêts de la somme due au double du taux légal (3).

(1) L. 26 D, *de cond. ind.*
(2) L. 18 C, *de usuris.*
(3) L. 2 C. *de usuris rei judic.*

Quant à la prohibition de l'anatocisme, la loi 3, au même titre, nous la montre toujours en vigueur. On peut même dire que l'on ne trouve dans les sources aucune exception à cette règle. Quelques textes, tels que la loi 10, § 3, *mandati*, la loi 7, § 1, *de admin. tutor.*, la loi 37 D, *de usuris*, pourraient au premier abord faire croire que les débiteurs pouvaient, dans certaines situations exceptionnelles, être obligés de payer les intérêts des intérêts, mais ce serait une erreur et il est facile de voir, après une étude attentive de tous ces textes, que dans tous les cas qu'ils prévoient il n'est pas question d'anatocisme. Car dans les deux premiers textes il s'agit de sommes qui, bien que perçues à titre d'intérêt, ont été réemployées de nouveau et sont devenues ainsi un nouveau capital, et dans l'hypothèse prévue par le troisième texte le débiteur devra bien l'intérêt des intérêts, mais cela tient à ce qu'une nouvelle dette a été substituée à l'ancienne par l'emprunt d'une somme destinée à acquitter le capital et les intérêts. Rien de plus juste que dans ce cas l'on doive les intérêts de la somme augmentée.

Nous en avons fini avec le taux de l'intérêt à Rome. Nous l'avons suivi dans les diverses transformations qu'il a subies, assistant en spectateur désintéressé aux luttes qu'il a soulevées et aux efforts impuissants qui ont été tentés pour l'anéantir. Nous verrons dans la suite de cet ouvrage quelles attaques furieuses il a eu à soutenir, attaques dont il est sorti victorieux, tant il y a de force et d'indomptable puissance dans la vérité.

CHAPITRE IV

SOURCES DE L'INTÉRÊT CONVENTIONNEL.

Après avoir étudié l'histoire du prêt à intérêt à Rome et avoir cherché au milieu des difficultés sans nombre naissant de l'obscurité des textes, quel était le taux de l'intérêt, il nous reste pour compléter cette étude à nous demander comment l'obligation de servir des intérêts pouvait prendre naissance. Nous savons déjà que le prêt de consommation s'appelait *mutuum*, était un contrat *re*, *unilateral, stricti juris,* engendant une *condictio certi*. Nous savons aussi que le *mutuum,* quand l'objet était une somme d'argent, portait, quand des intérêts avaient été stipulés, le nom de *fœnus*. Au moyen de quels faits juridiques la transformation pouvait-elle se produire? Telle est la question que nous avons à résoudre. En principe à Rome la convention dépouillée de toute forme solennelle était sans nulle valeur en droit. Elle constituait un simple pacte, *pactum nudum*, n'engendrant aucune action et ne donnant naissance qu'à une obligation naturelle. On comprend qu'avec un tel principe la société eût été impossible. Aussi dès les premiers temps de la république romaine avait-on reconnu comme nécessaire de transformer quelques-unes des conventions les plus usuelles et les plus indispensables en contrats pourvu d'actions, engendrant un lien juridique garanti par le droit quiritaire. Cette transformation s'était opérée grâce à une formalité qui donnait à la convention, si je puis dire, son vêtement juridique et que les Romains appelaient *causa civilis* (1). Aussi définissait-on le contrat une convention revêtue d'une *causa civilis* et pourvue d'actions. Cette *causa civilis* était la dation ou la tradition dans les contrats *re*, la parole solennelle dans les contrats *verbis*, l'écriture dans les contrats *litteris*, enfin le consentement dans les contrats *consensuels*. La stipulation était plutôt un moyen de créer un contrat qu'un contrat proprement dit. Toute convention pouvait, en revêtant la forme de la stipulation, se transformer en contrat. Ainsi stipulation ou pacte telle était en dehors des trois classes de contrats précitées, la forme que pouvait revêtir l'accord libre des volontés humaines. Etudions-les séparément au point de vue de la matière spéciale qui nous occupe.

SECTION PREMIÈRE

De la Stipulation.

Comme nous l'avons dit ci-dessus, la stipulation n'était qu'un moyen de transformer un pacte sans nul effet juridique en un contrat reconnu par la loi civile, engendrant une obligation et donnant naissance à une action. Il s'ensuit que la convention licite de donner des intérêts put être, grâce aux paroles solennelles, élevée à la hauteur d'un contrat. *Spondes ne dare usuras legitimas ?* disait le préteur : *spondeo* répondait l'emprunteur et le lien de droit était formé. Cette manière de stipuler des intérêts était de droit commun à Rome par la raison bien simple qu'un *mutuum* seul

(1) L. 7, § 4, D, *de pactis.*

accompagné d'un simple pacte était impuissant à en produire. (1)
Nous verrons tout à l'heure pourquoi. La stipulation d'intérêt
n'étant qu'un contrat accessoire devait naturellement se rattacher
à un contrat principal. Ce contrat pouvait être soit un *mutuum*,
soit tout autre contrat qu'une stipulation postérieure avait nové.
Mais il faut remarquer que dans ce second cas les deux stipulations constituaient deux contrats distincts pourvus chacun d'une
action spéciale et différente. En effet, la première stipulation par
laquelle une personne se reconnaissait débitrice d'une somme
d'argent engendrait une *condictio certi* tandis que la stipulation
d'intérêt n'engendrait qu'une *condictio incerti* (2) La même conséquence se produisait quand la stipulation accédait à un *mutuum*.
Là aussi il y avait deux contrats distincts, engendrant chacun une
condictio différente. La stipulation d'intérêt pouvait enfin accéder
à toute autre espèce de contrats, soit *bonæ fidei* soit *stricti juris*.
Dans ce cas, l'action du contrat principal était de bonne foi ou de
droit strict suivant la nature du contrat dont elle dérivait ; mais
l'action née de la stipulation était toujours *stricti juris* et *incerta*.

SECTION DEUXIÈME

Du Pacte.

Le pacte, en droit romain, n'était pourvu d'aucune action.
C'est là un des principes fondamentaux qui originalisent le plus ce
droit. Nous avons vu comment le vieux droit civil avait corrigé
les inconvénients de ce principe pour les contrats les plus usuels.

---

(1) L. 3, 4, 7, 22 C. *de usuris.* — L. 10. § 4 D, *mandati.*
(2) L. 73, § 9, *de verbor. oblig.*

Plus tard, des constitutions impériales et l'édit du préteur avaient élargi cette classe en y faisant rentrer des pactes d'une importance toute particulière, tels que la donation et la constitution de dot. Quant aux autres pactes, le principe resta le même sauf l'adjonction d'une exception : « *nuda pactio non parit actionem, sed parit exceptionem,* » nous dit un texte bien connu (1). Parmi ceux-ci, on établit une distinction nouvelle entre les *pacta adjecta* et les *pacta nuda*, ces derniers ne produisant qu'une exception, les *premiers munis* ou non d'une action suivant une distinction qui s'imposa bientôt à la logique des jurisconsultes romains. Je veux parler des *pacta adjecta in continenti* et des *pacta adjecta ex intervallo.* Nous n'avons ici, bien entendu, qu'à nous occuper que des pactes adjoints à un contrat. Supposons-les d'abord adjoints *in continenti.* La vérité des principes nous oblige alors à examiner si le contrat est *bonæ fidei* ou *stricti juris.*

Le pacte est-il adjoint *in continenti* à un contrat *bonæ fidei?* Il n'y a pas alors de difficulté. Le pacte devient partie intégrante de ce contrat. Il est protégé par l'action du contrat auquel il apporte une modification. Les textes sont sur ce point on ne peut plus formels : « *Solemus enim dicere pacta conventa inesse bonæ fidei judiciis. Sed hoc sic accipiendum est ut, si quidem ex continenti pacta subsecuta sunt, etiam ex parte actoris insunt... Ea pacta insunt, quæ legem contractui dant id est quæ in ingressu contractus facta sunt.* » (2) Ce principe doit donc être appliqué quand un pacte d'intérêt est ajouté *in continenti* à un contrat *bonæ fidei.* Bien qu'en réalité le texte précité suffise pour démontrer la vérité de ce que j'avance, je puis donner à l'appui de cette solution quelques textes spéciaux. Nous trouvons en effet dans le Code une loi qui applique le principe dans le cas de vente, (3) et dans le Digeste plusieurs autres qui en font l'application au louage, (4)

(1) L. 7, § 4, 5 D, *de pactis.* — Ige, l. 7, *sir. code tit.*

(2) L. 7, § 5 D, *de pactis.*

(3) L. 5 C, *de pact. inter. emptor et vendit.*

(4) L. 17, § 4 D, *de usuris.*

au mandat (1) et au dépôt (2). Je dois faire sur ce dernier texte une légère observation. Quand je dis que des intérêts peuvent être stipulés dans le dépôt, je n'entends évidemment pas parler du dépôt ordinaire où la question ne pourrait même pas se soulever. Je suppose un dépôt irrégulier dans lequel le déposant a permis au dépositaire de se servir de la somme déposée, à charge par lui d'en payer les intérêts. Ce contrat modifié n'en est pas moins un dépôt d'où découle l'action ordinaire de ce contrat, l'action *depositi*. C'est ce que nous voyons dans le texte cité où le jurisconsulte Paul nous dit : « *Eum contractum de quo quæritur depositæ pecuniæ modum excedere, et ideo secundum conventionem usuræ quoque actione depositi peti possunt.* » Supposons maintenant que le pacte d'intérêt soit adjoint *in continenti* à un contrat *stricti juris*. Il importe de distinguer ici entre le *mutuum* et la *stipulatio*.

Quel effet produit le *pactum adjectum in continenti* à une stipulation ? Je crois, bien que ce point soit controversé, qu'il faut ici appliquer le principe que nous avons exposé dans le cas de contrats *bonæ fidei* et assimiler quant à ce point de droit la stipulation à ces derniers. Nous dirons donc que le pacte adjoint *in continenti* à une stipulation fait corps avec ce contrat même *ad augendam obligationem* et est protégé par l'action qui en naît par l'*actio ex stipulatu* dans l'espèce (3). Je tire d'abord argument de la loi 1 § 3 D. *de verborum obligationibus* dans laquelle Ulpien nous dit que lorsque à la suite d'une stipulation intervient un pacte qui la modifie « *tunc enim alia stipulatio contracta esse videtur.* » Or, si un pacte peut ainsi suppléer à une stipulation comment ne pourrait-il pas modifier une stipulation valable, lorsque les parties, au même instant où elle vient d'être faite, tombent d'accord d'y changer quelque chose ? Paul nous dit ensuite dans la fameuse loi *lecta*, en des

(1) L. 84, *pr. in fin. mandati.*

(2) L. 26, § 1 D, *depositi.*

(3) L. 1 § 3 D, *de verbo. oblig.* — L. 40, *de rei. cred.*

termes qui supposent l'existence d'un principe incontestable :
dicebam quia pacta in continenti adjecta stipulationi inesse credun-
tur. » (1) Les auteurs qui ne partagent pas cette opinion, et
notamment M. Vernet, repoussent l'argument tiré de ce passage
en disant qu'il est impossible d'en déduire une pareille conséquence
puisque le texte ne prévoit qu'une diminution de l'obligation et
non une augmentation. Mais c'est là un raisonnement qui me paraît
vicieux, car n'oublions pas que le jurisconsulte statue ici sur une
espèce particulière dans laquelle le pacte intervenait *ad mi-*
nuendam obligationem. Il n'avait donc pas à s'occuper de l'hypothèse contraire et un argument *a contrario* serait ici complétement
erronné. C'est dans la loi 1 § 3 *de verb. oblig.* qu'Ulpien s'occupe
d'un pacte qui intervient *ad augendam* et même *ad xorandam*
obligationem et la conclusion qu'on en peut tirer est tout-à-fait en
faveur de notre système. On a bien essayé de réfuter ce dernier
argument en opposant la loi *lecta* elle-même. On a vu dans les
mots vagues *ut ille putabat* la désignation claire et précise
d'Ulpien et cette prémisse une foi posée rien n'était plus facile de
le mettre en contradiction avec lui-même. Mais, comme a répondu
avec beaucoup de justesse M. Demangeat, dont nous reproduisons
ici la doctrine, je me rendrai à ce raisonnement dès qu'il m'aura
été démontré que Paul a certainement voulu désigner Ulpien
comme étant du nombre de ceux qni n'admettaient pas sa doctrine.
On peut expliquer du reste cette dérogation aux principes par
cette fiction consistant à considérer la stipulation comme postérieure au pacte.

Tout autre sera la solution si nous supposons le pacte joint
in continenti à un *mutuum.* Il faut ici appliquer le principe dia-
métralement opposé à celui que nous avons admis précédemment.
Le pacte adjoint *in continenti* à un *mutuum* ne produit aucun effet
de droit et ne donne naissance à aucune action. Et cela résulte de
la nature même du contrat de *mutuum.* Comment comprendre en

---

(1) L. 40 D, *de rebus creditis.*

effet que l'action d'un contrat qui se forme *re*, par la dation des espèces, seule cause de l'obligation de l'emprunteur, puisse garantir la restitution d'une somme supérieure à celle qui a été prêtée. De là naît, comme dit très-bien M. de Savigny, une *condictio certi* dont la *condemnatio* doit être strictement calquée sur *l'intentio*. Que l'on puisse dans la stipulation apporter une exception au principe en supposant la formule sacramentelle postérieure au pacte il n'y a là rien qui choque le bon sens. Il ne pourrait en être de même en matière de *mutuum* où il serait impossible sans violer le bon sens de supposer que les intérêts ont été prêtés. M. de Savigny voit dans cette différence entre les deux *condictiones*, l'explication de l'admission d'un principe contraire en matière de prêts de denrées. Dans ce contrat, la *condictio* étant *incerta* et ne devant pas engendrer une *condemnatio* calquée sur *l'intentio*, il y a possibilité pour le juge d'interpréter *ex æquo et bono* la clause du contrat et d'y faire rentrer le pacte d'intérêt. Cette *condictio* spéciale est connue sous le nom de *condictio tricticaria*. On peut trouver une raison moins savante de cette différence dans les nécessités du commerce. M. Demangeat ne voit au contraire dans cette *condictio tricticaria*, qu'une simple dérogation au principe qui, selon lui, conduirait à appliquer ici la même solution que dans le cas de *mutuum*.

Ainsi, et c'est là un point certain, le simple pacte adjoint *in continenti* à un *mutuum* n'est protégé par aucune action. Les textes sont formels sur ce point. Ulpien supposant qu'un prêt de dix sous d'or a été fait avec adjonction d'une convention portant que l'emprunteur en restituerait onze, nous dit : « *Putat Proculus amplius quam decem condici non posse.* » (1) Et dans un autre texte nous trouvons ce passage significatif: « *Pecuniæ creditæ usuras nisi in stipulationem deductas, non deberi.* »

Plusieurs exceptions ont été apportées à ce principe.

---

(1) L. 2, § 1 D, *de rebus creditis.*

(2) L. 24, D, *de præscrip. verbis.* — Ige, L. 10 et 4 D, *mandati.* — 11, § 1 D *De reb. cred.* — 8 C. *de usuris*, sentences de Paul, II, 14, § 1.

D'abord dans le cas de *mutuum* de denrées où nous avons déjà vu que l'intérêt était illimité. Cette exception est consacrée dans la loi 12 C *de usuris*. « *Frumenti vel hordæ mutuo dati accessio etiam ex nudo pacto præstanda est* » Cette exception était fondée sur la variabilité des prix et sur les nécessités du commerce. Une seconde exception existait en faveur du *nauticum fœnus* ou prêt à grosse aventure qui déjà se séparait du prêt ordinaire par le taux qui était illimité à l'époque classique et qui fut limité à 12 °/₀ sous Justinien. « *In nautico fœnore etiam pactum sine stipulatione ad augendam obligationem prodest.* » (1) La raison de cette exception se trouve dans le contrat d'assurance qui se mêle ici au prêt. Une troisième exception est admise en faveur du fisc (2).

Une quatrième exception a été introduite dans l'intérêt des municipes. Nous trouvons au Digeste un texte formel : « *Etiam ex nudo pacto debentur civitatibus usuræ creditarum ab iis pecuniarum.* » (3).

Enfin, nous trouvons une cinquième et dernière exception accordée par une novelle de Justinien aux banquiers de Constantinople. La raison de cette dernière exception était probablement tirée des nécessités du commerce (4).

Quant à l'action qui devait, dans ces cinq cas, assurer au prêteur le paiement des intérêts, ce ne pouvait être que l'action générale qui était accordée à tous les pactes sanctionnés par la loi, c'est-à-dire la *condictio ex lege* (5).

Tel est l'exposé rapide des principes du droit romain sur les *pacta in continenti* en ce qui touche notre matière. Quant aux *pacta adjecta ex intercallo*, il n'est nécessaire d'entrer dans une aucune explication. Il est évident qu'un pacte ajouté *ex intercallo* même

(1) L. 5, § 1 et 7 D, *nautiis fœnore.*

(2) L. 43 D, *de usuris.*

(3) L. 30 D, *eode tit.*

(4) Novelle. 136, chap. IV et V, § 1

(5) L. 1 D, *de conditione ex lege.*

à un contrat de bonne foi, à un contrat consensuel *e. g.* ne produira aucun effet. La convention d'intérêt est une convention purement accessoire, étrangère à l'essence des contrats et à leur nature. Or les pactes adjoints *ex intervallo* même à un contrat consensuel ne produisent d'effet qu'autant qu'ils ont trait aux éléments essentiels du contrat, *circa substantiala*.

Les *pacta nuda* et les *pacta adjecta ex intervallo* rentrent donc, en ce qui touche l'intérêt dans le droit commun, c'est-à-dire qu'ils sont dépourvus de toute action et ne donnent naissance qu'à une obligation naturelle.

Reste une dernière question à examiner l'obligation de servir des intérêts peut-elle naître par prescription? Je crois que la négative est certaine et découle du jeu des principes et de quelques textes spéciaux. D'abord des principes. En effet la prescription peut bien nous faire acquérir un objet ou nous libérer d'une obligation mais non faire acquérir cette dernière. Elle peut bien nous faire cesser d'être débiteur mais non nous rendre créanciers. Or, c'est à cette dernière conséquence, répudiée par les principes, qu'elle aboutirait dans notre matière. Nous avons ensuite des textes. C'est d'abord la loi 7 au code à notre titre qui nous dit: « *Creditor instrumentis suis probare debet quæ intendit, et usuras se stipulatum, si potest. Nec enim si aliquando ex consensu prestitæ sunt, obligationem constituunt.* » C'est ensuite la loi 28 au code *de pactis* qui nou sdit en posant un principe plus général que l'exécution des conventions insérées dans un simple pacte ne peut constituer un droit au profit du créancier.

On trouve au Digeste un texte qui semble, au premier abord, infirmer notre solution. C'est la loi 6 pr. D. *de usuris* ainsi conçue : *quum de in rem verso cum herede patris vel domini ageretur, usurarum quæstio moveretur, imperator Antoninus ideo solvendas usuras judicavit, quod eas ipse dominus vel pater longo tempore præstitisset.* » Mais en étudiant attentivement ce texte, on s'aperçoit bien vite qu'il s'occupe d'une toute autre question. Il s'agit en effet de savoir non pas si des intérêt seront dûs, mais ce qui est tout différent par qui ils seront dus. C'est une pure action *de in rem verso* basée sur l'enrichissement du patrimoine et Antonin fait tout simplement découler du fait du paiement cette présomption que l'héritier devra payer les intérêts parce que le capital a été employé *in rem patris*. Ce n'est donc pas là une solution qui soit en contradiction avec celle que nous avons donnée en nous appuyant sur les principes et sur les textes.

CHAPITRE V

EXTINCTION DE L'OBLIGATION DE SERVIR LES INTÉRÊTS.

———

Toute obligation accessoire s'éteint de deux manières : Par l'extinction de l'obligation principale à laquelle elle est attachée ou bien par des causes qui lui sont personnelles et qui l'éteignent tout en respectant l'obligation principale. En un mot, elle s'éteint, comme on dit en langage juridique, par voie principale ou par voie de conséquence. Nous devons donc pour être clair dans les quelques observations que nous avons à présenter, distinguer avec soin ces deux cas.

———

SECTION PREMIÈRE

Extinction de l'obligation principale.

———

L'obligation de servir des intérêts étant accessoire, rien de plus naturel et de plus conforme aux principes qu'elle suive le sort de l'obligation principale et s'éteigne par les mêmes causes qui font disparaître celle-ci. Tous les modes d'extinction qui mettent à néant l'obligation principale arrêteront donc le cours des intérêts.

Ces causes qu'il suffit de rappeler ici sont le paiement, la novation, la remise de dette, la confusion, la prescription, les offres réelles suivies de consignation. Cette solution est incontestable et ne donne lieu à aucune controverse. Je n'ai d'observations à présenter que sur les deux derniers modes d'extinctions, la prescription et les offres réelles suivies de consignation.

D'abord, quant à la prescription, le principe général s'applique ici comme partout ailleurs. Mais des modifications importantes peuvent y être apportées en fait par le paiement des intérêts qui ont ici une influence considérable sur l'extinction de l'obligation principale. En effet il était de principe, en droit romain, comme il l'est aujourd'hui en droit français que la reconnaissance d'une dette en interrompait la prescription. Or la reconnaissance d'une dette pouvait être expresse ou tacite et c'est dans ce dernier cas que rentrait le paiement des intérêts. On comprend en effet que celui qui paie des intérêts produits par une obligation principale reconnaît par là implicitement la dette. Cette stipulation d'intérêt avait donc pour effet, quand le paiement en était effectué, d'interrompre la prescription de l'obligation principale. Aussi à cause de l'importance juridique de ce paiement, Justinien avait rendu une constitution dans laquelle il permettait au créancier en même temps qu'il donnait quittance des intérêts, de retenir un double de la quittance pour certifier en justice en cas de dénégation le paiement des intérêts (1). Par application de ce principe la prescription ne peut donc commencer, quand des intérêts ont été payés, qu'à compter du dernier paiement effectué. Nous trouvons sur ce point un texte formel au Digeste : « *Exceptiones etiam XXX, vel. XL annorum in illis contractibus in quibus usuræ promissæ sunt, ex illo tempore initium capere sancimus, ex quo debitor usuras minime persolvit* (2). » Une fois la prescription accomplie, le débiteur n'est naturellement plus tenu de payer d'intérêts et il n'est même plus obligé de payer ceux qui étaient échus avant que le temps néces-

(1) L. 19 C. *de fide instrum.*

(2) L. 8, *in fine*, C, *de præscrip. XXX vel XL annis.*

saire à l'accomplissement de la prescription se fut écoulée. Cela
tient à l'effet rétroactif de la prescription qui la fait remonter au
jour ou elle a commencé (1).

Il importe aussi de faire quelques observations quant aux offres
réelles suivies de consignation. On trouve dans les textes de nombreux détails sur les conditions de vadilité des offres réelles. Ce
n'est pas ici le lieu de nous étendre sur ce sujet. Qu'il nous suffise
de dire que les offres devaient être réelles, complètes, faites en
présence de témoins, et qu'ainsi faites elles libéraient le débiteur
et éteignaient les droits de gage et d'hypothèque grevant ses
biens (2). La question qui nous intéresse plus particulièrement est
celle-ci. À quel moment s'arrête l'obligation de payer des intérêts?
Est-ce à partir de l'offre ou seulement de la consignation? Il faut
sans hésiter répondre que l'offre une fois faite a pour effet d'étein-
dre l'obligation de servir les intérêts, car à partir de ce moment
le créancier est en demeure et on ne comprendrait pas qu'il put par
sa mauvaise volonté faire courir plus longtemps les intérêts. Les
textes sont sur ce point très-clairs. La loi 6 au code *de usuris*, nous
dit : « *usuras ex eo tempore quo obtulisti, præstare non cogeris.* » et
la loi 28 § 1 D. *de admin, et pericul. tut.* énonce le même principe :
« *usuras præstare non debet ex quo obtulit pecuniam.* » Plusieurs
lois semblent contredire cette solution. C'est d'abord la loi 9 au
code *de usuris* qui nous dit : « « *quod si etiam sortem deposuisti,
exinde exquo id factum apparuerit, in usuras non convenieris,* »
la loi 1 *in fine* au digeste *de usuris* dit de même : « *Planè si pecuniam obtulerit eam que obsignatam deposuerit, ex eo tempore non
præstabit usuras.* » On peut encore en citer d'autres qui semblent
admettre le même principe à savoir que la consignation seule
libère le débiteur de l'obligation de payer des intérêts. Mais il
n'y à la qu'une contracdiction apparente. Ces lois disent bien et

(1) L. 26, *pr. D. de usuris.*

(2) L. 19 C, *de usuris.* — L. 19, 2, 6 C. *de usuris.* — L. 1 D, *in fine*, code tit. —
Ige, L. 2 C., code tit. — L. 6, *in fine*, C, code tit. — L. 28, § 1 D. *de adm. et
serie. tutor.*

avec raison que la consignation doit avoir été faite pour que la libération s'ensuive, mais elles ne disent pas du tout que la consignation une fois faite, la libération n'a pas un effet rétroactif au jour de l'offre. Elles ne font donc que confirmer notre solution loin de la combattre.

SECTION DEUXIÈME

Extinction de l'obligation accessoire.

L'obligation de servir des intérêts s'éteint ici par voie principale. Elle seule disparaît sans entraîner dans sa chute l'obligation principale. La cessation du cours des intérêts avait lieu dans deux cas principaux : lorsque l'accumulation des intérêts atteignait le montant du capital lui-même et lorsqu'il y avait remise expresse ou tacite du créancier au débiteur. Sur le premier mode d'extinction il y avait plusieurs interprétations.

Suivant Ulpien cette règle signifiait qu'il était interdit de stipuler ou d'exiger des intérêts au-delà d'une somme équivalente au capital et que la *condictio indebiti* devait être accordée pour le surplus (1). Suivant d'autre elle n'avait d'autres sens que d'interdire la perception annuelle d'une somme supérieure au capital lui-même. Suivant l'Empereur Antonin cette disposition ne s'appliquait qu'aux intérêts accumulés et arriérés. « *tunc ultrà sortis summam*, disait-il, *usuræ non exiguntur, quoties tempore solutionis summa usurarum excedit eam computationem* (2). » Ce fut l'opinion

(1) L. 26, § 1 D, *de cond. ind.*
(2) L. 20 C. *de usuris.*

d'Ulpien qui triompha dans la législation Justinienne et ce prince dans la novelle 121 décide que les intérêts même payés seront arrêtés quand ils atteindront le capital (1), mais naturellement cette prohibition ne s'étendait pas au fisc. Justinien prend soin de nous le dire dans la novelle 160 proëmium et chapitre premier.

Reste la remise de dette faite par le créancier au débiteur, remise qui pouvait être expresse ou tacite, absolue ou partielle. La remise expresse n'offre aucune difficulté. La remise tacite pouvait se présenter de plusieurs manières. Elle avait lieu lorsque le créancier avait laissé passer volontairement plusieurs années sans réclamer le paiement des intérêts. Antonnin le Pieux le dit clairement dans un rescrit : *Divus Pius ita rescripsit: Parum juste praeteritas usuras petis quas amisisse te longi temporis intercallum judicat, qui eas a debitore tuo ut gratior apud eum videlicet esses petendas non putasti (2)* ».

Elle avait encore lieu mais d'une manière partielle, lorsque le créancier avait laissé passer plusieurs années en ne réclamant que des intérêts inférieurs à ceux qui lui étaient dus. Le débiteur actionné pour le surplus le repoussait par l'exception *doli ou pacti conventi* (3). La même solution était applicable quand le créancier ayant stipulé des intérêts plus lourds par suite de la *mora* ne les a pas réclamés.

Enfin la *litis contestatio*, par suite de la novation produite, amenait la cessation de l'obligation de servir des intérêts quand le créancier agissant en paiement de termes échus n'avait pas pris soin de faire maintenir son droit au moyen d'une *prescriptio*.

(1) L. 27, 29, 30, code tit. — Novelle, 121, cap. 2. — Novelle, 138.

(2) L. 17, § 1 D, *de usuris*.

(3) L. 13 pr. D, code. tit — 5 et 8 C, code tit.

APPENDICE

DE L'INTERUSURIUM.

L'interusurium que nous trouvons aussi appelé dans les textes, *repræsentatio, commodum temporis vel repræsentationis*, est l'avantage pécuniaire qui résulte pour le créancier du paiement anticipé d'une somme d'argent qui lui est due. On conçoit, en effet facilement que, s'il est vrai que le débiteur qui n'effectue pas à l'échéance le paiement de la somme à laquelle son créancier a droit, paie moins que ce qu'il doit, puisqu'il prive pendant un certain temps son créancier de l'usage de ce capital, il est non moins vrai que celui qui s'acquitte avant l'échéance procure à son créancier un avantage évident puisqu'il le met à même de tirer profit d'une somme qu'il n'était pas alors en droit d'exiger. Cette vérité pratique incontestable n'avait pas échappé aux jurisconsultes romains, d'autant plus que l'équité comme l'exactitude du raisonnement commandait d'en tenir compte dans une foule de circonstances. Nous ne trouvons dans tout le digeste qu'un texte dans lequel soit fait le calcul délicat de *l'interusurium*. C'est la loi 88, *ad legem Falcidiam*. Mais auparavant, il importe, pour rendre compréhensible les explications que réclame ce texte, de donner en quelques mots une idée générale des différents modes de calcul proposés pour déterminer avec exactitude la valeur de *l'interusurium*,

On peut, en effet, se placer à deux moments pour l'apprécier : au moment de l'échéance ou au moment du paiement. Prenons d'abord le premier.

Il est évident alors que *l'interusurium* se composera de l'intérêt composé du capital pendant tout le temps qui sépare le jour du paiement de celui de l'échéance. Ainsi supposons un capital de 20,000 fr. payés deux ans avant l'échéance; le taux de l'intérêt étant de 5 %, le créancier bénéficiera de deux années d'intérêt, c'est-à-dire de 2,000 plus de l'intérêt de l'intérêt d'une année, c'est-à-dire dans l'espèce de 50 francs, total = 2,050 francs. Dans ce premier cas, il n'y a aucune difficulté. Mais le calcul devient plus compliqué, si l'on se place au jour du paiement. Dans cette hypothèse *l'interusurium* sera égal à la différence existant entre la valeur réelle de la créance au moment du paiement et sa valeur nominale, c'est-à-dire sa valeur considérée au moment de l'échéance. Mais il faut, pour éviter toute erreur en cette matière, distinguer le cas où il n'y a qu'un terme d'intérêt entre le jour du paiement et le jour de l'échéance et le cas où il y en a plusieurs. Dans le premier cas, il suffit de prendre la valeur réelle de la créance au moment du paiement en y ajoutant les intérêts qu'elle aurait produits jusqu'au jour de l'échéance et l'on a ainsi la valeur réelle de la créance parfaitement égale à sa valeur nominale au jour de l'exigibilité. Dans le second cas, qui est plus délicat, trois modes de calcul ont été proposés. Le premier qui a été découvert et présenté pour la première fois par Carpzow, jurisconsulte saxon, du XVIIme siècle, consiste simplement à décompter les intérêts produits non de la valeur réelle mais de la valeur nominale. C'est ce qu'on appelle aujourd'hui dans la pratique de nos banques, escompte en dehors. Une seconde méthode, due à Hoffman, jurisconsulte Allemand, du commencement du XVIIIme siècle, consiste à chercher une valeur qui additionnée avec autant de fois son intérêt qu'il y a de termes d'intervalle entre le paiement et l'échéance soit égale à la valeur nominale. Mais l'on aperçoit de suite le vice de cette méthode qui est de ne pas tenir compte de l'intérêt des intérêts et à léser ainsi le débiteur. Enfin, une troisième méthode proposée par Leibnitz, adopte la méthode précédente; mais elle la perfectionne en faisant entrer dans le calcul de *l'interusurium* l'intérêt des intérêts. On arrive ainsi à apprécier mathématiquement sans gain ni perte, pour aucune des parties et l'intérêt des créanciers et celui du débiteur. Abordons maintenant notre texte et voyons quelle méthode a suivie son auteur, le jurisconsulte Africain. En voici d'abord le contenu:

« *Qui ducenta in bonis relinquebat, legavit mihi centum præsenti die: Tibi æque centum sub conditione: post aliquantum temporis extitit conditio, ita tamen ut ex reditu ejus summæ, quæ tibi relicta est, non amplius quam viginti quinque reciperet. Legis Falcidiæ ratio ita habenda erat heredi, ut viginti quinque conferre debeamus, et amplius fructus quinquaginta medii temporis qui (verbi gratia) efficient quinque. Cum igitur triginta sint conferenda, quidam putant, quinadena ab utroque nostrum conferenda esse. Quod minime verum est, aliquanto uberius esse meum legatum. Quare statuendum erit tanto minus ni tuo legato esse, quantum ex fructibus ejus heres perceperit. Secundum quod in proposita specie computationem ita iniri oportet ut ex septem partibus ego quatuor, tu tres conferamus: Quoniam quidem quarta pars amplius in meoquam in tuo legato est* (1) ».

Voici l'espèce prévue par ce texte. Un testateur qui laisse un patrimoine composé de deux cents solidi, lègue à l'un cent pure et à l'autre aussi cent mais sous condition. La condition se réalise après un certain temps, mais de telle façon que l'héritier qui naturellement était resté en possession de la chose léguée ait un bénéfice de vingt-cinq solidi d'intérêt. D'après la loi Falcdie l'héritier a droit au quart à 50 dans l'espèce plus à l'intérêt produit par cette somme depuis l'ouverture de la succession à 5 *v. g.* en tout à 55. Restent donc 30 solidi qui lui sont dus par les légataires pour compléter sa quarte. Dans quelle proportion vont-ils y contribuer ? Quelques uns pensaient, dit Africain, que les deux légataires devaient contribuer chacun pour moitié. Mais ce jurisconsulte posant en principe que les deux legs quoique en apparence d'égale valeur ne sont pas égaux décide que legs pure vaut un quart de plus que celui fait sous condition et par conséquent que le premier légataire devra contribuer

(1) L. 88, § 8 D, *ad leg. Falcid.*

au complément de la quarte pour les quatre septièmes et le second pour les trois septièmes seulement.

Il ressort de ce texte qu'Africain emploie ici pour calculer *l'interusurium* la première méthode, comme aujourd'hui sous le nom de méthode de Carpzow, puisqu'il se contente de déduire de la valeur nominale du legs l'intérêt perçu, ce qui le rend ainsi inférieur d'un quart au legs pur.

Ainsi le premier cas où l'on doit tenir compte de *l'interusurium*, c'est celui où le débiteur fait à son créancier et du consentement de celui-ci un paiement anticipé. On peut se demander si le débiteur pourrait forcer son créancier à recevoir le paiement anticipé de ce que lui est dû, déduction faite de *l'interusurium?* Il ne faut pas hésiter à répondre négativement, car il est impossible de reconnaître à un débiteur le droit de modifier en l'empirant la situation que son créancier s'est faite. Cela deviendra hors de doute si l'on veut bien considérer que pour ne rien perdre le créancier devrait placer à intérêt la somme qui lui sera payée, tandis que, par les termes mêmes de son contrat, il avait un placement productif qui ne devait rendre ses fonds libres qu'à l'époque qu'il avait lui-même désignée. Quelques commentateurs pensent le contraire et s'appuient pour soutenir leur opinion sur quelques textes du digeste (1). Mais ces lois ne sont rien moins que décisives car elles ne disent nullement que le paiement anticipé pourra être imposé au créancier *deducto temporis commodo*, mais prévoient seulement le cas d'un paiement intégral et alors on comprend que le créancier touchant immédiatement ce qu'il ne pouvait exiger que plus tard soit sans intérêt pour s'y refuser.

Le cas que je viens de citer n'est pas le seul où il y ait lieu de se préoccuper de *l'interusurium*. Nous en trouvons une autre application dans l'action Paulienne. Le texte prévoit le cas où un débiteur insolvable paie par anticipation un de ses créanciers au détriment des autres et il accorde l'action Paulienne aux créanciers lésés pour

(1) L. 70 D, *de solut.* — L. 50, *de oblig. et action.* — L. 138, § 6, *de verbor oblig.*

répéter ce que leur co-créancier aura gagné à l'anticipation, c'est-à-dire *l'interusurium*. « *Si quum in diem mihi deberetur, fraudator præsens solverit in eo quod quasi commodum ex repræsentatione in factum actioni locum fore; nam prætor intelligit fraudem etiam in tempore fieri* (1). »

Il y aura encore lieu de tenir compte de *l'interusurium* pour l'estimation des différents legs dans le cas de réduction par application de la *lex* Falcidia. « *Ni lege Falcidia non habetur pro puro, quod in diem relictum est; medii enim temporis commodum computatur* (2) ».

Enfin, quand le débiteur lègue à son créancier ce qu'il doit, ce legs n'est valable qu'autant qu'il renferme un avantage appréciable pour le créancier. Or, quand la dette était à terme, l'avantage consistera précisément dans *l'interusurium* qu'il faudra seul prendre en considération pour le calcul de la quarte Falcidie. « *Lex que Falcidia in eo commodo locum habebit* (3) ».

---

(1) L. 10, § 12 D, *quæ in fraud. cred.* — Jge, L. 17, *in f.*, code tit.
(2) L. 45 pr, D, *ad leg. Falcid.* — Jge, 1. 66 pr. et 88 *in f.*, eod. tit.
(3) L. 1, § 10, eode tit.

DROIT FRANÇAIS.

ANCIEN DROIT FRANÇAIS

DE L'INTÉRÊT CONVENTIONNEL AU MOYEN-AGE ET JUSQU'EN 1789.

> Pour défendre une injustice il
> faut toujours s'appuyer sur une
> erreur.
>
> (DESTUTT DE TRACY.)

Rome après avoir atteint son apogée commençait à descendre cette pente fatale de la vieillesse et de la décrépitude qui semble être la loi des sociétés comme celle des hommes. Elle avait eu son heure de suprématie et de gloire et;assouvie de triomphes, rassasiée de conquêtes, elle sentait décroître de jour en jour cette vitalité puissante et cette indomptable énergie qui lui avaient fait faire de si grandes choses et avaient produit tant de héros.

Les vieilles croyances perdaient de jour en jour de leur prestige, s'ensevelissant pour ainsi dire avec le peuple qu'elles avaient inspiré. Le luxe et la débauche avaient éteint presque toutes les vertus publiques et privées ; les armées seules faisaient encore respecter aux frontières le nom du peuple romain. Il était temps qu'une puissance nouvelle s'élevât pour rajeunir cette société usée, et recueillît de ses mains tremblantes, comme nous dit le poëte, le flambeau de la civilisation.

« Et quasi cursores vital Lampada Trahunt. »

Cette puissance nouvelle c'était le christianisme. Loin de moi la pensée de chercher à retracer ici son influence immense et bienfaisante sur le monde alors en pleine décomposition ; outre qu'un tel sujet serait au-dessus de mes forces, ce serait ici un hors-d'œuvre. La logique et la méthode me prescrivent de n'étudier l'influence de l'église qu'en ce qui touche l'intérêt. Toutefois il me faut pour l'apprécier dès sa naissance remonter quelque peu dans l'histoire romaine. C'est là que nous pourrons étudier les circonstances au milieu desquelles apparut le christianisme et chercher sous l'influence de quelle situation il s'engagea dans une voie, noble et généreuse sans doute, mais désastreuse au point de vue du droit, de l'économie politique et de la raison.

L'usure, nous le savons, était plus onéreuse à Rome que partout ailleurs. Dans une société qui pratiquait ouvertement le mépris du travail et qui reléguait ce qui cause aujourd'hui la vie et la prospérité de nos sociétés modernes dans les bas fonds de l'esclavage, l'usure ne s'exerçait que sur des malheureux à qui il était impossible de faire fructifier l'argent prêté puisqu'ils n'empruntaient que pour satisfaire aux plus pressants besoins. De là une misère atroce en présence d'une richesse arrogante qui paraissait s'entretenir en spéculant sur la détresse d'une partie de la population. Aussi, longtemps avant l'apparition du christianisme, des voix éloquentes s'étaient élevées pour la proscrire en la rendant responsable des maux qui avaient affligé et affligeaient encore la république romaine. Des moralistes et des philosophes, traitant la question de haut, au seul point de vue de l'humanité et de la morale sans tenir compte des nécessités pratiques, n'avaient pas hésité à la condamner. Caton l'avait attaquée dans ses belles années avec sa fougue habituelle ne songeant pas alors que ses dernières années viendraient démentir les opinions de sa jeunesse. Sénèque avait écrit contre l'intérêt quelques pages admirables et Plutarque avait fait un traité contre le prêt à intérêt. Aussi ne faut-il pas s'étonner que le christianisme qui s'annonçait hautement comme le protecteur des petits et des faibles et prenait ouvertement la défense des pauvres et des opprimés ait suivi l'opinion des moralistes et des philosophes de Rome, et se soit prononcé contre l'intérêt. La situation du reste ne s'était guère améliorée à cette époque ; et, si les plaintes étaient moins vives et les séditions moins fréquentes que dans les premiers temps de la république, le mal n'en suivait pas moins une progression ascendante, et l'usure exerçait toujours de terribles ravages dans les rangs de la plèbe. Aussi rien de plus logique et en même temps de plus conforme aux tendances de charité de l'Eglise et à ses admirables et divins préceptes sur la fraternité humaine que son attitude dans cette question. Dans les premiers siècles de son existence, avant que par suite de son immixtion dans le pouvoir civil, le despotisme théocratique no fut devenu le but de sa politique et de ses aspirations, son œuvre en cette matière fut toute sainte et tout admirable. Se maintenant dans les hautes sphères de la morale, dont elle vulgarisait les nobles préceptes, elle bornait son œuvre à donner des conseils sans se laisser entraîner, comme elle le fit plus tard par une déplorable confusion à intimer des ordres: «Donnez aux pauvres, disait Saint-Ambroise, c'est Dieu qui reçoit ; c'est lui qui devient votre débiteur, et il porte à votre compte tout ce que l'indigent a reçu de vous, » L'unanimité de vue la plus complète se retrouve alors parmi les pères de l'Eglise en Orient et en Occident. Tous ils flétrissent l'usure, recommandent le mépris des richesses, la charité, le renoncement aux biens de la terre. Il faut ajouter du reste qu'ils trouvaient dans les livres sacrés nombre de textes qui paraissaient déposer en faveur de leurs doctrines. Ils invoquaient d'abord cette exclamation de David s'adressant au Seigneur : *« Domine quis habitabit in tabernaculo tuo? Qui pecuniam suam non dedit ad usuram. »* (1) C'étaient ensuite ces paroles de Moïse

_____
(1) Psaumes XIV.

interdisant aux Juifs de se prêter naturellement à intérêt : « *Non fœnerabis fratri tuo ad usuram, pecuniam nec fruges nec quamlibet aliam rem.. .»* (1) Venaient enfin un grand nombre de textes tirés de l'Exode, chap. 23, v. 45, du Lévitique, chap. 25, v. 35-37, du Deutéronome, chap. 23, v. 19, 20, qu'il serait trop long de citer ici et qu'il suffit d'indiquer.

Les armes dont on se servait contre l'intérêt étaient, on le voit, puissantes à une époque où les textes de la Bible jouissaient d'une autorité incontestée. Maniées par des hommes éminents et par des saints, par les Basile, les Grégoire de Nysse et de Naziance, les Jean Chrysostôme en Orient, par les Ambroise, les Jérôme et les Augustin en Occident, elles devaient porter à l'intérêt des coups d'autant plus redoutables que cette doctrine nouvelle prônée par l'Eglise devenait ainsi matière de foi à laquelle on devait adhérer sans raisonnement. On s'est demandé, et la discussion a été vive sur ce point, si l'Eglise avait entendu dans les premiers siècles de son existence proscrire complètement l'intérêt, ou seulement anathématiser l'intérêt exagéré, en un mot l'usure. Je crois que la seconde opinion est la bonne, et qu'on peut l'induire presque avec certitude tant de plusieurs passages tirés des Pères de l'Eglise que de faits historiques incontestables. Ne peut-on pas s'appuyer d'abord sur la parabole si connue des talents, et sur celle de l'économe infidèle ? Comment soutenir que Jésus-Christ entendait proscrire l'intérêt, quand il disait au serviteur avare : Vous deviez confier mon argent aux changeurs, et à mon retour j'aurai retiré ce qui est à moi avec usure. » On invoque habituellement en faveur de la doctrine contraire le texte fameux de Saint Luc : « *Mutuum date, nihil inde sperantes.»* (2) Mais c'est là un argument bien faible, surtout quand on rapproche cette parole des circonstances au milieu desquelles elle fut prononcée. C'était là une invitation à la charité, une maxime de bienfaisance dont on ne peut, sans en fausser l'esprit, faire découler aucune prohibition. *Benefacite,* et

(1) Deuter. cap. XIII, v. 19, 20.
(2) Saint Luc, XVI, 8.

mutuum date, etc. Telle était la phrase entière dans laquelle la seconde partie était comme une répétition de la première. Soyez bienfaisants et déguisez votre donation sous la forme d'un prêt, détour sublime pour cacher à la foule la bienfaisance, et ménager les susceptibilités de l'obligé. Je ne puis penser à ce texte sans me rappeler l'observation si juste et si spirituelle du plus grand économiste de notre siècle, de Rossi : « mon Dieu, disait-il avec finesse, dans cette malheureuse affaire du taux de l'intérêt, il y un obstacle dans un texte sacré que je respecte fort, mais qu'on interprète d'une façon inexacte, *mutuum date nihil inde sperantes*, cela veut dire simplement : quand vous prêterez votre argent, vous n'êtes pas sûr qu'on vous le rendra. » (1)

Saint-Ambroise que je citais tout à l'heure n'entendait pas autrement ce texte, quand il disait que même parmi ceux qui n'observaient pas ce précepte de morale, il pouvait y avoir de bons usuriers : « *Docebo quomodo boni fœneratores esse possetis, quomodo bonas quæratis usuras....* » (2). Enfin, Saint-Jean-Chrysostôme reconnaît positivement que Jésus-Christ n'a entendu proscrire que l'intérêt excessif : « *Quod etiam nos patiemur, nisi desinamus pauperes atterere, et penuriæ egestatisque occasione sumpta, impudente abuti usurd.* » (3). Bossuet sans doute semble admettre une opinion contraire ; mais le grand Évêque tombe ici dans l'erreur, et donne au texte précité un sens qui ne résulte en aucune façon de ses termes, et que du reste presque tous les grands écrivains chrétiens des premiers siècles de l'Église avaient repoussé. Ajouterai-je encore à l'appui de l'opinion que je soutiens l'autorité de Saint-Basile, qui, reconnaissant aux créanciers le droit de réclamer les intérêts qu'ils avaient stipulés, les engage cependant à en faire l'abandon pour être agréables à Dieu (4); celle de Saint-Jean-

---

(1) M Walowski, *enquête sur le taux de l'intérêt de l'argent*, t. 417.

(2) Saint Ambroise, *in Tobiam*, cap. 16.

(3) Saint Jean-Chrysostôme, *homélies*, 5, 6 *in Mathæum*.

(4) Saint Basile, *edict. bened.*, t. III, pag. 200 et suiv. Epistol. 108.

Chrysostôme, qui, dans une de ses admirables homélies, reproduit exactement la même pensée.

Ces témoignages sont certes décisifs et pourraient me dispenser de chercher d'autres arguments. Il en est deux cependant qui complètent la démonstration et que je dois, mais brièvement, rapporter. Ils me sont fournis par deux historiens dont il ne viendra à l'esprit de personne de contester la véracité, par Sidoine Apollinaire, et par Grégoire de Tours. Le premier nous raconte que, sur les instances d'un débiteur pressé par son créancier, il était allé trouver ce dernier pour obtenir des délais, et qu'il n'en avait obtenu qu'en promettant le paiement intégral du capital et des intérêts. (1) Comment admettre qu'un évêque ait pu tenir un semblable langage si le prêt à intérêt avait été entièrement prohibé par l'Église. Le second historien nous rapporte que Didier, évêque de Tours, sollicita du roi Théodeberd l'emprunt d'une somme au profit de la ville de Verdun, en lui garantissant le paiement d'intérêts raisonnables. (2) Une pareille conduite serait inexplicable dans la doctrine contraire.

Tels étaient les préceptes de saine et admirable morale que l'Église cherchait mais seulement encore par voix de conseils et d'exhortations à faire pénétrer parmi les laïques chrétiens. Les conseils étaient plus sévères et allaient même jusqu'à l'entière prohibition du prêt en ce qui concernait les clercs et tous ceux qui étaient par quelque lien engagé dans les ordres. Le 44° canon des apôtres nous dit en effet : « *Episcopus aut presbiter usuras a debitoribus exigens, aut cesset, ant certé damnatur.* » Et le premier concile œcuménique tenu à Nicée en 325 prononçait les mêmes peines et les mêmes interdictions. « *Qnoniam multi sub regulâ constituti avaritiam et tuipia sucra sectantes… dejiciantur a clero, et alienus existat a regulâ.* » On le voit, ce texte et cette décision du conseil n'ont trait qu'aux clercs et autres personnes engagées au service de l'Église. C'était donc une simple mesure de discipline

(1) *Sidonii Appilli*, *opera edente Ravaro*, N° 801 et suiv.

(2) Grég. Tur., *hist. Francorum*, lib. 8, N° 34.

intérieure que l'Église, en sa qualité de corps constitué, était en droit de prendre. Je sais qu'on a prétendu, et Pothier tout le premier, que le concile d'Elvire, antérieur au concile de Nicée, puisqu'il remonte à 305, avait interdit aussi bien le prêt à intérêt aux laïques qu'aux clercs ; qu'il disait, en autres choses : « *Si quis clericorum detectus fuerit usuras accipere, placuit eum degradari : si quis etiam laïcus accepisse probetur usuras, et promiserit correctus se cessaturum, placuit ei veniam tribui : si vero in eâ iniquitate perseveraverit, ab ecclesiâ esse projiciendum.* » (1) Mais ce texte est aujourd'hui universellement considéré comme apocryphe, et Bellarmin déclare du reste que ce concile, à peine composé de dix-neuf évêques, n'a jamais été confirmé. (2) La meilleure preuve de l'inexactitude du fait avancé par Pothier, c'est que postérieurement à ce concile, Saint-Grégoire de Nysse se plaint de ce que l'usure ne soit pas puni chez les laïques de peines canoniques. On pourrait encore ajouter des considérations historiques tirées de ce que les empereurs de cette époque, dont toutes les réformes étaient inspirées par le christianisme, ne songèrent nullement à proscrire l'intérêt, ce qu'ils n'auraient pas manqué de faire si les doctrines de l'Église eussent alors été aussi catégoriques et aussi radicales qu'on veut bien le dire. Valentinien, Théodose, Justinien se contentent de fixer, par des constitutions, le taux de l'intérêt de l'argent. L'Empereur Basile plus zélé, veut bien essayer de l'interdire, mais non encore soutenu dans l'ordre civil par la puissance ecclésiastique il se voit bientôt forcé de le rétablir. Enfin nous voyons l'Église se relâcher de ses rigueurs dans un concile postérieur, même en faveur de ses membres et restreindre ses prohibitions aux évêques, aux prêtres et aux diacres. (3) — Telle fut jusqu'à la chute de l'empire d'Orient la conduite de l'Église dans cette matière de l'intérêt, conduite en harm nie avec ses préceptes et sa morale auxquels on ne pourrait qu'applaudir si elle se fût toujours main-

(1) Pothier, *traité de l'usure*, page 69.

(2) *Bellarmin, de imaginibus*, lib. II, cap. 9.

(3) Concile *in Trullo*.

tenue dans des bornes aussi justes et aussi modérées. Il n'en fut malheureusement pas toujours ainsi. Il y avait un écueil qu'il eût fallu avant tout éviter, c'était de confondre la morale et le droit. Non pas que je veuille, Dieu m'en garde, établir une antinomie entre ces deux sciences ; je veux seulement dire qu'il eût fallu ne faire du droit qu'une partie de la morale, celle qui correspond à la justice et laisser en dehors des règles positives et dans le for intérieur l'autre partie qui exige plus de l'homme, et qui, en lui demandant abnégation, dévouement, charité, doit en même temps respecter sa liberté sans laquelle ses vertus n'existent pas. C'est malheureusement ce que ne fit pas l'Église dont toute la politique dans la Gaule, à la chute de l'Empire romain, fut de chercher, grâce à ses accointances avec le pouvoir, à faire sanctionner les règles de sa morale par le pouvoir séculier. Erreur déplorable qui tenait à sa constitution elle-même et qui malgré la pureté primitive de ses intentions l'entraîna plus tard dans des excès que ses plus zélés défenseurs ne purent que déplorer. Quoi qu'il en soit, l'abolition complète de l'intérêt ne suivit pas immédiatement la chute de l'empire romain. L'Église n'était pas encore assez forte pour faire prédominer ses volontés et modifier aussi profondément ce qu'une coutume de plusieurs siècles avait consacré. Nous en trouvons la preuve dans les deux faits racontés par Sidoine Appollinaire et par Grégoire de Tours et surtout dans plusieurs passages du formulaire de Marculphe qui, fait avec l'assistance de prêtres et de nobles, contient des exemples de prêt avec engagement de restituer le capital avec les intérêts.

C'est sous l'Empereur Charlemagne que nous voyons pour la première fois la prohibition de l'intérêt s'introduire dans la législation civile. Vers la fin du VIII siècle, en 789, un capitulaire de cet empereur consacrant législativement l'interdiction purement disciplinaire que le concile de Nicée, dans son 17e canon avait prononcée, ajoutait ces paroles significatives : « *Omnino omnibus interdictum ad usuram aliquid dare.* » Sans doute cette première prohibition ne fut pas observée, car vingt-quatre ans environ plus tard un nouveau capitulaire plus formel que le premier vint consacrer d'une manière définitive l'abolition de l'intérêt. « *Usuram non solum clerici sed nec laïci christiani exigere debent.* » Depuis cette époque l'Église se sentant appuyée par le pouvoir royal qu'elle dirigeait, porta par la voie de ses conciles anathème sur anathème contre l'intérêt en prononçant des peines de plus en plus graves contre les usuriers. C'est d'abord, en 812, les conciles de Reims, Mayence et Châlons qui condamnent l'usure, en 816 le concile d'Aix-la-Chapelle renouvelle la prohibition. Celui de Paris en 829 ne fait plus aucune distinction entre les laïques et les clercs. Après eux et aggravant leurs défenses les conciles de Maux (845), de Valence (855), de Paris (850) prononcent la peine de l'excommunication contre tous ceux qui prêtent à intérêt. Toutefois, et c'est là une observation qui s'applique à tous ces conciles, ce n'était pas encore le prêt à intérêt isolé qu'ils proscrivaient, mais l'habitude de l'usure. Les successeurs de Charlemagne marchèrent sur ses traces et dans un capitulaire de 840, Lothaire renouvelle et rend plus formelle encore la prohibition de l'intérêt.

Telles furent les premières dispositions législatives de notre ancien droit sur l'intérêt. Jusqu'environ vers le XII° siècle la situation se maintint sans plus d'anathèmes de la part de l'Église et sans résistance marquée de la part des sujets. On se demandera peut-être pourquoi l'Église qui dans les premiers siècles de son existence n'avait entendu proscrire que l'intérêt exorbitant et qui dans ses premiers conciles n'avait anathématisé que l'habitude de l'usure, crut devoir modifier ainsi ses doctrines et aggraver considérablement ses prohibitions. J'en vois, selon moi, clairement la cause dans deux faits principaux. D'abord dans la situation misérable et atroce des serfs au moyen âge, exploités odieusement par les seigneurs, situation bien faite pour attendrir l'Église qui autant par sa position que par ses doctrines se trouvait naturellement leur défenseur. En présence d'une situation qui au lieu de s'améliorer ne faisait que s'aggraver, on ne peut s'étonner que l'Église, dans sa commisération pour ces malheureux, ait maudit le prêt à intérêt, cause en grande partie de ces maux et ait cru devoir par une mesure radicale anéantir ce qu'elle désespérait de pouvoir diriger. Le second fait qui contribua à cette recrudescence de sévérité quoique moins noble que le précédent n'en eut pas moins une influence sérieuse sur les décisions de l'Église. Après le chaos du moyen âge où les races et les institutions se fondaient pour donner naissance à un peuple nouveau, on commença à voir apparaître les premières ébauches d'une société nouvelle. Les communes se formaient petit à petit, prenaient de l'importance et malgré les efforts des seigneurs et du clergé, soutenu quelque peu par le pouvoir royal, s'affirmaient en face du pouvoir féodal, des folies duquel elles profitaient pour se libérer.

Or, cette force qui les avait fait naître et qui devait les faire triompher, elles la puisaient dans les ressources que leur fournissait le commerce et au moyen desquelles elles rachetaient par lambeaux leur liberté et leur indépendance des mains du seigneur obéré. On comprend facilement que dans ce réveil de la vie nationale l'interdiction du prêt à intérêt ait pesé lourdement sur cette société naissante, et que cette mesure, qui avait surtout été accueillie comme un bienfait par les serfs ait été ensuite critiqué par ces mêmes serfs qui commençaient à devenir des hommes et qui se trouvaient gênés dans leurs trafics commerciaux. On voulut alors chercher à éluder cette prohibition ; on essaya de faire des distinctions entre le prêt civil et le prêt commercial et c'est dans cette première tentative d'opposition à un pouvoir qui n'en pouvait souffrir aucune que je trouve l'explication toute naturelle de la rigueur plus grande que montra l'Église. C'est le propre de toute doctrine de s'affirmer et même de s'accentuer davantage quand elle se voit discutée, poussant jusqu'à leurs derniers conséquences, les principes que jusque là elle n'avait fait que poser. L'Église n'échappa pas à cette règle commune et à une opposition bien modérée, elle répondit par des anathèmes et des malédictions.

En 1170, sous le pape Innocent III, le concile de Latran déclare que les prêteurs seront infâmes. L'usure est appelée *turpe lucrum, usurarum voraginem;* les prétentions des prêteurs sont qualifiées de *detestabilem et probrosam insatiabilem fœneratorum rapacitatem.* L'usure est assimilée au vol, etc,. Les prêteurs sont par le même concile frappés d'excommunication et privés de la sépulture ecclésiastique. Le concile de Chateau-Gonthier ordonne le remboursement des intérêts perçus ; le concile de Vienne en 1321 déclare hérétiques tous ceux qui disent que l'usure n'est pas un péché.

La charité et la morale devenaient impuissantes à justifier et à expliquer de pareilles mesures, car la situation était bien changée. Le commerce s'était développé ; le prêt à intérêt n'intervenait plus seulement pour sauver quelques malheureux de la misère et leur donner du pain, mais pour fournir des capitaux au commerce et permettre par des opérations habilement conduites de réaliser des bénéfices. L'intérêt devenait donc légitime même en morale et loin de nuire à la société lui rendait au contraire les plus grands services. Aussi les théologiens sentirent-ils le besoin de justifier la sévère prohibition que l'Église édictait et pour cela ils fouillèrent les livres saints et s'emparèrent de tous les sophismes qu'une philosophie fausse et incohérente avait accumulés sur cette question. Le pape Urbain III, mort en 1187, s'appuya le premier sur le texte fameux de Saint-Luc dont j'ai déjà parlé. « *Mutuum date nihil inde sperantes.* » J'ai montré plus haut qu'il était impossible de donner à ce texte un sens pareil et que le Christ en prononçant cette parole n'avait entendu donner qu'un conseil de bienfaisance et de charité et nullement prohiber le prêt à intérêt.

Ce ne fut pas là le seul argument que la scolastique mit en avant. Elle appela à son secours l'autorité si vénérée alors d'Aristote. Le *magister dixit* équivalait alors à un article de foi et nulle puissance humaine ne pouvait résister à ces deux autorités devant lesquelles la raison et le libre examen abdiquaient alors leurs droits. Il importe de donner ici une idée de la célèbre théorie d'Aristote sur l'intérêt. Voici en quels termes le philosophe Grec enseigne cette doctrine fameuse, et qui a été reprise de nos jours, de la stérilité de l'argent.

« L'acquisition des biens étant double, c'est-à-dire à la fois commerciale et domestique, celle-ci nécessaire et estimée à bon droit, celle-là méprisée non moins justement comme n'étant pas naturelle et ne résultant pas du colportage des objets. On a surtout

raison d'exécrer l'usure parce qu'elle est un mode d'acquisition né
de l'argent lui-même, comme l'indique assez le nom que lui donne
la langue grecque. Les pères sont ici absolument semblables aux
enfants. L'intérêt est de l'argent issu de l'argent, et c'est de toutes
les acquisitions, celle qui est le plus contre nature (1). »

Telle est la première ébauche informe d'économie sociale qui, déve-
loppée en langage métaphorique par les écrivains canonistes et sanctionnée par l'adhésion de l'Église dut, pendant plusieurs siècles, passer
pour article de foi. L'argent est stérile, dit un auteur du moyen âge,
car Dieu n'a pas prononcé pour lui cette parole : *crescite et multi-
plicate;* il ne participe pas du privilége de la terre à qui Dieu a
dit, au jour de la création : « *Germinet terra herbam virentem* (2). »
Et Saint-Jean Chrysostome disait aussi : « L'usurier entreprend
de semer sans champs, sans charrue et sans pluie ; mais cette dam-
nable agriculture ne peut lui donner que de l'ivraie bonne à être jetée
au feu (3). » Et cependant il n'est aujourd'hui personne qui pour
peu qu'il ait quelques notions d'économie politique ne s'aper-
çoive de l'inanité d'un pareil raisonnement. L'anathème porté par
Aristote contre le commerce de l'argent s'étend à toute espèce
d'opération commerciale. Il n'a pas compris, lui qui vivait pourtant
au milieu d'un peuple commerçant par excellence, l'utilité du rôle
que remplit le commerce dans la société

Il n'a pas vu que rapprocher les nations, ouvrir des débouchés,
placer les produits à portée du consommateur, c'était les mettre
en valeur et en quelque sorte produire. L'argent est stérile ! Que
veut dire une semblable affirmation ? Aristote prétend-t-il que
l'argent, si on l'enferme dans un coffre-fort, ne produira pas d'argent.
Ce serait lui faire injure que de lui attribuer une pareille naïveté,
Veut-il prétendre, au contraire, que l'argent fécondé et mis en
œuvre par le travail ne peut produire aucune valeur. C'est alors
plus qu'une naïveté : c'est une grossière erreur, car, comme dit

(1) *Aristote*, traduction de M. Barthélemy Saint-Hilaire.

(2) Génèse, *dissertation théologique sur l'usure*, p. 86.

(3) Saint Chrysostome, *homélie* 57.

très-justement M. Troplong dans son commentaire du prêt, il n'y a de productif pour l'homme que ce qui est fertilisé par le travail ou utilisé par des besoins qui paient pour se satisfaire. Que produirait la terre sans la charrue, sinon des chardons et de l'ivraie? L'air est stérile, disait Saumaise, et cependant l'impôt le rend productif; la mer aussi est stérile pour quiconque n'y applique pas son industrie comme les nautonniers et les pêcheurs (1). Ainsi donc l'argent fécondé par le travail de l'homme est productif de valeurs. Faut-il, parce que l'emprunteur seul le rend fécond, en conclure que le prêteur devra être privé de toute rémunération? Aristote, et après lui les Canonistes le prétendent. Mais cette affirmation ne vaut pas mieux que la précédente. Car si l'emprunteur le met seul en usage, le service appréciable rendu par le prêteur en existe-t-il moins? Et s'il existe, ce qu'on ne peut nier, pourquoi refuser à ce prêteur une rémunération que la commutativité du contrat oblige en justice à lui accorder. *Usura propter usum*, comme disait Papinien.

Tel fut le célèbre et futile argument dont se servit l'Église pour justifier en raison la mesure déplorable qu'elle prescrivait. Quelqu'erronés que fussent les motifs de sa décision, ils trouvèrent de nombreux et zélés défenseurs. Après avoir eu ses théologiens, l'Église eut ses jurisconsultes, hommes de génie et de haute raison pour la plupart, mais dont la foi aveugle et fanatique obscurcissait l'intelligence et faussait les idées. Domat, dans ses lois civiles, accepte et développe avec conviction les sophismes de Saint-Thomas. Les savants solitaires de Port-Royal, Pascal, Arnaud, Nicole, combattent sous les drapeaux de l'Église contre le prêt à intérêt. Pothier lui-même, quelques années avant la Révolution, malgré la limpidité de son esprit et la sûreté de son jugement, expose de nouveau la doctrine et les sophismes usés des scolastiques.

La législation civile n'avait pas abandonné l'Église dans sa campagne contre l'intérêt. En 1211, un édit de Philippe-Auguste

(1) Saumaise, *de usuris*, cap. 8, p. 198.

prohibe l'usure que condamne de nouveau Saint-Louis en 1254.
Suit en 1312 une ordonnance de Philippe-le-Bel sur le même
sujet, qu'accompagnent bientôt d'autres ordonnances rendues en
1315, 1318, 1333 et 1378. C'était aussi vers cette époque que
les conciles fulminaient à de courts intervalles, jetant l'interdit
et l'excommunication sur tous ceux qui pratiquaient le prêt à
intérêt. Conciles et ordonnances, pouvoir ecclésiastique et pouvoir
royal, tout se réunissait pour les accabler. Voici quel était le texte
de l'ordonnance de Philippe-le-Bel, que nous trouvons dans
Pothier, et qui est assez curieuse pour être rapportée. « Pour ce
que nous plus aprement poursuivons les plus graves usures, nul
homme de sain entendement ne devait entendre que nous vou-
lussions souffrir ce que nous avons réprimé et défendu expressément; mais à ce que ne se donne lieu de doute à aucun simple
ou malicieux, nous déclarons que nous avons défendu et réprimé
et nous réprimons et défendons toutes les manières d'usure de
quelque quantité qu'elle soit causée, comme étant de Dieu et
des Saints-Pères défendue : mais la peine de corps nous ne mettons
mie, for contre ceux que les plus graves usures recevront....
Mais pour nous ne recevrons mie expressément usure de même
quantité. Ainsi voulons être donné simplement et de pleine barre
défense à tous ceux à qui usures seront demandées afin qu'ils ne
les soient tenus de payer, et répétition à ceux qui les auront
payées, de quelque manière ou quantité soient icelles usures,
etc... » (1)

Enfin, l'article 302 de la fameuse ordonnance de Blois portait :
« Faisons défense à toute personne, de quelque sexe et condition
qu'elle soit, d'exercer aucune usure, prêter des deniers à profit
ou intérêt, encore que ce fut sous prétexte de commerce public.» (2)

A cette époque, les prohibitions étaient donc bien nettes.
L'intérêt était universellement proscrit, et cependant du chaos du
Moyen-Age commençait à sortir une société nouvelle; le commerce

(1) Pothier, *traité de l'usure*.

(2) Id.   *id.*

se développait, l'argent se faisoit moins rare ; le besoin d'emprunter devenait de plus en plus pressant. C'est par suite de cette nécessité pratique qui commandait, à moins d'arrêter la vie du corps social, de tolérer le prêt à intérêt que nous voyons quelques exceptions apportées par les Empereurs et les Papes à cette défense radicale. Nous devons faire remarquer cependant que dans toutes les parties de la France les lois prohibitives n'étaient pas également pratiquées. Ainsi il est constant, et la jurisprudence des parlements d'Aix, de Bordeaux et de Toulouse en fait foi, que, en dépit des ordonnances et des anathèmes de l'Eglise, le prêt à intérêt fut toujours considéré comme licite. Il n'en était pas de même dans les provinces du Nord, où les lois sur la matière étaient en pleine vigueur.

La première exception reconnue par le pouvoir royal et tolérée par l'Eglise fut admise au profit des Juifs qui formaient dans la société une sorte de classe particulière. A eux était réservé le monopole du commerce de l'argent, monopole dont profitait amplement le trésor royal et que les canonistes légitimaient par un raisonnement assez curieux. Le prêt à intérêt, disaient-ils, est un crime aux yeux de Dieu, et peut entraîner la damnation. Il est donc de toute nécessité que l'Eglise l'interdise à tous ses membres. Mais comme les Juifs étaient en leur qualité d'infidèles en état perpétuel de damnation, le prêt à intérêt ne présentait pas pour eux le même danger, et ils ne voyaient aucun inconvénient à le leur permettre. L'argument, on le voit, n'était pas péremptoire, et ne servait qu'à cacher le motif véritable qui n'était autre que la nécessité impérieuse de tolérer le prêt dans l'intérêt du commerce naissant. Nous en trouvons la preuve dans un statut du royaume d'Aragon qui déclare que la tolérance dont on use à l'égard des Juifs n'a d'autres causes que l'utilité que retiraient les Chrétiens de leurs transactions (1). Les Juifs étaient donc autorisés à établir des maisons de banque, et nous trouvons plusieurs ordonnances

______

(1) Giroux, 1840, *appendice Marcæ Hispaniæ*, Nº 514.

royales qui le leur permettent. La première est de 1210. Philippe-Auguste permet aux Juifs de faire le commerce de l'argent en percevant deux deniers par livre et par semaine, ce qui correspond à peu près au taux de 40 %. Cette dérogation au droit commun subsista jusqu'au règne de Saint-Louis qui interdit aux Juifs le prêt à intérêt en les obligeant même par surcroît à restituer les intérêts qu'ils auraient extorqués. Mais déjà la réaction commençait à se faire sentir. La découverte des Pandectes dans un couvent d'Amalfie, et l'enthousiasme qu'elle excitait faisait prévoir que les principes du droit Romain ne tarderaient pas à se vulgariser.

Philippe-le-Bel avait d'abord paru vouloir reconnaître l'intérêt et avait même essayé, dans sa première ordonnance, de le réglementer. Mais les légistes s'étant emparés de cette décision pour en déduire toutes les conséquences, le roi, comme effrayé de son œuvre, s'était empressé, dans l'ordonnance de 1312, dont nous avons déjà parlé, de renouveler la prohibition. Du reste, il faut avouer que le désir de faire prévaloir ce qu'il considérait comme la vérité ne fut pas le seul mobile qui inspira ce prince. Il trouvait en effet dans l'expulsion des Juifs du royaume, un moyen de remplir le trésor en pratiquant des confiscations. C'est ainsi qu'il fit vendre tous les immeubles appartenant aux Juifs à son profit, et que plus tard, Philippe de Valois, en 1347 et en 1350 permit aux emprunteurs de se libérer en versant dans les caisses le capital qu'il avaient emprunté. Ajoutons encore que les rois faisaient payer cher aux Juifs l'autorisation nouvelle qu'il leur accordait de résider en France, les tables de prêt qu'il leur délivrait.

Chose curieuse : c'est dans les Etats de la papauté, à Rome même, que les Juifs trouvaient asile et protection. Ils étaient même exemptés d'impôts, et cette tolérance valut à Rome, à cette époque, le surnom de *paradis des Juifs*. Il y avait entre la conduite des rois de France, et celle des Papes une contradiction que Jean II songea à faire disparaître au profit du trésor. Il rappela les Juifs pour douze ans en leur rendant leur Talmud et leurs synagogues, mais en leur imposant aussi comme signe distinctif un uniforme particulier (1). Il leur permit de stipuler quatre deniers par livre et par semaine, c'est-à-dire environ 80 p. % par an, intérêt énorme que l'on ne peut expliquer que par cette parole cynique du roi Jean : « Plus les Juifs auront de privilèges, mieux ils pourront payer la taxe que nous exigeons d'eux. »

Il faudrait un volume pour raconter en détail les vexations auxquelles fut soumis ce malheureux peuple, que les malédictions du Christ semblaient poursuivre. Tour à tour admis avec dédain, quand les besoins du trésor faisaient taire momentanément les scrupules religieux du roi, ou ignominieusement chassés quand ces scrupules renaissaient sous l'influence d'un espoir de confiscation, ils en étaient venus à être considérés comme des choses sur lesquelles on avait des droits et qu'on se cédait mutuellement. En 1321, accusés faussement d'avoir voulu empoisonner les puits, ils furent en partie massacrés, en partie chassés. L'inquisition, en Espagne, en fit périr des milliers. Les Juifs étaient sans doute d'odieux usuriers ; et Shakespeare nous en trace, dans le marchand de Venise, un hideux portrait. Mais n'étaient-ils pas pour ainsi dire en état de légitime défense, et n'est-on pas tenté de les plaindres en lisant l'éloquent défi que le juif Schylock jette dans la même pièce à la société qui l'opprime lui et ses frères. Nous voyons dans un traité intervenu entre Ravenne et Venise la première de ces deux villes stipuler que Venise lui enverrait des Juifs qui seraient obligés d'y tenir une maison de banque. (2) M. Bédarride cite une autre convention passée entre Thibaut, comte de Champagne et le roi Philippe II, par laquelle les deux contractants s'engagent à ne pas se retenir réciproquement leurs juifs, et à ne pas souffrir que les juifs de l'un fassent contracter des obligations aux sujets de l'autre.

Sous l'influence de ce monopole accordé aux Juifs, les prêts se multiplièrent. Ils devenaient de plus en plus nécessaires par suite de l'extension toujours croissante du commerce. C'est alors que des

(1) Il y a sur ce point de curieux détails dans Molliot. — *Recherches sur les coutumes et les mœurs*, tome III, page 114.

(2) Bédarride. — *Les Juifs en France, en Italie, en Espagne*, p. 325.

extensions en faveur des chrétiens commencèrent à s'introduire dans la législation. La plus célèbre d'entre elles est celle accordée aux foires de Champagne et de Lyon. C'était là surtout que la prohibition de l'intérêt mettait obstacle aux nombreuses transactions qu'un commerce actif suscitait. Ainsi sur les réclamations instantes des marchands et de la population, Philippe-le-Bel leur accorda en 1311 la permission de prêter au taux de 60 sols par 100 livres. En 1349 Philippe de Valois renouvela la même autorisation en interdisant toutefois tout change ou toute autre perception donnant le droit d'exiger une somme supérieure au capital prêté. La raison qu'il en donne c'est que « de nécessité se font prêts de grande quantité et créance de foire en foire. » Ces ordonnances furent renouvelées par Louis XII en 1462, par Henri III en 1580 et 1581, par Henri IV en 1601, par Louis XIII en 1634, enfin par Louis XIV en 1665 et 1673.

Une autre exception fut introduite en faveur de certaines villes à qui on accorda spécialement la permission de trafiquer de l'argent. Charles V permit en 1360 à deux bourgeois d'Angers de se livrer au commerce de l'argent. La même autorisation fut ensuite accordée à plusieurs villes, à Rouen, Abbeville, Meaux, Troyes, Lille, Condom.

Enfin les théologiens avaient déterminé certains cas dans lesquels il était possible de percevoir des intérêts légitimes. Il les avaient réunis dans les cinq vers suivants qui sont assez curieux pour être cités :

« Feudo, fidejussor, pro dote, stipendia cleri
« Venditio fructûs, cui velles jure nocere,
« Vendens sub dubio, pretium post tempora solvens
« Pœna ne in fraudem legis commissoria gratis,
« Dans sociis pompam, plus forte modis datur istis. »

Toutes ces dérogations successivement apportées à une législation si radicale nous montrent quel progrès faisaient les idées, à mesure que l'homme reprenait possession de lui-même et pouvait donner plus libre carrière dans toutes les branches à son activité. Il étouffait dans cette législation étroite et surannée qu'une généreuse pensée avait fait naître et que maintenaient avec le secours puissant de la routine les calculs honteux et arbitraires du pouvoir royal. Aussi voyons-nous à cette époque, sous l'influence des Casuistes, l'intérêt fuir la forme du prêt et se déguiser sous l'apparence de contrats permis par la loi civile. Je veux parler du contrat de rente, de la théorie des trois contrats et du Mohatra tant raillé par Pascal, chef-d'œuvre de la dialectique casuiste dont les Jésuites peuvent en grande partie revendiquer l'honneur.

On sait ce qu'était au moyen-âge le contrat de constitution de rente. Une personne aliénait moyennant une somme annuelle un capital mobilier ou immobilier, qu'elle renonçait à réclamer. En droit il y avait entre le prêt et ce contrat des différences théoriques; en fait ils aboutissaient aux mêmes résultats, à la perception d'un intérêt. Aussi dès son apparition, ce contrat fut-il attaqué par les théologiens ardents qui regardaient comme un crime de pactiser avec les principes et qui ne possédaient pas la souplesse sophistique des Escobar et des Bauny. Le plus fougueux de ses adversaires fut sans contredit le canoniste Henri de Gand, mort en 1293. Et il faut avouer qu'en prenant pour base de son raisonnement les prohibitions de l'Église sa tâche était facile. La perception de l'intérêt ressortait avec une telle évidence de la nature même du contrat qu'il faut pour expliquer l'approbation qu'il obtint plus tard des papes, admettre que la nécessité de faire brèche aux principes tout en paraissant les respecter avait enfin triomphé jusque dans les Conseils du Vatican. L'argumentation de Henri de Gand, aussi irréfutable fut-elle, n'empêcha pas l'Église de placer une partie de ses richesses en rentes constituées et, en 1423, le pape Martin V, par sa décrétale *Regimini*, autorisa ce contrat. Quelques années plus tard, en 1455, il fut de nouveau solennellement approuvé par une bulle du pape Calixte III. Le principe qui servait de base au contrat de rente triomphait donc complètement. On ne discutait guère plus que sur les différents moyens de le contracter. Les jurisconsultes, en effet, s'emparant de l'idée des casuistes, avaient imaginé deux moyens pour légitimer la constitution de rente. Suivant les uns, elle renfermait une vente que le débiteur faisait d'une rente sur lui-même, moyennant un prix qui constituait le capital de la rente. Suivant les autres la rente constituée représentait un immeuble surlequel elle était assignée et dont le crédit-rentier restait propriétaire. Mais comme il en laissait la possession aux mains du débiteur, il touchait annuellement une certaine somme représentative des fruits. Le pape Nicolas V rendit en 1568 une bulle pour faire cesser cette discussion en adoptant la deuxième interprétation qui dans les contrats prit le nom de clause d'assignat. Cette bulle, du reste, ne fut pas appliquée en France. Les papes auraient encore voulu que la créance ne survécût pas à la perte de l'immeuble assigné ; mais cette jurisprudence ne passa pas en France où la constitution de rente demeura jusqu'en 1789, telle qu'elle était sortie des méditations des jurisconsultes, du moyen-âge.

Les trois contrats, ruse, perfectionnée pour arriver à tourner la prohibition de l'usure, apparurent quelque temps après la constitution de rente. C'est en Grèce qu'ils prirent naissance sous la nécessité de réagir contre les défenses canoniques. Les canonistes Novarre et Diana en furent les plus éloquents défenseurs. Ils se composaient, comme le nom l'indique, de trois contrats, la société, le contrat d'assurance et la vente, tous parfaitement licites et ne pouvant, au moins isolément, donner prise aux censures ecclésiastiques. Voici quelle en était l'économie. *Primus* veut placer à intérêt la somme de 10,000 francs. Il ne peut pas les aliéner temporairement, ce qui serait un prêt, et il ne veut pas les aliéner à perpétuité, ce qui serait une constitution de rente. Il s'entend alors avec *Secundus* avec lequel il simule une société dans laquelle il déclare faire un apport de 10,000 francs. *Secundus* assure alors le capital de *Primus* contre les risques de la gestion et en guise de prime, *Primus* lui abandonne une partie des profits qu'il aurait légitimement l'espoir d'obtenir. Ces opérations terminées, *Primus* vend à *Secundus* son capital moyennant la somme de 10,000 fr. et le paiement annuel de 500 francs.

Ce contrat de prime abord pouvait paraître inattaquable ; car il eût été étrange qu'un contrat formé lui-même de trois contrats licites pût être illicite. Cependant cette opération n'était pas hors de toute atteinte, même au point de vue du droit. Car le prétendu associé avait un droit aux bénéfices sans prendre part à aucune perte. La dissimulation était du reste facile à découvrir pour un observateur attentif; aussi Pothier avec sa clairvoyance de jurisconsulte et de théologien, ne s'y était pas laissé tromper. « Il ne faut pas être bien clairvoyant, disait-il, pour s'apercevoir que cette convention, dans la vérité, ne contient autre chose qu'un prêt à intérêt que j'ai fait à un marchand d'une somme de 10,000 livres, qui doit dans le for extérieur aussi bien que dans le for de la conscience être déclaré usuraire, et en conséquence les intérêts doivent être imputés sur le capital. Il est très-visible que les trois contrats que cette convention renferme, ne sont que des contrats simulés pour déguiser le prêt à intérêt qu'elle contient, et que, dans la vérité, je n'ai jamais eu l'intention de contracter une société avec ce marchand, mais seulement de retirer de lui un intérêt de la somme que je lui prêtais. Et quand même par une fausse direction d'intention, je me persuaderais à moi-même que j'ai eu effectivement intention de faire avec ce négociant ces trois contrats, ce serait une illusion que ferait ma cupidité pour déguiser à moi-même le vice d'usure du prêt à intérêt auquel s'analyse cette convention (1) ».

Aussi quoique défendue par ses auteurs et notamment par le père Bauny (2) dont les subtilités tournées en ridicule par Pascal, ne peuvent que faire sourire, les trois contrats furent condamnés d'une manière formelle, par le pape Sixte-Quint en 1586.

Reste le Mohatra. Il ne faudrait pas croire, cependant, que ce fussent là les trois seuls contrats imaginés par les casuistes pour allier la satisfaction des intérêts au respect des canons. Leur dialectique était pleine de ressources et il faudrait des volumes entiers pour épuiser cette mine si riche de la casuistique au Moyen-Age. Mais je dois me borner dans ce travail à donner une idée des principaux et des plus célèbres contrats qui servaient dans l'ancien droit à voiler le prêt à intérêt. Qu'était-ce donc que le Mohatra ?

(1) Pothier, *du contrat de société*, p. 22.

(2) R. P. Bauny, *la somme des péchés*. — 8e provinciale.

Le Mohatra est un prêt déguisé sous la forme d'une vente. *Primus* vend à *Secundus* un objet quelconque pour un prix exagéré , payable à terme; puis ce dernier le revend immédiatement à *Primus* pour un prix inférieur au premier et payable comptant. Cette dernière somme représente le capital prêté, et la somme supérieure que doit payer dans un certain délai *Secundus* comme premier acheteur est tout simplement le capital augmenté des intérêts. Le mécanisme de ce contrat est très-simple , le service qu'il était appelé a rendre était très-grand et c'est le cas de rappeler ici ces paroles que Pascal voulait rendre ironiques mais qui sont d'une rigoureuse vérité: « Vous voyez assez par la l'utilité du Mohatra ».

L'origine de ce Mohatra se trouve dans l'ordonnance de Charles-le-Bel de 1326. Pascal en attribue à tort l'invention à Escobar qui ne fit que le réglementer et en déterminer les conditions licites d'exercice. Voici quelle était son opinion sur ce point: « *Justus est hisce servatis nullum pactum explicitum nec implicitum adhibendum. Pretium que vendentur merces; non sit majus summo. Nec eum revenduntur non sit minus infimo; quia tunc justum pretinm tam in venditore quam in revenditore servatum* (3) ».

Ce contrat se composait donc de deux ventes l'une à terme, l'autre au comptant. La première faite à un prix supérieur à la seconde. Et cela était juste puisqu'il est tout naturel que celui qui paye au comptant paye moins que celui qui paye à terme. On ne pouvait lui faire qu'un reproche au point de vue du droit c'était de manquer de franchise et de faire supposer une intention qui n'était dans l'esprit d'aucune des parties contractantes. Quoi qu'il en soit , il différait du prêt par sa forme; il différait de la vente au fond par l'intention des parties; il rentrait donc dans cette grande classe de contrats non définis résultant des créations multiples de la liberté humaine et qu'on appelle pour cela contrats innommés. Ce contrat cependant eut une destinée moins heureuse que la constitution de rente. Quelle en est la raison? J'avoue franchement que je ne la vois pas. L'interdiction en fut prononcée par l'article 114 de l'or-

(1) *Escobar y Mendosa, soc. Jesu , summa theologia moralis tract.*, 8, ex. 8, N° 8.

donnance d'Orléans de 1560 et confirmée ensuite par un arrêt du
18 avril 1561. Mais ces prohibitions n'empêchèrent pas l'emploi
fréquent du Mohatra qui, nous le voyons dans la huitième provinciale, florissait du temps de Pascal.

Les efforts des Casuistes, cette subtilité de dialectique qui
aujourd'hui fait sourire, furent alors un véritable bienfait. Ils
répondaient à un besoin. C'était comme une protestation, bien
qu'elle n'ait pas alors ce caractère, contre la législation canonique,
un premier pas fait vers cette doctrine qui devait plus tard triompher. On dira peut-être que ces biais, ces détours sans franchise,
en atténuant quelque peu le mal eurent pour résultat de retarder
l'avénement de la réaction. Cela peut être vrai, mais en présence
d'une opinion qui n'est en définitive qu'une hypothèse que l'expérience eut pu démentir, je préfère m'en tenir aux faits en leur
restituant autant que possible leur signification. Ils eurent encore
un autre résultat, celui d'apporter quelque adoucissement dans
la doctrine canonique elle-même par la distinction du *damnum
emergens* et du *lucrum cessans*, et surtout par la distinction géné-
rique des intérêts lucratoires et des intérêts compensatoires.
Cette théorie fut l'œuvre de Paul de Castro. Analysant avec
soin les prohibitions de l'Église et la définition qu'elle donnait
de l'usure « *omne lucrum ex mutuo principaliter intentum*, »
il soutint que l'Église ne défendait que la perception des intérêts
qui, nés du prêt lui-même, constituaient une production de l'argent,
un véritable lucre, et qu'elle permettait au contraire tous
ceux qui naissaient d'une cause étrangère, au prêt par exemple de
la perte essuyée par le prêteur, du gain dont il avait été privé,
du risque que son capital avait couru. Il rangea tous ces intérêts
sous le nom d'intérêts compensatoires qu'il opposa aux intérêts
lucratoires. Et il assigna comme cause licite au premier le *damnum
emergens*, le *lucrum cessans* et le *periculum sortis*. Ce que valait
cette théorie au point de vue rationnel, il est facile de le comprendre.
— Elle était à peu près aussi logique que celle qui reconnaissait
comme licite la constitution de rente, alors qu'elle prohibait le prêt
à intérêt. Il est en effet évident qu'assigner comme cause aux intérêts

compensatoires le *lucrum cessans* et le *periculum sortis*, c'était viser précisément les deux éléments de l'intérêt, et il devenait alors superflu de distinguer entre les intérêts compensatoires et les intérêts lucratoires. Cette contradiction sautait aux yeux ; il ne manquait pas de théologiens habiles pour la faire ressortir. Comment donc passa-t-elle inaperçue et comment cette théorie fut-elle immédiatement adoptée par ceux-là mêmes qui, quelques siècles plus tôt, l'eussent infailliblement repoussée. J'en trouve la raison dans les circonstances au milieu desquelles elle se produisait, et qui, pour ainsi dire, furent la cause de sa naissance. Il ne faut pas oublier en effet, qu'à ce moment la prohibition de l'intérêt était devenu un fardeau bien lourd à porter pour cette jeune nation qui, sentant ses forces, commençait à vouloir en user. Aussi toute l'activité des théologiens et des jurisconsultes quelque peu de leur siècle s'était-elle tournée vers la recherche des moyens qui permissent, sans violer une législation qu'on considérait comme divine, de venir au secours du commerce aux abois. Cette théorie comme toutes celles qu'on vit naître à cette époque répondait à un besoin. De là son succès. Les circonstances seules donc en firent la fortune, et il ne faut pas trop s'en étonner lorsqu'on considère que l'on ne peut donner d'autre raison du triomphe de bien des idées et dans l'ordre matériel de bien des tentatives. Quelques conditions furent toutefois exigées pour l'exercice de ces actions. Il fallait d'abord que le *damnum emergens* fût réel et pécuniairement appréciable. Il fallait aussi que le *lucrum cessans* fût probable, et que dans les deux cas le prêteur eût averti l'emprunteur. Il fallait enfin que l'intérêt n'excédât pas le *damnum* ou le *lucrum* et ne dépassât pas le taux légal. Quant au *periculum sortis*, il souffrit quelques difficultés et ne fut définitivement admis que vers le milieu du XVIIe siècle (1).

A ces conditions l'Église adopta par la bouche de ses Papes et de ses plus éminents défenseurs la théorie des intérêts compensatoires. Bossuet lui consacra quelques pages dans son traité de l'usure, et en 1745 la fameuse lettre encyclique de Benoît XIV en

(1) Décision de la congrégation de la propagande, approuvée par Innocent X.

admit formellement le principe, tout en maintenant par acquit de conscience la vieille prohibition de l'intérêt.

Nous sommes arrivés à une période de transition où il nous est permis de retourner un instant la tête pour juger du chemin que les idées ont parcouru. Nous avons pu constater la présence de deux courants : l'un partant de la limitation et même de la liberté absolue de l'intérêt pour aboutir à son complet anéantissement ; l'autre réagissant contre cette tendance et cherchant à remonter cette pente au bas de laquelle l'intérêt avait sombré. Ce sont deux forces en présense, d'abord inégalement puissantes, puis s'équilibran$_t$ petit à petit, enfin se livrant un combat acharné dans lequel l'une des deux doit disparaître.

A l'époque où nous sommes parvenus la Réforme commençait. Le fougueux Luther, profitant des désordres qui s'étaient introduits dans l'Église, lui portait des coups qui l'ébranlaient sur sa base sans parvenir à la renverser. En désaccord avec elle sur presque tous les points, il adopta pleinement ses prescriptions en matière d'intérêt. Avec cette fougue qui l'emportait toujours au-delà du but, il dépassait même l'Église dans son horreur pour l'usure et déclarait que les usuriers étaient des voleurs dignes de la corde. « J'appelle usuriers, disait-il, ceux qui prêtent à 5 et à 6 %. » (1)

Le premier qui attaqua en face la doctrine de l'Église fut Calvin. Il réfuta victorieusement la théorie d'Aristote sur la stérilité de l'argent, montrant avec un incontestable talent que l'argent produisait une valeur qui servait de base à l'intérêt. Les bornes que je dois tracer à cet ouvrage m'empêchent de reproduire ici le passage éloquent où il ruine de fond en comble le célèbre et futile argument d'Aristote. Je ne puis que faire ressortir les résultats excellents qu'eût pour la Réforme cette doctrine nouvelle. Les peuples qui suivirent Calvin dans la voie nouvelle qu'il leur traçait virent leur commerce et leur industrie se développer rapidement et prendre une immense supériorité sur ceux des peuples voisins encore soumis aux prohibitions de l'Église.

(1) Luther, *propos de table.*

Cette voix éloquente venue du dehors trouva en France un écho. Un jurisconsulte de génie, l'illustre Dumoulin, adopta le premier hautement la doctrine nouvelle, au service de laquelle il mit l'autorité de sa parole et son incontestable talent. Toutefois on ne pouvait encore sans précaution battre en brèche une opinion consacrée par l'Église et sanctionnée par le pouvoir civil. Dumoulin est obligé pour faire passer ses idées de prendre des détours qui nuisent à la clarté de son argumentation. Il condamne d'abord l'usure et admet la distinction de Paul de Castro. Mais ce n'est là qu'une concession faite aux doctrines canoniques, et donnant libre carrière à sa pensée il établit clairement que pour lui l'intérêt est parfaitement légitime pourvu qu'il ne soit pas contraire à la charité. (1) C'était au fond la doctrine de Calvin. Cette parité avec l'opinion du célèbre réformateur lui fut nuisible, car elle donnait aux principes de Dumoulin une couleur d'hérésie. Le Parlement de Paris ne voulut pas l'admettre et la magistrature se montra plus sévère qu'elle ne l'avait encore été contre les prêteurs. La réaction eut son contre-coup même dous la législation, et une ordonnance de 1539 revint sur les dérogations admises antérieurement et défendit de placer à intérêt les deniers pupillaires, ce qui jusque alors avait été toléré. Le même esprit inspira l'ordonnance de Blois de 1579, dont l'article 202 défendait : « de bailler des deniers à profit et intérêts encore que ce fut sous prétexte de commerce. » Cette ordonnance subsista jusqu'en 1789 et forma jusqu'à cette époque le droit commun de la France.

Les idées présentées et soutenues par Dumoulin trouvèrent encore un éloquent défenseur dans Grotius et dans Gerson, l'illustre auteur de l'Imitation. Ce dernier auteur voulait que l'Église tolérât le prêt dans les transactions ordinaires, et ce docteur très-chrétien, comme disait Bossuet, donnait à l'Église des conseils dont on ne peut contester la justesse et l'à-propos : « Puisque le Pape, disait-il, n'est pas le souverain immédiat des biens temporels et surtout des biens laïques, il ne doit facilement infirmer les lois de

____

(1) Gerson, *des contrats*, II.

la puissance séculière qui règle la disposition et l'administration de ces mêmes biens. Il suffit que lui et l'Église déclarent par la prédication que ces contrats sont illicites par le droit évangélique et dans le for de la conscience. » (1)

Cette réaction qu'avait amenée la discussion audacieuse de Dumoulin ne fut pas de longue durée. On arrivait à cette époque orageuse, troublée par les guerres de religion qui faisaient reculer au second plan la question si vitale de l'intérêt. Les prêts étaient fréquents et Henri, IV à son avènement au trône, se trouva dans une situation assez délicate. D'un côté, sa haute intelligence et ses attaches protestantes lui faisaient voir d'un œil favorable, l'intérêt conventionnel, de l'autre la nécessité de ne pas soulever la colère des catholiques qui pouvaient lui reprocher de pactiser avec l'hérésie, l'obligeait à se montrer sévère. Il prit une décision mixte, comme il arrive toujours en pareille circonstance, quand on veut mettre sa conscience d'accord avec les nécessités politiques, et décida dans une déclaration de 1605 et une autre de 1606, que les prêts seraient convertis en rentes constituées et que les mineurs seuls auraient le droit de réclamer les intérêts arriérés.

Sous Colbert la lutte continua entre les partisans de l'un ou de l'autre système. Ce grand ministre avait, dit-on, conçu un instant la pensée de commencer une réforme sur ce point. Mais les obstacles qu'il [rencontra devant lui et l'incroyable puissance que les institutions existantes tiraient de la tradition et de la routine l'empêchèrent de donner suite à son projet. A cette époque, du reste, les intelligences les plus élevées dans le droit et dans les lettres se rangeaient sous le drapeau de l'Église. Domat (2), Pothier (3), parmi les jurisconsultes ; Arnaud, Nicole, Pascal, Bossuet (4), parmi les philosophes, apportaient à cette cause perdue le secours de leur génie. C'était comme le dernier éclat que jetait une doctrine qui avait eu ses beaux jours. Saumaise seul

(1) Gerson, *des contrats*, II.
(2) Domat, *lois civiles*.
(3) Pothier, *traité de l'usure*.
(4) Bossuet, *traité de l'usure*

défendit courageusement le prêt à intérêt dans trois traités pleins d'érudition et de bon sens (1).

Epuisée par ce dernier effort, la doctrine canonique n'essaya même plus de se défendre contre les nouveaux et terribles ennemis qui s'avançaient dans l'arène. L'économie politique commençait à naître et les principes qu'elle préconisait s'annonçaient comme étant en pleine contradiction avec ceux reconnus jusqu'alors. Montesquieu le premier, dans son Esprit des Lois, attaqua dans quelques lignes concises mais pleines de sens et de raison les vieux préjugés du moyen-âge et fit sur le dos de Mahomet le procès à la société chrétienne. Il lui fallait en effet user encore de prudence car l'heure de l'émancipation de la pensée n'avait pas encore sonné, mais elle était proche. L'esprit humain souffrait de cet état de compression où l'avait retenu si longtemps le despotisme théocratique, sans danger et même bienfaisant pour une société naissante où il ne s'agit que de dégrossir l'homme, en lui donnant conscience de sa valeur morale et de l'arracher au joug avilissant des plus grossières passions, mais intolérable quand la pensée en pleine possession d'elle-même brûle de s'élancer dans ces régions que Dieu a livrées à ses ardentes investigations. On voulut comprendre alors ce à quoi jusque-là on n'avait fait que croire et soumettre au contrôle de la raison, tout émerveillée de sa jeune liberté, ce qu'on acceptait auparavant comme article de foi. Aussi ne trouve-t-on plus dans Turgot cette hésitation et ces faux fuyants qui déparaient les œuvres de ses prédécesseurs. Il attaque en face la doctrine de l'Eglise sur l'intérêt et montre dans des pages tout imprégnées d'honnêteté et de conviction combien cette théorie était fausse dans son principe et nuisible dans ses applications. Il alla même plus loin, et sans se souvenir des enseignements que lui donnait l'histoire, il réclama la liberté complète du taux de l'intérêt. C'était dépasser le but et n'éviter une erreur que pour tomber dans une autre. Quoi qu'il en soit Turgot ne vit pas le triomphe de ses idées qu'il eût sans doute

<hr>

(1) Saumaise, *de usuris*, 1638. — *De modo usurarum*, 1639. — *De fœnore trapezitico*, 1640.

modifiées en partie en assistant à leur application. Il vint se briser dans ses tentatives de réforme contre la force d'inertie du régime chancelant. Il était dans la destinée de celui-ci de disparaître dans la tourmente, intact dans sa décrépitude, tenant encore, quoique d'une main mal assurée, son vieux drapeau, symbole de toutes ses gloires, appuyé sur ses institutions et environné de ce cortége imposant d'idées qui avait présidé à sa naissance, l'avait conduit à son apogée et descendait avec lui dans la tombe, pour faire place à une société nouvelle qui, elle aussi, devait commettre bien des crimes, mais marcher à pas de géant dans cette voie que Dieu lui a tracée et qui partant de la barbarie aboutit à la civilisation.

On pourrait avec raison m'accuser d'un impardonnable oubli si, avant de clore cette période, je n'essayai pas de porter un jugement sur le rôle de l'Eglise dans cette matière de l'intérêt. Il a été beaucoup discuté et diversement apprécié. Les uns ont chanté sans restriction ses louanges; les autres l'ont accablé de leurs plus amères railleries. Pour moi, qui ne veux me faire l'avocat d'aucune partie mais juger ce rôle en historien, je ne suivrai ni l'une ni l'autre de ces opinions. Je n'hésite pas à reconnaître que la doctrine de l'Eglise était fausse et qu'elle eut des conséquences déplorables au point de vue du développement du commerce et de la richesse publique. Mais si l'on veut bien se placer en idée dans la situation ou se trouvait l'Eglise, on ne pourra s'empêcher de reconnaître que son amour pour l'humanité et le désir de faire cesser des souffrances qu'elle déplorait, fut la seule cause de ses premières prohibitions. Ses premières défenses aux clercs étaient empreintes de la plus haute moralité. Elle prêchait l'amour du prochain, la charité, le désintéressement, morale sublime qui étonnait le monde et devait le transformer. Elle n'eut qu'un tort, celui de vouloir changer en règles de droit, sanctionnées par le pouvoir civil, des préceptes de pure morale qu'elle aurait dû se borner à conseiller. Et jette qui voudra la pierre, je ne m'en sens ni le courage ni la volonté. Et du reste tout en maintenant les prohibitions auxquelles elle attribuait une origine divine, elle sut se plier aux nécessités pratiques et apporter quelques tempéraments à sa doctrine. C'est à Rome même que les Juifs continuellement chassés des diverses royaumes trouvaient un asile. Le concile de Latran leurs permit même les opérations de banque dont ils avaient le monopole. Plus tard l'Eglise laissa Bernardin de Feltre établir les premiers monts-de-piété. Elle approuva la constitution de rente et la théorie des intérêts compensatoires. Enfin au commencement de ce siècle elle a reconnu implicitement, même au point de vue religieux, la légitimité du prêt à intérêt (1).

Que ces détours et ces subtilités aient été illogiques et puériles, je l'admets, mais il faut faire la part du temps et ne pas oublier quels étaient les mœurs et l'esprit de cette époque. Que ces progrès aient été longs et tardifs, je l'admets encore, mais on n'en peut faire peser la responsabilité sur l'Eglise seule. Outre la force de la tradition et la routine qui s'impose même aux meilleures intentions, il faut reconnaître que le pouvoir civil eut sur cette question une influence énorme. Les rois trouvaient leur intérêt dans cette législation prohibitive qui leur permettait de réaliser, en exploitant les Juifs, de gros bénéfices dont le trésor royal ne se plaignait jamais. Aussi voyons-nous que la législation civile fut plus sévère que la législation canonique qui l'avait inspirée et qu'elle subsista plus longtemps· Benoît XIV avait en effet distingué l'intérêt de l'usure cinquante ans avant que la loi française n'autorisât le prêt à intérêt Ne jugeons donc pas l'Eglise avec les lumières que nous fournit la science moderne et qui pourraient nous faire perdre en impartialité ce que nous gagnerions en rigueur. N'oublions pas que des hommes de génie partagèrent les mêmes illusions et sachons, en nous inspirant de l'expérience, apprécier humainement les erreurs de l'humanité.

. (1) Décisions de la Sacrée-Prénitencerie, 16 sept. 1830, 24 sept. 1831.

DROIT INTERMÉDIAIRE.

DE L'INTÉRÊT CONVENTIONNEL DANS LE DROIT INTERMÉDIAIRE.

Pour se faire une idée exacte de la législation intermédiaire sur l'intérêt, il ne faut pas perdre de vue les circonstances politiques au milieu desquelles elle fut promulguée et qui influèrent considérablement sur elle. Ce n'est pas en effet sous une préoccupation exclusivement économique et juridique que l'assemblée constituante et la convention remanièrent la législation de l'ancien droit; des nécessités politiques et sociales, bien plus qu'une vue claire des principes et le désir de les transformer en règles de droit positif inspirèrent leurs décisions. La prohibition de l'intérêt, battue en brèche comme elle l'avait été dans les dernières années de la monarchie, avait fait son temps en 1789. Aussi lorsque le 3 octobre de cette année le député Pethion de Villeneuve proposa à l'assemblée constituante de reconnaître la légitimité du prêt à intérêt, aucune voix ne s'éleva pour le contredire. Bien plus, les représentants les plus éminents du clergé, l'abbé Gouttes et l'abbé Maury, vinrent solennellement déclarer que cette question n'avait aucun caractère religieux. La proposition fut donc votée à l'unanimité et le décret des 3-12 octobre 1879 vint permettre le prêt à

Intérêt tout en maintenant les limites que l'ancien droit avait fixées au taux des rentes foncières. Voici le texte de ce décret: « L'assemblée nationale a décrété que tous les particuliers, corps, communautés et gens de main-morte, pourront à l'avenir prêter l'argent à terme fixe, avec stipulation d'intérêts, suivant le taux déterminé par la loi. » De ce decret résultaient les trois propositions que voici : 1° le prêt à intérêt était permis ; 2° le taux de l'intérêt était fixe à 5 %; 3° en matière de commerce les usages seuls devaient en fixer le taux. On a voulu induire de cette troisième proposition que le décret de 1789 avait, en matière de commerce, proclamé la liberté de l'intérêt, mais la jurisprudence a universellement et avec raison repoussé cette interprétation en décidant que les usages du commerce signifiaient le cours de la bourse et le taux généralement admis par les négociations les plus accréditées (1).

Quelle fut l'œuvre de la convention en cette matière? Ce ne fut pas une œuvre de science ni de conviction, mais une œuvre éphémère née de l'arbitraire et des nécessités du moment. La première loi qu'elle rendit sur ce point fut la loi du 11 avril 1793. Un débat assez sérieux s'est engagé sur le but précis de cette loi. Les uns soutiennent en s'appuyant sur l'autorité de M. de Malleville et du tribun Goupil Préfelu qu'elle consacra l'opinion des économistes en assimilant l'argent aux marchandises ordinaires. Je crois que c'est là donner à la loi un sens auquel ses auteurs n'ont nullement songé. Il faut se reporter en effet aux circonstances dans lesquelles elle intervint. C'était à un moment de frénésie patriotique où la convention ne reculait plus devant aucun moyen pour sortir de la situation terrible dans laquelle elle se trouvait. Elle avait créé des armées mais elle avait aussi créé des assignats qui ne reposant que sur un crédit éphémère étaient bientôt tombés presque à rien. Pour les relever un peu, cette assemblée chercha à écarter la matière monnayée du commerce en proscrivant le numéraire et en écartant la concurrence des métaux précieux. Tel fut son but unique et loin d'adopter et de consacrer la formule des économistes, elle la re-

(1) Arrêt de Dijon du 11 nivôse an XI. — Jge, cir. cassat. 11 avril 1811.

poussa au contraire en prohibant le commerce de l'argent, en decrétant l'usage forcé des assignats et en punissant de six années de fer ceux qui auraient stipulé des prix différents dans le cas de paiement en numéraire ou de paiement en assignats. Ce fut le décret du 6 floréal an III, rapportant la loi de 1793, qui déclara l'argent marchandise. Mais cette législation ne dura pas longtemps et le 2 prairial un nouveau décret vint remettre en vigueur la loi de 1793 en abrogeant le décret de floréal. Enfin et quelle que soit l'opinion que l'on adopte sur ces divers documents législatifs, il est certain qu'une loi du 5 thermidor an IV vint proclamer que l'argent était une marchandise et que le taux de l'intérêt serait dorénavant complètement libre. Cette loi portait en effet dans son article 1er : « A dater de la publication de la présente loi chaque citoyen sera libre de contracter comme bon lui semblera ; les obligations qu'il aura souscrites seront exécutées dans les termes et valeurs stipulés. » Les termes de cette loi sont, on le voit, très-clairs. On a cependant voulu prétendre qu'il ne s'agissait que de rendre aux citoyens la liberté de stipuler les paiements en numéraires ou en assignats à leur gré. Mais c'est là, selon moi, une erreur qu'a repoussée du reste la jurisprudence constante de la cour de cassation (1)

(1) Cir. cassat. 3 mai 1809, 20 février 1810, 29 janvier 1812.

CODE CIVIL.

DE L'INTÉRÊT CONVENTIONNEL SOUS L'EMPIRE DU CODE CIVIL.

La liberté complète en matière de prêt à intérêt existait donc au moment où le premier consul conçut le projet de refondre toute la législation de l'ancien droit et de faire une œuvre qui, simplifiant le droit en l'unifiant, ne contint que des principes éternels qui puissent lui ausurer l'immortalité. La question se présenta alors sous deux faces aux discussions du législateur. 1° Le prêt à intérêt devait-il être admis? 2° Devait-on, en cas d'admission, fixer un taux à l'intérêt? Sur le premier point, la discussion ne s'éleva même pas. Les convictions étaient faites, et l'article 32 du projet, qui autorisait le prêt à intérêt, fut admis sans réclamation. C'est l'article 1905 de notre code actuel. Mais quand on en vint à envisager la question sous le second point de vue, les opinions se divisèrent et les deux opinions opposées furent soutenues de part et d'autre avec un égal talent. Le projet de loi, tel qu'il était présenté par le Gouvernement, n'était pas favorable à l'opinion des économistes. C'était, à peu de chose près, la reproduction de la législation de la Constituante de 1789. L'article 34 portait en effet : « Le taux de l'intérêt est déterminé par des lois particulières ;

l'intérêt qui aura été stipulé à un taux plus fort sera réduit conformément à la loi. Si l'intérêt a été payé au-dessus du taux légitime, l'excédant sera imputé année par année sur le capital qui sera réduit d'autant. On ne s'étonnera donc pas que cet article ait été attaqué par les partisans des doctrines économiques, assez nombreux au conseil d'Etat. Treilhard, Regnaud de Saint-Jean d'Angely et Berenger défendirent la liberté du taux et de l'intérêt. Mais Cambacérès, Malleville et Tronchet se prononcèrent pour l'opinion contraire. La rédaction nouvelle se ressentit de cette diversité d'opinions qui aboutit à une sorte de transaction. On admit la liberté, mais une liberté précaire puisque l'annonce d'une loi limitative était faite dans l'article lui-même. On prescrivait ensuite certaines dispositions comme garantie de la liberté qu'on accordait. Voici quelle était la nouvelle rédaction qui fut substituée à l'article 31 du projet et qui forme aujourd'hui notre article 1907 : « L'intérêt est légal ou conventionnel. L'intérêt légal est fixé par la loi. Le taux de l'intérêt conventionnel est fixé par écrit. »

L'article 1907 établit donc la distinction entre l'intérêt légal et l'intérêt conventionnel. Il proclame la liberté du taux de l'intérêt (1) et en cela il ne fait que maintenir la législation préexistante et enfin il exige non-seulement que la stipulation d'intérêt soit expresse, mais encore que le taux soit fixé par écrit. Quel est le sens de cette dernière disposition ? Quelques auteurs, et notamment M. Duranton, soutiennent que non seulement le législateur a voulu prohiber la preuve testimoniale même au dessous de 150 francs, mais encore interdire les autres modes de preuve qui cependant sont de droit commun, tels que l'interrogatoire sur faits et articles et le serment. C'est, selon moi, aller trop loin ; et je crois que le législateur n'a voulu, dans cet article, que prohiber la preuve testimoniale au-dessous de 150 francs. En effet, cet article n'a trait qu'à une question de preuve. Le prêt à intérêt n'est pas un contrat solennel, la convention verbale est parfaite-

(1) Voir l'exposé des motifs de M. Galli au Corps législatif et le rapport de M. Boutteville au Tribunat.

ment valable et l'aveu du débiteur en justice doit ici, comme en matière ordinaire, constituer la preuve par excellence. Nous appliquerons donc ici, sauf la dérogation apportée en matière de preuve testimoniale, les règles générales sur la preuve des obligations. Nous appliquerons aussi l'article 1348 pour le cas où le titre serait perdu ou pour le cas où il aurait été impossible au créancier de s'en procurer un, et enfin l'article 1347 pour le cas où le créancier aurait un commencement de preuve par écrit (1). Qu'on ne vienne pas dire que l'intérêt doit être stipulé et qu'on ne peut ériger en présomption l'existence de cette stipulation, le prêt étant de sa nature gratuit et ne pouvant être qu'exceptionnellement à titre onéreux. Je répondrai que, si en théorie le prêt est gratuit, il est aujourd'hui passé dans nos mœurs que le prêt d'argent est toujours accompagné d'une stipulation d'intérêts. Toutes ces discussions proviennent du reste d'un manque d'exactitude de la part du législateur qui a rattaché au prêt proprement dit le prêt d'argent au lieu d'en faire un contrat spécial, comme il l'a fait pour le louage sans le rattacher au commodat.

Un principe certain en matière de prêt à intérêt, c'est que toutes les clauses qui interviennent entre deux parties sont valables pourvu qu'elles n'aboutissent pas à la stipulation d'un taux usuraire. Ainsi cette convention est susceptible de toutes les modalités, ainsi encore on peut convenir que les intérêts ne seront payés qu'au moment de l'exigibilité de la créance et ajoutés au capital lui-même. Toujours, bien entendu, sous la réserve d'examiner si cette combinaison ne déguise pas une stipulation usuraire. Les Tribunaux ont, quant à cette appréciation, plein pouvoir (2).

Il se présente ici plusieurs questions qu'il n'est pas sans intérêt d'examiner. On s'est demandé si la stipulation consistant à englober les intérêts dans le capital, et à leur assigner une échéance commune serait valable pour plus de cinq ans. La raison de douter vient de ce que l'article 2277 déclare les intérêts prescriptibles

(1) Cassat, cfr. 22 janvier 1878, D. P. 59, 1, 211.

(2) Cass., 25 janvier 1815, Sir., 1, 265.

par cinq ans. Mais on peut répondre, et victorieusement selon moi, que cet article ne vise que les intérêts échus, et non les intérêts à échoir. L'article 2220 n'est pas 'non plus ici applicable. Car il ne s'agit pas ici d'une prescription qui pourrait s'accomplir mais d'une prescription qui ne peut pas encore commencer à courir. Les deux hypothèses sont donc toutes différentes et ne peuvent être régies par les mêmes règles.

Une autre question se pose encore sur cet article 1007. On se demande si le dernier alinéa de cet article est encore en vigueur sous la loi de 1807 qui nous régit aujourd'hui, ou s'il a été abrogé par elle. C'est cette seconde branche de l'alternative qui, selon moi, doit être admise. En effet, quel était le but de cet alinéa sinon d'entourer de quelques entraves le principe de liberté que renfermait l'article. Aujourd'hui que ce principe n'existe plus cette garantie introduite, comme disait le tribun Albisson, pour contenir la cupidité par le frein de la honte, n'aurait plus de raison d'être. On comprend que sous la loi de 1807, un usurier ne viendra pas demander à établir par enquête devant les tribunaux l'existence d'une stipulation usuraire. Le droit commun doit donc reprendre son empire ; et il faut admettre que la loi de 1807 a tacitement abrogé l'alinéa dernier de l'article 1007.

Après avoir vu comment l'intérêt peut naître, il importe de dire quelques mots sur les divers modes d'extinction qui peuvent l'atteindre. Et d'abord il est certain que tous les faits qui anéantiront la dette principale mettront aussi à néant le cours des intérêts. Le paiement, la compensation, la novation, la confusion de la dette principale emporteront extinction de l'obligation de servir des intérêts. Il n'est point douteux non plus que les offres réelles suivies de consignation ne libèrent complètement le débiteur, mais à quel moment précis cessera l'obligation de payer les intérêts. Il faut, je crois, distinguer, s'il ne s'élève aucun doute sur la validité des offres et que le créancier, ne contestant nullement le quantum de la créance, refuse simplement de recevoir paiement, les offres sont dites volontaires, et la consignation venant les compléter, anéantit la dette et par suite le cours des intérêts. Il en est autrement si la validité des offres est contestée. Dans ce cas, le débiteur est obligé d'assigner le créancier en validité des offres qu'il doit renouveler devant le Tribunal. L'article 816 du Code de procédure nous dit alors que les intérêts cessent de courir à partir de la réalisation. On a prétendu que ce mot réalisation signifiait simplement consignation, et qu'il n'y avait aucune différence à ce point de vue entre les deux cas. Mais c'est là, je crois, une erreur. En effet, la *réalisation* dans l'ancienne procédure du Châtelet, était le moment où les offres étaient renouvelés publiquement à l'audience. Or, comment admettre que les rédacteurs du Code civil, tous vieux procéduriers, ayant longtemps exercé au Châtelet, aient employé un mot qu'ils connaissaient parfaitement dans un sens qui ne devait pas se présenter à leur esprit. Il est donc plus rationnel et plus exact de faire cesser le cours des intérêts dans le cas d'offres judiciaires à partir du renouvellement des offres à l'audience. Cette solution est du reste équitable : car, dans le cas d'offres volontaires, si les intérêts cessaient de courir à partir de l'offre, le débiteur aurait intérêt à reculer la consignation pour jouir gratuitement du capital tandis que dans le cas d'offres judiciaires le créancier étant en faute, devrait, si les intérêts continuaient à courir à partir de la réalisation, indemniser, aux termes de l'article 1382, le débiteur du tort qu'il lui aurait causé, tort précisément égal aux intérêts qu'il devrait payer. C'eût été la cause d'un circuit d'action qu'il était beaucoup plus sage d'éviter.

Nous savons qu'aux termes de l'article 2277 les intérêts se prescrivent par cinq ans.

Enfin une dernière cause d'extinction, qui celle-ci est spéciale à l'intérêt, nous est donnée dans l'article 1908 : « La quittance donnée du capital sans réserver les intérêts en fait présumer le paiement et en opère la libération ». C'est ici plus qu'une présomption c'est une libération qui n'est du reste que la conséquence du principe posé dans l'article 1254 qui décide que le paiement d'une dette productive d'intérêts doit toujours s'imputer d'abord sur les intérêts, ensuite sur le capital. Par application de ce principe, la

11

loi considérant en outre que les intérêts se prescrivent par cinq ans, tandis que la dette principale n'est prescriptible que par 30 ans, trouve une présomption si forte de paiement total dans l'abandon de la quittance qu'elle proclame la libération du débiteur. Peut-être la loi a-t-elle été un peu loin en refusant au créancier toute preuve contraire, alors surtout que l'ordre public n'est pas engagé dans la question, mais elle est formelle et il n'y a qu'à s'incliner. Toutefois il est bien entendu que la libération n'est produite qu'autant que la remise de la quittance ne peut pas être attaquée pour cause d'erreur, de dol et de violence Ce sont là des faits qui vicient tous les actes de la vie civile et produiraient ici les mêmes résultats qu'en toute autre matière.

Reste à expliquer l'article 1906 qui est ainsi conçu : « L'emprunteur qui a payé des intérêts qui n'étaient pas stipulés ne peut les répéter ni les imputer sur le capital ». Ce texte est quelque peu divinatoire Je crois que l'interprétation la meilleure est celle qu'en a donnée M. Vernet (1). D'après cet auteur l'article 1906 est simplement la reproduction maladroite d'un texte de Justinien qu'il suffit de citer pour faire ressortir le lien de paternité et de filiation qui unissent ces deux textes. « *Quamvis usuræ fœnebris pecuniæ citra vinculum stipulationis peti non possint; tamen ex pacti conventione solutæ, neque ut indebitæ repetuntur, neque in sortem accepto ferendæ sunt* (2) ». Il y a donc eu là copie évidente mais maladroite de la part de nos rédacteurs qui n'ont pas vu que la distinction en stipulations et en pactes du droit romain n'avait plus de signification dans notre Code. Le mot stipuler n'a plus aujourd'hui le sens qu'il avait à Rome et M. Vernet tire comme conclusion du rapprochement de ces deux textes que l'article 1906 n'accorde pas à celui qui a payé même par erreur, des intérêts qu'il n'avait pas promis, le droit de les répéter. Mais cette conclusion qui paraît découler de notre texte a le tort de violer les articles 1285 et 1376. Il se-

(1) Théorie des obligations en droit romain.

(2) L. 3 C. *de usuris.*

rait peut-être préférable de rayer cet article 1006 et d'appliquer purement et simplement les principes sur le paiement de l'indù.

De l'anatocisme. — L'anatocisme de αϛα, nouveau et τόκος produit) est la production d'un intérêt par des intérêts. Dans l'ancien droit romain l'anatocisme était permis pour les intérêts échus et interdit pour les intérêts à échoir. Cicéron l'avait permis aussi daus sa province de Cilicie. Mais il fut bientôt prohibé par plusieurs constitutions impériales. Dioclétien prononça la peine de l'infâmie contre ceux qui les enfreindraient et Justinien défendit aussi de la manière formelle « *nullo modo licere usuras præteriti temporis vel futuri.* » Les rédacteurs de notre Code civil ont été moins sévères que la législation Justinienne et ils ont admis l'anatocisme moyennant certaines conditions. Voici comment est conçu l'article 1154 qui pose le principe : « Les intérêts échus des capitaux peuvent produire des intérêts, ou par une demande judiciaire, ou par une convention spéciale, pourvu que, soit dans la demande, soit dans la convention, il s'agisse d'intérêts dus au moins pour une année entière ». Trois conditions sont donc nécessaires pour que l'anatocisme puisse se produire. 1° Il faut qu'il s'agisse d'intérêts échus ; 2° qu'ils soient dus au moins pour une année ; 3° qu'il intervienne une convention spéciale ou une demande judiciaire. Les deux dernières conditions ne soulèvent aucune controverse. Il n'en est pas de même de la première qui est repoussée au moins dans le cas de convention par un grand nombre d'auteurs et par la jurisprudence. Ces derniers admettent qu'il n'est point nécessaire que les intérêts soient échus et que l'on pourrait convenir à l'avance qu'à mesure qu'il sera dû une année d'intérêts le débiteur pourra les retenir en payant les intérêts de ces intérêts. En effet, disent-ils, comment admettre que le législateur ait écrit une disposition spéciale pour permettre de faire produire des intérêts à des intérêts échus. N'est-ce pas là le droit commun puisque la somme formant les intérêts échus est un capital que le créancier pourrait immédiatement prêter de nouveau au créancier en stipulant un intérêt. Il faut donc admettre pour donner un sens à la loi qu'elle n'a entendu s'occuper que des intérêts futurs. On invoque enfin les avantages qu'une telle combinaison pourrait procurer au débiteur.

Quelque spécieux que soient ces arguments, je crois avec Marcadé que la convention d'anatocisme ne peut intervenir que sur des intérêts échus. D'abord on ne peut pas dire qu'il était inutile, de la part du législateur, de poser ce principe puisque la tradition tout entière y était contraire. Ensuite on se trouve dans la nécessité de modifier le texte qui ne parle nullement de convention antérieure, mais qui, au contraire, en mettant sur la même ligne la convention et la demande en justice montre bien que le législateur n'a entendu s'occuper que des intérêts échus. L'article 1155 fournit encore un argument. En effet, cet article reproduisant la règle précédente à laquelle il n'apporte d'exception qu'en un point, à savoir que les intérêts ne doivent pas être dus pour une année entière, nous dit que les intérêts pourront toujours produire intérêt à partir de la convention. Mais si la convention pouvait avoir pour objet des intérêts à échoir, ce serait à partir de l'échéance et non de la convention qu'ils commenceraient à courir. Enfin, qu'a voulu la loi dans cet article. Elle a voulu que le débiteur ne pût pas s'endormir dans l'insouciance et laisser s'accumuler des intérêts qui le ruineraient. Et c'est pour empêcher ce résultat qu'elle a exigé qu'une convention vînt réveiller le débiteur et le faire réfléchir sur sa situation. Or, le but de la loi serait manqué si le débiteur pouvait être lié à l'avance par une convention dont il ne saisirait peut-être pas bien toute la portée. Enfin les travaux préparatoires et la discussion au Conseil d'État viennent donner à cette argumentation une force irrésistible. Il faut donc décider sans hésiter que les trois conditions précédemment énoncées sont nécessaires pour que l'anatocisme puisse légalement se produire (1).

Il a été jugé, et avec raison, qu'on ne pourrait pas stipuler que des intérêts dus depuis plusieurs années produiraient des intérêts

(1) *Sic Nimes*, 9 février 1827. — *Secus Montpellier*, 20 juin 1833. — *Nimes*, 11 déc. 1844, D. P. 45. 1, 125.

depuis une époque antérieure à la convention. Ce serait se placer, en effet, en dehors des termes de la loi (1).

L'article 1155 apporte une exception au principe de l'article 1154, Il permet, en effet, de capitaliser et de faire produire des intérêts aux revenus échus, tels que fermages, loyers, arrérages de rentes perpétuelles et viagères, dès qu'ils sont dus pour si peu de temps que ce soit. La même règle s'applique aux restitutions de fruits et aux intérêts payés par un tiers au créancier en acquit du débiteur. La raison en est que les rentes sont des capitaux non exigibles et que les fermages et loyers ne sont nullement des produits de somme d'argent. Quant à la restitution de fruits, ce n'est pas là l'intérêt d'un capital. Enfin, quand un tiers a payé pour moi à mon créancier une somme que je devais à celui-ci pour intérêts, cette somme qui constitue de simples intérêts entre mon créancier et moi est évidemment un capital entre le tiers et moi.

Loi de 1807.

Après avoir étudié les principes qui régissent l'intérêt conventionnel dans notre Code civil, j'arrive à la partie la plus importante de cette matière, à la législation annoncée dans l'article 1007. Quoique la liberté régnât en France depuis peu d'années, des abus nombreux s'étaient déjà produits et des réclamations incessantes demandaient au gouvernement de modifier la législation existante. Aussi après cette dure, mais convaincante expérience, les partisans de la liberté de l'intérêt n'élevèrent-ils plus que faiblement la voix et M. Jaubert se faisait l'écho de l'opinion universelle en disant que : « L'arbitraire dans les stipulations produisant l'élévation excessive de l'argent, ruinait l'agriculture, empêchait les

(1) Req. cassat., 28 mars 1841, D. P. 41, t. 185.

propriétaires de faire des améliorations utiles, corrompait les véritables sources de l'industrie et par sa prodigieuse facilité à procurer des gains considérables détournait les citoyens des professions utiles et modestes (1) ». Quelques économistes et parmi eux le comte Mollien, ministre du trésor, essayèrent bien encore de résister en opposant les principes aux faits que leur présentaient leurs adversaires; mais Napoléon, qui avait peu de goût pour ce qu'il appelait des idéologues fit présenter au Conseil d'Etat un projet de loi que celui-ci vota comme une mesure d'ordre public. Ce projet de loi, admis par le Corps législatif, devint la loi du 3 septembre 1807 sur laquelle il importe maintenant de nous appesantir. J'étudierai les règles qui y sont renfermées dans l'ordre suivant:

1° A quels contrats s'applique la loi de 1807 et quelles sont les dispositions qu'elle édicte?

2° Quelle est la sanction qu'elle prononce? Que faut-il entendre par usure ?

3° De l'usure civile? Du délit d'habitude d'usure? Sanction de l'un et de l'autre de ces délits?

(1) Dalloz, reperl. v" prêt à intérêt, p. 804.

CHAPITRE Ier

OBJET DE CETTE LOI. — CONTRATS AUXQUELS ELLE S'APPLIQUE.

Les circonstances dans lesquelles la loi de 1807 prit naissance expliquent tout naturellement quel fut son objet. Elle n'eut d'autre but que de couper court aux abus de toute sorte que faisait naître le taux illicite de l'intérêt. Aussi la rédaction de la loi se ressent-elle de cette netteté d'idées. L'intitulé de la loi de 1807 est ainsi conçu : « Loi sur le taux de l'intérêt de l'argent ». De cette rubrique je tire les deux conséquences suivantes à savoir qu'il faut pour qu'un contrat puisse rentrer sous l'application de la loi de 1807 qu'il renferme deux éléments : 1° Qu'il ait pour objet une somme d'argent ; 2° que le paiement d'un intérêt ait été stipulé. Partout où nous trouverons ces deux éléments, partout où un intérêt devra être perçu comme production d'une somme d'argent, la loi de 1807 trouvera son application. C'est là un criterium qui me servira à déterminer quels sont les contrats qui doivent se conformer à ses prescriptions.

Et d'abord, en tête de tous les contrats qui peuvent avoir pour objet une somme d'argent, se trouve le prêt. C'est là le contrat type, celui que nous avons rencontré à Rome où il a soulevé tant de tempêtes, que nous avons vu proscrit au moyen âge et qui n'a pu recouvrer son droit de cité qu'au moyen d'une révolution. Aussi n'est-ce de lui que la loi de 1807 statuant sur le *id quod plerum que fit*, semble s'occuper sans dire un mot des autres contrats, qui du reste ne peuvent se trouver soumis à ses prescriptions que par leur conformité plus ou moins grande avec le prêt. Aussi, et cela est certain, la loi de 1807 a été portée en vue du prêt. Mais celui-ci est un contrat de genre qui peut renfermer plusieurs espèces. C'est ainsi qu'on distingue le prêt à intérêt proprement dit ayant pour objet une somme d'argent, le prêt de denrées, le prêt de valeurs mobilières et de toutes autres choses fongibles et la question s'est élevée de savoir si le premier seul rentrait sous l'empire de la loi limitative ou si l'on devait aussi y ranger les deux autres. Grâce aux principes que j'ai précédemment posées la solution est facile. En effet s'il est nécessaire pour tomber sous l'application de la loi de 1807 que l'objet du contrat soit une somme d'argent et qu'un intérêt soit stipulé, sur quel texte s'appuierait ou pour étendre cette prohibition qui doit être limitative puisqu'elle est une dérogation au droit commun, au prêt de denrées par exemple. Nos deux éléments ne s'y rencontrent plus, et du reste la situation des deux parties contractantes n'est plus la même puisque les risques sont beaucoup plus grands dans un cas que dans l'autre. Aussi voyons-nous des distinctions établies dans la législation ancienne entre ces deux sortes de prêts. L'empereur Constantin avait élevé le taux de l'intérêt dans le prêt de denrées à 50 % (1) tandis que dans le prêt d'argent il le limitait à 12 %. Justinien admet la même distinction tant en abaissant le taux à 12 % pour le prêt de denrées et à 6 % pour le prêt d'argent. Et la raison qu'il donne pour légitimer cette distinction est encore celle que l'on peut donner aujourd'hui. C'est que l'aléa, le risque, est beaucoup plus grand dans un contrat que dans l'autre. Avec un intérêt de 20 et même de 30 % le prêteur de denrées pourra se trouver en perte tant les variations des cours peuvent être subites et profondes. Et qu'on ne dise pas, sous forme d'objection, que la valeur de l'argent, elle aussi, est variable, que lorsqu'avec une somme d'argent égale à celle que j'ai dépensée pour obtenir dix hectolitres de blé, je n'en obtiens plus que cinq, la valeur a véritablement baissé de moitié, car ici cette diminution n'est que relative et n'est réelle dans l'espèce qu'au regard du blé. Il faudrait

(1) L. 23 C, de usuris,

supposer une dépréciation de toutes les matières qui sont susceptibles de former l'objet d'un contrat pour que l'on pût dire que l'argent a véritablement changé de valeur, c'est-à-dire qu'il faudrait supposer une chose impossible. Au contraire la baisse d'une matière spéciale qui ne jouit pas du privilége de l'argent est beaucoup plus facile à réaliser.

Si la loi de 1807 ne s'applique pas aux prêts de denrées on conçoit facilement qu'elle ne s'applique pas *a fortiori* aux prêts de valeurs mobilières. L'aléa est en effet plus grande encore dans ces dernières, soumises qu'elles sont aux brusques oscillations de la bourse, auprès desquelles comme a dit je ne sais quel auteur dans un moment d'humeur, les tempêtes de l'océan ne sont que jeux d'enfants. Seulement il est bien entendu que l'emprunteur doit s'engager à rendre des valeurs identiques ou une somme d'argent équivalente à leur valeur au moment de l'échéance. Il faut en un mot qu'il y ait place au risque, ce qui n'aurait plus lieu si la sòmme à restituer devait être égale à la valeur des titres au moment du prêt. C'est ce qu'à parfaitement admis la cour de Paris et après elle la cour de cassation, dans un arrêt du 8 mars 1865 où elle décide que ce qui caractérise le prêt des titres, c'est l'obligation où se trouve l'emprunteur de restituer à l'échéance les titres eux-mêmes ou leur valeur qui par suite du mouvement inévitable des affaires était nécessairement plus forte ou moindre(1).

Ainsi et c'est là le point que je voulais tout d'abord élucider, la loi de 1807 est faite pour les prêts d'argent et pour eux seuls. Nous verrons plus tard s'il n'y a pas lieu d'y assimiler d'autres contrats qui présentent, sous des formes différentes, les mêmes caractères. Étudions maintenant quelles sont les prescriptions édictées par cette loi. L'article 1 est ainsi conçu : « L'intérêt conventionnel ne pourra excéder, en matière civile, cinq pour cent, ni en matière de commerce six pour cent, le tout sans retenue. »

(1) Sic Garnier, *de l'usure*, N° 9. — Troplong, N° 861. — Pont, 1. 288 — Paris, 12 déc. 1863, dev. 64, 2, 21. — Req. Cass., 8 mars 1865, der. 65, 1 277. — *Secus*, Duvergier, N° 279. — Taullier, VI, p. 442.

D'abord une observation de texte. Que signifient ces mots sans retenue ?

L'explication qu'on en donne est toute historique. Ils font allusion au droit qu'avaient dans l'ancien régime, les débiteurs de rente ou d'intérêt, de retenir le vingtième établi ou à établir par la loi (2). Aujourd'hui cette retenue qui, autrefois était de droit, ne pourrait plus avoir lieu qu'en vertu d'une convention.

La loi dans cet article 1er établit donc une double défense. Elle distingue entre les matières civiles et commerciales et interdit aux aux parties de stipuler un intérêt de plus de 5 %, dans les premières et de 6 %, dans les secondes. Il est donc de toute importance d'examiner avec soin, ce que la loi entend par matières civiles et ce qu'elle entend par matière commerciale. Mais pour arriver à résoudre cette difficulté il faut se pénétrer de l'esprit de la loi, et des motifs qui ont inspiré la différence établie entre ces deux sortes de prêts. Il y a deux principes, le premier qui repose sur une idée juste, est basé sur la différence de profits qui peut résulter d'une opération civile ou d'une opération commerciale. Ce premier motif n'est rien autre chose que la reproduction du vieil aphorisme de Scaccia : *a plus valet pecunia mercatoris quam non mercatoris.* » Le second motif de la distinction établie par la loi, c'est que le danger que court le prêteur de perdre son capital est plus grand dans les opérations commerciales que dans les opérations civiles. Ces deux motifs sont également valables et sont avoués en raison et en droit. Mais alors s'élève la question de savoir, car le législateur ne s'est pas expliqué sur ce point, à quels caractères on reconnaîtra les matières commerciales? La controverse est très-vive entre les auteurs, et les décisions de la jurisprudence sont loin d'être unanimes.

Un premier système fait dépendre de la forme de l'acte son caractère de commercialité. On comprend facilement que cette application de l'adage *forma dat esse rei* ait été généralement réprouvée. De même qu'un manteau royal ne fait pas un prince, de même la

(2) Pothier, *constitution de rente.*

forme d'un acte n'a aucune influence sur la substance de l'opération
qu'elle contient. Aussi la jurisprudence et la doctrine repoussent
ce premier système et consentent seulement à ce que de la forme de
l'acte résulte une présomption de commercialité.

Un second système consiste à s'attacher à la qualité des parties
contractantes. Le prêt est-il fait par un commerçant à un non
commerçant même pour affaires civiles, le taux commercial peut-
être stipulé. Le prêt est-il fait par un non commerçant à un commerçant, même pour opérations de commerce ne pourra donner
naissance qu'au taux de 5 %. Cette solution est inadmissible car
elle ne tient aucun compte des deux motifs rationnels qui ont fait
établir la distinction. Quels risques court en effet le prêteur dans
la première hypothèse, et quels gains extraordinaires l'emprunteur
peut-il {retirer du prêt ? On objectera que le prêteur commerçant
se prive de l'intérêt commercial qu'il aurait pu se procurer, mais
c'est là une pétition de principe. Il est évident au contraire que le
commerçant qui préfère un prêt civile à 5 % aux gains plus élevés
que pourrait lui procurer son commerce indique par là ou qu'il ne
prête qu'un superflu dont il ne saurait que faire, ou que son commerce lui rapporterait moins. Aussi la jurisprudence est-elle d'accord
pour ne permettre dans ce cas que la perception d'un intérêt civil (1).
La solution donnée dans le second cas est tout aussi vicieuse ; car les
deux motifs militent pour faire admettre le taux commercial. C'est
ce que n'a pas hésité à reconnaître une jurisprudence constante.
« Attendu, dit un arrêt de Bourges, du 27 janvier 1857, que les
prêts d'argent faits par des non commerçants à des commerçants
sont des prêts en matière de commerce et qu'il est licite par conséquent aux prêteurs commerçants ou non de stipuler 6 %. (2). »

Le second système est donc tout aussi insoutenable que le premier et je crois avec la majorité des auteurs et des arrêts qu'il ne

---

(1) *Sic*, arrêt de Montpellier, 18 août 1853. — Caen, 22 juin 1857. — Paris,
2 févr. 1861. — Limoges, 22 juillet 1865.

(2) Ige, Lyon, 2 nov. 1857. — Cassat. crim , 22 fév. 1864 — *Secus*, Besan-
çon, 15 déc. 1853.

faut chercher le criterium de la distinction que dans la nature de l'opération projetée. Est-elle commerciale ? L'intérêt à 6 °/₀ sera légal. Est-elle civile ? le taux sera réduit à 5 %. C'est ce qu'ont décidé plusieurs arrêts qui n'ont recherché que la nature de l'opération pour donner au prêt son caractère, en admettant toutefois comme présomption la forme de l'acte et la qualité des contractants « Considérant, dit un arrêt de la cour de Bourges du 27 janvier 1857, que pour déterminer les caractères de la matière c'est plus naturellement à l'objet auquel sont destinées les sommes prêtées qu'il faut s'attacher et qu'il suffit qu'elles soient ou doivent être appliquées à des spéculations ou entreprises commerciales pour que la matière soit réputée commerciale, etc., (1). » Toutefois il est un cas où un prêt fait à un non commerçant est considéré généralement comme constituant une opération de commerce, c'est celui où le prêt est fait par un banquier. L'article 631 C. com. range en effet parmi les actes de commerce, toutes opérations de banque, change ou courtage. La jurisprudence est du reste presque unanimement fixée en ce sens (2).

Le principe établi par l'article 1ᵉʳ de la loi de 1807 est donc bien net. Il consacre l'interdiction pour les parties de stipuler en matière civile un intérêt supérieur à 5 °/₀ et en matière commerciale un intérêt supérieur à 6 °/₀, le tout suivant les distinctions que je viens d'établir. Plusieurs questions s'élèvent sur la sphère d'application de cette loi limitative, questions qui ne sont pas sans importance et qu'il est de mon devoir d'examiner. Je dois dire d'abord sous forme d'observation générale que cette loi n'est applicable que sur le territoire français. Ce n'est pas là en effet, comme je l'établirai tout-à-l'heure, une de ces lois consacrant un principe de droit naturel, vrai dans tous les temps et dans tous les pays. C'est une loi de circonstances presque un décret d'administration publique variant

____

(1) Bourges, 14 février 1854, dev. 54, 2, 531. — Cir. reg., 11 mars 1865, dev. 56, 1, 720. — Crim., reg., 27 février 1864, dev. 64, 1, 811. — Troplong, N° 362.

(2) Cassat., 10 janv. 1870, der. 70, 1, 157.

avec les mœurs et les besoins de chaque milieu. Que le principe de la limitation soit considéré comme dérivant du droit naturel, je l'admets, mais la plus ou moins grande sévérité de cette limitation dépend de mille causes qu'il est du devoir du législateur de chaque pays de bien apprécier. On ne s'étonnera donc pas que les circonstances changeant, le législateur ait pu, sans condamner son principe, le modifier dans son application. C'est ainsi qu'en Algérie, aux termes d'une ordonnance du 7 décembre 1835, les parties peuvent déterminer librement dans leurs conventions le taux de l'intérêt. Le taux légal est fixé sans distinction entre les matières civiles et commerciales à 10 %.

Ces considérations font pressentir quelle sera l'opinion que j'adopterai sur la question de savoir si la loi de 1807 est d'ordre public et si elle serait applicable aux conventions passées en pays étranger. Je suppose qu'un Français consente un prêt d'argent à un étranger en pays étranger à un taux de 10 % reconnu comme licite par la loi du pays où la convention intervient. Le Français actionnant aux termes de l'article 14 l'étranger devant un tribunal français pourra-t-il conclure au paiement du capital et au paiement des intérêts évalués dans l'espèce à 10 %. Cette question est controversée. Des auteurs pensent que le tribunal français ne pourrait adjuger au prêteur des intérêts supérieurs au taux légal français. Ils argumentent d'abord de l'ancien droit où cette solution était universellement admise (1), et ensuite du caractère d'ordre public de cette loi (2). Je ne crois pas que cette solution soit la bonne. D'abord l'argument tiré de la tradition historique est de nulle valeur puisqu'alors se mêlait à l'ordre public une question de religion qui n'admettait point de transaction. Du reste Merlin, tout en reconnaissant l'impossibilité pour un tribunal français d'admettre un taux usuraire, reconnaissait que l'opinion contraire plus équitable aurait dû être suivie par intérêt politique. Quant à l'argument tiré du caractère d'ordre public de cette loi, je crois qu'il est facile d'y

(1) Merlin, *repert. v° interets*, § 3.
(2) *Sic*, Duvergier, *du prêt*, N° 313.

répondre. En effet, comme je le disais tout-à-l'heure, ce n'est pas là une loi d'ordre public, générale et universelle, s'imposant au monde par la nécessité du principe qu'elle consacre. C'est une loi de circonstance qui est bien d'ordre public si l'on veut dans sa sphère, mais qui ne l'est plus au-delà. Ce que la loi française repousse et ne saurait admettre, c'est l'usure. Mais celle-ci varie avec les pays, témoin l'Algérie. La situation économique d'un pays, la plus ou moins grande quantité de numéraire qu'il renferme fait un devoir au Gouvernement d'élever le taux de l'intérêt. C'est là une situation très-légitime et que la loi française ne pourrait sans inconséquence repousser. Cette réponse est aux yeux de M. Troplong très-bonne. Concluons-en que le tribunal français devra valider une convention du genre de celle énoncée ci-dessus, mais qu'il ne saurait admettre une convention aboutissant à une stipulation d'intérêt supérieur au taux admis par le pays où le contrat aurait été passé (1).

Une autre difficulté s'est élevée sur l'article 5 qui pose le principe de la non-rétroactivité. Il est ainsi conçu : « Il n'est rien innové aux stipulations d'intérêts par contrat ou autres actes faits jusqu'au jour de la présentation de la présente loi. » Un point sur lequel tout le monde est d'accord, c'est que la loi de 1807 ne s'applique en aucune manière aux intérêts échus. C'est en effet la conséquence toute naturelle du principe de la non-rétroactivité des lois en matière d'ordre public. Telle est aussi la décision donnée par Justinien dans la loi 26 . § 1er, au Code *de usuris*, par laquelle ce prince avait abaissé le taux de l'intérêt licite. Mais où la controverse commence, c'est en ce qui regarde les intérêts à échoir. Toutefois, en présence de l'exposé des motifs, où M. Jaubert déclare formellement que la loi de 1807 ne s'appliquera pas aux intérêts à échoir, et en présence du texte de l'article 5 qui est aussi général que possible, il faut nécessairement voir dans cette disposition une

(1) *Sic*, Bordeaux, 26 janvier 1881. D. P. 81, 2, 89. — Id. 22 août 1868. Req. rej. 4 juin 1857. — Chambéry, 12 février 1869. Dev. 70, 2, 9. — Foelix, *droit intern.* 1, p. 282. — Troplong, N° 359, — Taulier, 6, p. 483. — Pont, 1, 270.

exception au principe. La jurisprudence du reste n'a pas hésité à reconnaître que la loi de 1807 ne devait pas plus s'appliquer aux intérêts à échoir qu'aux intérêts échus (1).

L'analyse des éléments nécessaires à un contrat pour qu'il rentre sous l'empire de la loi de 1807 nous a conduits d'abord à y ranger en première ligne le prêt d'une somme d'argent comme constituant le contrat type, le seul même que le législateur ait voulu dans cette loi ostensiblement réglementer. Aussi tout le monde est-il d'accord sur ce premier point, et en dehors de quelques questions spéciales que nous avons examinées et qui ont donné lieu à des controverses, la doctrine et la jurisprudence marchent unies. Mais il n'en est malheureusement pas toujours ainsi, et la controverse commence quand il s'agit d'examiner si d'autres contrats dont l'analogie avec le prêt est plus ou moins manifeste, ne doivent pas subir les restrictions d'ordre public que cette loi impose au commerce de l'argent. C'est ainsi que l'on discute beaucoup sur la nature de l'escompte, du change, de la commission, de la constitution de rente, du dépôt irrégulier, etc. Nous allons les passer en revue, en étudiant leur nature intrinsèque, examiner s'il y a lieu de les assimiler au prêt, ou si, comme le fait la jurisprudence, de leur reconnaître une nature spéciale qui les soustrait à la limitation du taux.

1° Escompte. — On a beaucoup discuté, et on discute encore beaucoup, sur la nature de cette opération de banque qu'on nomme escompte. La jurisprudence et les auteurs sont ici presque complètement opposés, la première persistant à ne point assimiler l'escompte au prêt, les seconds au contraire réclamant hautement cette assimilation. Et d'abord il importe, pour la rigueur du raisonnement, de faire une distinction entre deux opérations, qui rentrent toutes deux sous la dénomination générale d'escompte, mais qui cependant diffèrent l'une de l'autre. La première que l'on qualifie ordinairement d'escompte consiste en ce que, débiteur a terme,

(1) Cass 24 juin 1825. Sir. 26, 1, 801. — 18 mars 1834. Dev. 84, 1, 537. — 15 novembre 1856. Dev. 56, 1, 789

je paie comptant à mon créancier la somme que je lui devais en en retenant une partie comme compensation de l'avantage que je lui procure par ce paiement anticipé. C'est là une opération qui se produit journellement dans le commerce et que tout le monde peut pratiquer. On conçoit que pour cette première opération, qui n'est autre en définitive que l'*interusurium* des Romains, aucun doute n'ait pu s'élever sur le point de savoir si la loi de 1807 devait ou non s'y appliquer. Loin en effet qu'il y ait une analogie quelconque entre le contrat d'escompte ainsi envisagé et le prêt, on peut dire, sans crainte d'être taxé d'exagération, que l'un est le contraire de l'autre. En effet, dans le prêt il y a un créancier et un débiteur; celui qui prête devient créancier de celui qui reçoit et qui contracte l'obligation de payer les intérêts stipulés. Il y a en un mot un contrat productif d'obligation. En est-il de même dans le contrat d'escompte? Évidemment non, puisqu'ici celui qui reçoit cesse d'être créancier et celui qui donne cesse d'être débiteur. Loin d'être un mode de création d'obligation, c'est plutôt un mode d'extinction, un paiement en un mot. Aussi la jurisprudence et la doctrine sont-elles d'accord dans ce premier cas pour soustraire l'escompte ainsi envisagé à la limitation du taux. Mais où la controverse naît, et où les meilleurs esprits sont partagés, c'est quand il s'agit de déterminer la nature de la seconde opération, qui est exclusivement commerciale. Voici en quoi elle consiste : Une personne porteur d'un billet à ordre souscrit à son profit par une autre personne, et, désireuse d'en toucher le montant avant l'échéance, le cède à un tiers pour sa valeur nominale de laquelle on déduit une somme calculée en raison du temps qui doit s'écouler jusqu'à l'échéance. Le souscripteur devient alors débiteur du tiers cessionnaire envers lequel se trouve obligé solidairement et comme gérant le porteur cédant.

Plusieurs auteurs (1) ne veulent voir dans cette opération qu'un véritable prêt. En effet, disent-ils, c'est un contrat qui a pour objet

(1) Duvergier, *de prêt*, N° 295. — *Revue de droit français et étranger*, année 1847, Pont, *de prêt*, N° 281.

une somme d'argent, et dans lequel un intérêt est stipulé. Le porteur d'un billet à ordre, ou de tout autre effet de commerce qui le fait escompter, agit dans le même but que tout emprunteur. Il veut avoir de l'argent, et, comme rémunération du prêt qu'on lui fait, il s'engage à payer, bien plus, il paye d'avance une somme représentative de l'intérêt, c'est ce que l'on appelle en pratique l'intérêt pris en dedans. Sans doute, disent ces auteurs, ce n'est pas l'emprunteur qui doit rendre : mais n'est-il pas évident qu'il est tenu subsidiairement, et que si, par hasard, le billet est protesté à son échéance, c'est contre lui que recourra le cessionnaire.

Quelque spécieuse que soit cette argumentation, je crois qu'il est plus conforme aux principes de considérer l'escompte comme une véritable cession, comme une négociation d'effets, et par suite de ne voir dans la doctrine de la jurisprudence qui refuse de le soumettre à la réglementation du taux, qu'une saine application de la loi, et non, comme le soutiennent les adversaires de l'œuvre législative de 1807, une dérogation fatale et injustifiable en logique, dont les nécessités pratiques repoussent l'application. En effet, n'est-ce pas une véritable offre de vente que fait le porteur d'un billet à ordre quand il vient le négocier dans les bureaux d'un banquier. Que demande-t-il ? Qu'on lui achète une créance, et comme dix mille francs payables dans un an ne valent pas dix mille francs payables actuellement, il ne peut naturellement exiger qu'un prix inférieur au prix nominal. Mais, dit-on, l'emprunteur, celui qui cède sa créance, n'est-il pas en définitive subsidiairement tenu, en cas d'insolvabilité du tiré, et n'y a-t-il pas à ce point de vue une différence profonde entre lui et le vendeur d'une créance qui, en dehors d'une stipulation spéciale, n'est tenu qu'à garantir l'existence de la créance au moment de la cession. Sans doute, mais peut-on, en bonne logique, argumenter d'une disposition de droit civil à une disposition de droit commercial. Le Code de commerce n'a-t-il pas, pour donner satisfaction aux nécessités pratiques, établi d'autres règles que celles établies en pur droit ? Est-ce que la cession de créance ne se fait pas par simple endos en matière commerciale, sans aucune des formalités édictées dans les articles 1690 et suivants, et doit-on s'étonner que le législateur, en une matière où l'exactitude des paiements est de première importance, et où du reste ne peuvent plus exister envers le cessionnaire des sentiments de défiance analogues à ceux qui animent le législateur civil, ait organisé un système de garantie beaucoup plus sérieux que dans les articles 1690 et suivants. Ces arguments sont certainement très-forts. Aussi les meilleurs esprits se sont-ils prononcés pour cette seconde interprétation, qu'a consacrée aussi une jurisprudence unanime, en décidant qu'une pareille convention ne saurait être assimilée à un prêt, et devait échapper par conséquent à l'application des dispositions légales qui restreignent le taux de l'intérêt (1). Voici quels sont les considérants d'un arrêt de la Cour de Paris de 1839 : « La Cour : attendu à l'égard de l'excédant des intérêts qu'il faut distinguer entre l'intérêt et l'escompte sur négociation d'effets de commerce ; que les intérêts représentant les fruits que produit l'argent, le taux peut en être fixé, d'après le produit moyen ainsi qu'il l'est effectivement par une disposition législative, que l'escompte sur négociation d'effets de commerce ayant pour base non-seulement les fruits que produit l'argent, mais encore la solvabilité des souscripteurs de ces effets, le taux ne peut en être déterminé, puisqu'il varie suivant le degré de confiance qu'inspirent les signatures apposées sur l'effet mis en circulation : qu'il importe peu que cet effet soit souscrit par l'individu qui le négocie ou par un tiers ; que par cela seul qu'il s'agit d'un effet négociable, il est censé n'être pris par celui qui l'escompte que d'après la valeur commerciale de cet effet, id est d'après l'argent qu'il pourrait obtenir en le négociant sans avoir égard au crédit de sa propre signature, que cette valeur comme celle des marchandises en général n'étant tarifée par aucune loi, c'est à ceux qui se livrent à ce genre d'opérations à débattre les conditions qui

(1) Pardessus, *droit commerc*, 11, N° 471. — Hirson, *quest. de droit commerc.* quest. 224. — Troplong, N° 869 880. — Crim. cass., 8 avril 1823., sir. 23, 1, 3. 8. — Civ. rej., 4 février 1828, sir. 28, 1, 99. — Toulouse, 23 juin 1829, sir. 29, 2, 320. — Grenoble, 16 février, 1836. Dev 37, 2, 327. — Paris, 18 janvier 1339, Dev. 39, 2, 262. — Civ. rej, 10 janvier 1870, Dev. 70, 1, 157.

leur conviennent ; qu'une fois ces conditions acceptées ils sont obligés de les subir ; que si à l'égard d'individus qui ne se livrent à aucun genre d'industrie l'escompte peut être considérée comme un moyen de déguiser des intérêts usuraires , il n'en est pas de même à l'égard des spéculateurs qui se livrent à des opérations industrielles. »

3° Change. — Un contrat qui à première vue semble avoir quelque analogie avec le contrat de prêt, bien qu'au fond il en diffère profondément, c'est le contrat de change. On peut le définir un contrat par lequel une des parties s'engage, moyennant une valeur qu'on lui livre ou qu'on lui promet en un lieu, à faire avoir à l'autre une somme d'argent dans un lieu autre que celui où se forme le contrat. Scaccia le définit dans ses questions N° 4 : « *emplio venditio pecuniæ absentis pecunia absenti.* » Prenons une hypothèse. *Primus* qui habite Paris doit payer 1,000 francs à Lyon. Il s'adresse à *Secundus*, habitant aussi Paris et lui remet les 1,000 francs contre une lettre de change de pareille somme que *Secundus* lui donne sur un individu de Lyon dont il est créancier. Il pourra se faire que la valeur de la lettre de change demandée ne soit pas égale à la valeur de la somme en numéraire. Et alors suivant que la balance économique penchera du côté du numéraire ou du côté de la valeur fiduciaire, *Primus* sera obligé de donner à *Secundus* ou vice-versâ une certaine somme en sus de celle qui est portée dans la lettre. Cette somme indéterminée est ce qu'on appelle le change. Quelques auteurs, adversaires du principe de la limitation et désireux de le ruiner en lui attribuant gratuitement ou des conséquences désastreuses ou un manque complet de logique, ont voulu assimiler le contrat de change au prêt et par conséquent le faire rentrer sous l'application de la loi de 1807. Mais c'est là une erreur manifeste; car que veut l'emprunteur dans le contrat de prêt? se procurer un capital dont il payera la jouissance. Ce n'est pas là le but que se propose celui qui achète une lettre de change. Le capital, il l'a dans ses mains, il tient seulement à l'avoir disponible dans un autre lieu et la somme qu'il peut êtreobligé de payer et qu'on appelle change est tout simplement la compensation des risques et des frais de transport. On voit donc quelle différence profonde sépare ces deux contrats Le contrat de change est une vente ou si l'on veut un échange. Aussi est-il impossible en droit de le soumettre à la réglementation du taux. « Il est utile de remarquer, dit M. Rivière dans ses répétitions écrites sur le code de commerce, page **277**, que le prix du change n'est pas la même chose que l'intérêt ; que les 15 francs par exemple que *Secundus* paye à *Primus*, ou que *Primus* paie à *Secundus* ne sont qu'une espèce de soulte en retour donnée en raison de ce que au moment de la négociation l'argent valait plus que le papier ou le papier plus que l'argent. Il n'y aurait donc pas d'usure dans le fait de celui qui obtiendrait ainsi un profit, lors même que ce profit dépasserait le taux de l'intérêt légal. » La jurisprudence et les auteurs sont du reste presque unanime sur ce point.

3° Droit de commission. — Pour avoir une idée exacte de ce que dans le langage des banques on appelle droit de commission, il importe de dire quelques mots sur les opérations auxquelles se livrent ordinairement ceux qui font commerce de l'argent, c'est-à-dire les banquiers. On peut les ramener aux suivantes. L'escompte, le contrat de change, l'ouverture de crédit et enfin les simples prêts sur titres ou sur toute autre garantie. Les banquiers ne sont autre chose que des intermédiaires entre les capitalistes et les emprunteurs, et leurs coffre-forts sont de véritables réservoirs où viennent s'accumuler les capitaux disponibles pour être lancés par la voie de l'escompte, du crédit ou du prêt dans toutes les directions où le besoin de capital se fait sentir et y faire régner l'activité et la vie. On conçoit que les banquiers aient le droit d'exiger pour les services considérables qu'ils rendent une rémunération suffisante, sans laquelle leur industrie au grand détriment de la prospérité commerciale et de la richesse publique, devrait renoncer à s'exercer. Aussi leur but doit-il être d'établir une différence aussi grande que possible entre l'intérêt qu'ils servent à leurs prêteurs et celui qu'ils exigent de leur emprunteur. On conçoit facilement que si le taux qu'ils pouvaient stipuler était fixé au maximum de 6°/₀, le bénéfice qu'ils retireraient de leurs opérations, équivalant à peu près à 2 ou 2 1/2 °/₀, suffirait à peine à couvrir les frais que nécessite leur commerce sans rien laisser comme rémunération du service qu'ils rendent et du travail auquel ils doivent se livrer. Aussi est-ce dans ces résultats inadmissibles que s'enferment comme dans une citadelle les adversaires de la loi de 1807. Et analysant les conséquences qui, selon eux, découlent du principe qu'elle consacre et les prétendues dérogations qu'y apporte comme une mesure de nécessité publique la jurisprudence, ils tâchent d'enfermer les partisans de la doctrine opposée dans le dilemme suivant : De deux choses l'une, disent-ils, ou vous appliquez la loi de 1807 avec toutes les conséquences qui en découlent nécessairement et alors vous tuez complètement l'industrie des banques. C'est là un point certain que la jurisprudence elle-même reconnaît; ou bien vous reconnaissez à la jurisprudence le droit d'y apporter des dérogations et alors vous lui accordez un pouvoir dangereux puisque vous ouvrez la porte à l'arbitraire et vous aboutissez à désavouer votre principe. Tout ce raisonnement qui, au premier abord, paraît concluant, n'est au fond qu'une pétition de principe. En effet les adversaires de la loi 1807 partent de ce point qu'ils considèrent comme certains, à savoir que la loi précitée doit régir toutes les opérations de banque. C'est ce que je nie et l'ayant déjà démontré pour l'escompte et le change, il me reste à le prouver quant au droit de commission. Ils soutiennent ensuite que la jurisprudence s'arroge un pouvoir exorbitant quoique salutaire puisqu'elle empiète sur les droits du pouvoir législatif. C'est ce que je nie encore puisque ma première proposition une fois prouvée, on est forcé de reconnaître que la jurisprudence n'a fait dans la série d'arrêts qu'elle a rendus sur la question, qu'une saine application des principes. En effet qu'est-ce que le droit de commission? Représente-t-il la jouissance d'un capital argent ? Non la rémunération que perçoit le banquier en retour du service direct produit par le prêt, n'est autre que l'intérêt à 6 °/₀. Le droit de commission doit donc être la rémunération d'un autre service sans quoi il serait usuraire.

Aussi la jurisprudence unanime a-t-elle reconnu et avec raison selon moi, que le droit de commission n'était que la rémunération des soins, des frais, des démarches, du temps et des risques du banquier. Il ne faut en effet jamais perdre de vue la difference énorme qui existe entre un simple particulier qui consent un prêt, et le banquier, véritable commerçant dont les opérations consistent en des négociations d'argent. Le banquier est obligé de tenir bureau ouvert, il a des commis, fait des démarches pour arriver à mettre en face l'un de l'autre et en position de contracter une offre et une demande qui seraient demeurées inutiles faute de se rencontrer. N'est-il pas juste qu'il reçoive en retour de ces services, qu'il ne peut rendre sans frais, une rémunération différente de celle à laquelle il a droit pour la jouissance du capital qu'il prête. Aussi aucun doute ne s'est élevé en jurisprudence sur la légitimité du droit de commission que la cour de cassation a porté jusqu'à 10 °/₀ et la plus complète harmonie règne sur ce point de droit entre la cour suprême et les cours d'appel. Qu'on me permette de citer ici les considérants remarquables d'un arrêt de la cour de Rouen du 17 mars 1847, qui apprécie à sa juste valeur l'opération que nous discutons en ce moment : « attendu qu'il y a opération de banque quand le banquier accepte la négociation d'effets souscrits par des tiers, auquel cas il y a vente de ces mêmes effets, vente dont les conditions dépendent de diverses circonstances qui peuvent faire varier le prix, et que ces variations ont leur expression dans le taux soit de l'escompte, soit de la commission, soit du change, quand le banquier reçoit une contre valeur qu'il fournit, même les simples billets de son débiteur, surtout quand ils sont payables ailleurs que dans le lieu du domicile de ce banquier, quand le banquier a ouvert un crédit jusqu'à une concurrence déterminée parce qu'il en résulte pour lui la nécessité de tenir des fonds toujours prêts et dès lors momentanément improductifs

« Attendu qu'on ne peut méconnaître qu'il y a encore opération de banque et droit à une commission en sus de l'intérêt, dans les simples avances de fonds faites par le banquier puisque c'est là l'objet direct de son industrie commerciale qui demande et l'emploi

de son temps et des frais de tenue d'établissement et des fonds per-
pétuellement disponibles, ce qui ne permet pas de le confondre avec
le simple capitaliste » (1).

Ainsi la jurisprudence permet aux banquiers la perception d'un
droit de commission à débattre entre parties par application de
l'article 1134 en sus de l'intérêt légal, pour leurs opérations de
banque mais non pour de simples prêts commerciaux et civils dé-
guisés sous le nom d'opération de banque. Elle considère comme
rentrant dans la première catégorie l'escompte, le change, l'ouverture de crédit. Toutefois il ne faudrait pas induire de cet arrêt que
le droit de commission stipulé puisse n'avoir d'autre limite que la
volonté des parties. Il résulte de plusieurs arrêts de jurisprudence
qu'un droit de commission qui excèderait le taux ordinaire usité sur
les places serait réductible comme présentant une caractère usuraire. (2)

4° Constitution de rente. — La constitution de rente
telle que nous l'avons étudiée dans l'ancien droit n'était qu'un
prêt déguisé. Les modifications qu'elle a subies dans notre code
n'en ont en rien changé la nature. Elle ne diffère du prêt qu'en ce
que le capital n'est pas exigible par le prêteur ; mais c'est là plutôt
une différence de forme qu'une différence de fonds. Aussi est-on
généralement d'accord pour l'assimiler au prêt et la placer sous l'empire de la loi de 1807. Que les jurisconsultes du moyen-âge l'aient
distingué avec soin du prêt, on le comprend aisément, puisqu'alors
l'un était permis tandis que l'autre était prohibé. Aujourd'hui il

(1) Jge, Req. rej., 14 juillet 1840, dev. 40, 1, 897. — Civ. rej., 7 mai 1811,
dev. 43, 1, 53. — Civ. rej., 27 juillet 1845, dev. 45, 1, 481. — Grenoble,
15 mars 1844, et 1er avril 1846, dev. 46, 2, 45 et 460. — Colmar, 27 mai 1846,
dev. 46, 2, 491. — Douai, 19 août 1846, dev. 47, 2, 128. — Rouen, 27 mars
1847, dev. 48, 2, 465. — Req. rej. 12 mars 1851, dev. 51, 1, 401. — Civ. rej.
14 mars 1856, dev. 56, 1, 729. — Req. rej. 17 mars 1862, dev. 62. 1, 430. —
Civ. cass., 28 avril 1869, dev. 69, 1, 306. — Troplong, N° 782. — *Secus*, Duvergier, *du prêt*, N° 297. — Pont, *id.* N° 285.

(2) Req. rej , 21 juillet 1847, 1, 797 — Grenoble, 16 février 1836, dev. 37,
2, 361. — Troplong, N° 385.

n'y aurait plus aucune raison pour légitimer une distinction et les mêmes motifs militent pour faire appliquer à ces deux contrats une législation identique.

5° Dépôt irrégulier. — Le dépôt irrégulier consiste en ce que le dépositaire, au lieu de conserver l'objet déposé pour le restituer en nature, en devient propriétaire à charge de restituer au gré du déposant même nature d'objet en pareille qualité et quantité. L'énoncé seul de la définition indique qu'il s'agit de choses fongibles. On voit que ce qui le distingue du prêt est uniquement l'intention des parties qui a pour conséquence de faire appliquer les règles du dépôt en ce qui concerne l'exigibilité. Ces dépôts irréguliers se font ordinairement chez les banquiers, qui du reste, conviennent pour le remboursement d'un avertissement préalable. On conçoit que cette opération qui au fond se rapproche tant du prêt doit être soumise à la loi de 1807. Aucun doute ne s'est élevé sur ce point ni en doctrine, ni en jurisprudence (1).

(1) Paris, 28 novembre 1835, dev. 56, 2, 315. — Req rej. 23 mars 1856 dev. 56, 1, 142.

CHAPITRE II

SANCTION DE LA LOI DE 1807. — DE L'USURE

L'usure n'exprime pas une de ces idées absolues, vraies dans tous
l.s temps et dans tous les lieux et qui s'imposent indépendamment
des circonstances par la vérité du principe qu'elles consacrent.
C'est un principe purement relatif, variant suivant les doctrines, de
telle sorte qu'un prêt peut être usuraire dans une opinion et parfaitement licite dans une autre. C'est, en un mot, une idée contin-
gente variant, de pays en pays, suivant la situation économique des
divers peuples. Aussi ne faut-il pas s'étonner qu'une opinion extrême aille jusqu'à en nier l'existence possible et considérer l'intérêt
quelque exorbitant qu'il soit comme une perception parfaitement
licite au point de vue du droit naturel et de la raison. Cette doctrine qui a pour elle la logique, étant donné son point de départ,
heurte trop ouvertement la justice et trouve un démenti trop formel dans les faits pour qu'il soit possible de l'admettre en pratique.
Aussi l'école économiste qui adopte le même point de départ repousse la conséquence qu'on en tire et cherchant dans les données
du droit naturel ce qui constitue l'usure, arrive à la définir : la
stipulation d'un intérêt plus élevé que ne le permet la justice. C'est
là une idée juste et que l'on ne peut qu'adopter, quelle que soit
l'opinion à laquelle on appartienne, mais si l'on est généralement
d'accord quant aux principes, on se sépare quand on arrive à l'application. Les économistes repoussent toute intervention légale
dans la détermination de ce point délicat et impossible à détermi-

ner *à priori* selon eux, qui sépare, en matière de prêt, le juste de l'injuste. Leurs adversaires veulent, et avec raison selon moi, que le législateur intervienne en une matière aussi grave pour mettre un frein à des appétits et à des convoitises que l'idée de justice seule serait impuissante à dompter. C'est cette dernière opinion qui a triomphé dans notre législation depuis 1807 et qui est restée victorieuse malgré les violents assauts qu'elle a déjà subis. Aujourd'hui donc l'usure peut être définie : la perception d'un intérêt supérieur au taux fixé par la loi, 5 %, en matière civile, 6 %, en matière commerciale. Cette perception est illégale à deux points de vue : d'abord parce qu'elle est supérieure au taux légal ; ensuite parce que, renouvelée, elle constitue aux yeux de la loi un délit auquel celle-ci attache une sanction pénale. On peut donc distinguer deux sortes d'usures. L'une qui n'est qu'une violation de la loi civile, l'autre qui est une violation de la loi pénale. Il faut bien se garder de croire que la seconde seule doive être considérée comme une usure véritable. La première, bien que ne constituant pas un délit réprimé par la loi pénale, n'en est pas moins une usure dans l'acception légale du mot. Et cela est si vrai que son renouvellement suffit à faire naître le délit. Il faut donc que chacun de ces prêts usuraires soit aux yeux de la loi illicite, car on ne comprendrait pas que la réunion d'actes licites pût donner naissance à un délit. Nous diviserons donc cette seconde partie de notre sujet en deux paragraphes, le premier consacré à l'étude de l'usure civile, le second au délit d'habitude d'usure.

SECTION PREMIÈRE

De l'usure civile.

L'usure civile consiste dans la perception isolée et non habituelle d'un intérêt supérieur au taux légal. Partout où dans un prêt l'intérêt stipulé est supérieur à 5 %, en matière civile, 6 %, en matière commerciale, il y a usure et la loi limitative de 1807 doit être appliquée. Le principe est donc bien net. Le prêteur ne peut rien stipuler au-delà du taux légal, quelle que soit la nature de la rémunération demandée et quelle que soit la forme sous laquelle elle doive être acquittée. Pothier nous donne dans le N° 104 à 110 de son traité de l'usure des exemples nombreux de stipulations usuraires. Et c'est en vain que les parties prétendraient que la rémunération stipulée en sus de l'intérêt légal constitue une donation consentie en faveur du prêteur par l'emprunteur. Cette subtilité dans la forme n'empêcherait pas l'usure d'exister dans le fond. C'est ici le cas d'appliquer cette maxime d'une si rigoureuse exactitude. *Debitor servus est fœneratoris.* C'est ce que décide un arrêt de la cour de Bordeaux à la suite d'un arrêt de la cour de Paris, qui avait été cassé pour incompétence dans les circonstances suivantes :

Le sieur Gentien avait sollicité du sieur Maze un emprunt de 25,000 francs, au taux de 5 %, et il s'était engagé à lui faire, en raison de ses bons services et de l'amitié qu'il lui portait, donation d'une somme de 20,000 à prélever à son décès sur le plus clair et le plus liquide de ses biens actuels qui y demeuraient affectés. Le prêt est consenti à ces conditions et quelques temps après intervient un second contrat dans lequel Gentien fait donation au sieur Maze de la somme convenue. Les 25,000 fr. sont remboursés avec intérêt à 5 %, et le sieur Gentien étant mort, le sieur Maze réclame à ses héritiers le montant de la donation. Les héritiers du sieur Gentien se retranchent derrière le caractère usuraire d'une pareille convention, et la cour de cassation et après elle la cour de Bordeaux, décide qu'il importe peu que ces deux conventions soient intervenues par contrats séparés, qu'elles constituent un acte unique entaché d'usure, et par suite que la donation doit être annulée.

N'est pas moins usuraire la convention intervenue entre un bailleur de fonds et une société, lorsque le premier stipule outre l'intérêt légal, une part dans les bénéfices. C'est là, en effet, une solution certaine et conforme aux principes les plus élémentaires de la matière, puisque le bailleur ne court aucun risque dans le sens effectif du mot et ne peut par suite prétendre à une rémunération plus élevée que celle autorisée par la loi. La cour de Paris a cependant, dans un arrêt du 10 mai 1831, méconnu ce principe en ne voyant dans une pareille convention qu'une opération parfaitement licite, surtout dans le commerce. Mais cet arrêt a été cassé par la cour suprême le 17 avril 1837 comme violant la loi de 1807. Cette solution ne serait pas applicable, si, en dehors de tout intérêt fixé, la rémunération ne consistait qu'en une part plus ou moins aléatoire dans les bénéfices. Car alors l'aléa considérable qui se trouverait dans le contrat enlèverait à la convention tout caractère usuraire.

C'est par cette distinction que s'explique l'organisation actuelle de nos grandes compagnies. Celles-ci une fois constituées par l'émission d'un certain nombre d'actions souscrivent souvent pour étendre leur industrie des emprunts qu'elles émettent sous forme d'obligations. On comprend la différence qui existe entre les porteurs d'actions et les porteurs d'obligations. Les premiers sont des co-associés propriétaires d'une partie du fonds social et qui ne peuvent espérer de rémunération pour leurs capitaux engagés que dans la participation plus ou moins aléatoire aux bénéfices distribués sous forme de dividendes. Les seconds, au contraire, sont de simples créanciers de la société, étrangers aux pertes et don l'intérêt est garanti par le premier bénéfice. Aussi n'ont-ils droit

qu'à l'intérêt légal de 5 ou de 6 %, suivant que la société est
civile ou commerciale. Il y a toutefois une opération financière qui
s'est introduite dans la pratique et qui pourrait faire naître quelques difficultés. Ordinairement le taux d'émission des obligations
est inférieur à la valeur nominale qu'on leur reconnaît et les compagnies qui empruntent, comme prime et pour attirer les capitalistes, s'engagent à rembourser annuellement par tirage au sort
les obligations émises, au taux de leur valeur nominale. La différence entre la valeur actuelle de l'obligation et sa valeur nominale
constitue une prime dont bénéficie le porteur de l'obligation sortie.
Y a-t-il là une stipulation usuraire? Il résulte des divers documents de jurisprudence sur cette question qu'il y a lieu de faire
une distinction. En effet, la prime répartie sur tout le temps de la
durée du prêt et ajoutée aux intérêts stipulés, ne dépasse-t-elle
pas le maximum licite? L'opération est parfaitement valable et ne
saurait être annulée comme usuraire. Est-elle, au contraire, supérieure au taux légal, elle tombe sous le coup de la loi de 1807
et doit être réduite aux proportions ordinaires. Ces principes ont
été parfaitement posés dans un arrêt de la cour de cassation du 7
mai 1844 « Attendu, dit cet arrêt, que la prime de 50 francs
payable au porteur de chaque obligation de 1000 fr. n'étant payable qu'une fois pour toutes et à l'instant où l'obligation se rem-
bourse, ne prendrait un caractère usuraire qu'autant que répartie
sur l'intervalle de temps qui sépare le prêt du remboursement et
ajoutée aux 5 % stipulé dans l'acte, elle excéderait le taux légal
de 6 % ». Et en effet, dans l'espèce sur laquelle avait à statuer la
cour de cassation l'addition de la prime et des intérêts stipulés ne
dépassait pas le taux légal. Des obligations estimées nominalement
1,000 francs, avaient été émises à 950 francs et l'intérêt promis
était de 5 % du capital nominal, c'est-à-dire de 50 francs, tandis
que le taux maximum licite eût été de 6 p. 100 du capital réel de
950 francs, c'est-à-dire de 57 francs. La prime pouvait donc con-
sister dans la différence des deux intérêts tous deux licites.

Une question sur laquelle on a aussi longtemps hésité, mais qui a
aujourd'hui reçu en pratique une solution définitive, est celle de

savoir s'il y a usure dans le fait de stipuler que es intérêts seront payables tous les six mois ou à des intervalles plus courts. La jurisprudence l'a résolue d'une manière constante dans le sens de la négative. En ef... a-t-elle dit, s'il est un principe constant en droit, c'est qu les intérêts, fruits civils, s'acquièrent jour par jour. Il s'en suit d ne. ue chaque jour, le prêteur est créancier d'un 365ᵐᵉ de l'intérêt annuel et par suite, doit pouvoir en droit direct l'exiger. Or , s'il peut l'exiger pour un jou: à fortiori doit-il pouvoir l'exiger pour six mois. Quelques auteurs n nt pas admis ce raisonnement, Se basant sur ce qu'il est interdit de rien stipuler au-delà de l'intérêt légal et sur ce que, dans une pareille convention l'emprunteur perdrait l'intérêt de la moitié de l'intérêt annuel pendant six mois. Mais c'est là une argumentation judaïque qui me paraît complètement réfutée par les arguments de la jurisprudence.

De même je ne verrais aucun caractère usuraire à une convention par laquelle les parties conviendraient que les intérêts ne pourraient être exigés avant cinq ou dix ans. Je ne nie pas sans doute le danger que pourrait présenter pour un emprunteur imprudent une échéance ainsi reculée, mais je soutiens qu'en droit une pareille convention est valable. Je n'admettrai même pas le tempérament apporté par M. Pont, qui s'appuyant sur ce que les intérêts ne peuvent être réclamés pour plus de cinq ans, considère comme illicite une échéance dépassant ce laps de temps. C'est qu'en effet, la prescription n'a rien à faire en pareille matière puisqu'elle ne peut courir avant l'exigibilité. La question reste donc entière et je ne connais aucun texte, en l'état de notre législation, duquel on puisse faire résulter l'illégalité d'une pareille convention.

Un prêt usuraire au premier chef est celui qui est connu vulgairement sous le nom de *prêt à la petite semaine* et qui vaut à celui qui le pratique un mépris bien mérité. Le prêteur à la petite semaine est un misérable à l'affût de toutes les misères pour les exploiter sans merci. Spéculant sur la détresse, il remplit ses coffres sans se laisser attendrir par les larmes qu'il fait couler , et demande à la loi, qu'il viole, une protection contre les désespoirs qu'il fait naître. Il est passé dans les habitudes d'une école de s'apitoyer sur le sort de ce malheureux usurier que l'on considère comme la victime d'une erreur législative. Mais on a soin de ne présenter qu'un des côtés de la question. On nous montre le prêteur à la petite semaine avançant à un vendeur ou à un marchand des quatre saisons le capital nécessaire pour approvisionner son commerce et bien que lui demandant un intérêt de près de 1800 %, lui permettant de vivre honorablement par son travail. Même dans cette hypothèse, c'est un résultat que je ne puis approuver. Sans doute, le malheureux emprunteur peut végéter ainsi, mais il n'en est pas moins souverainement immoral de retirer d'un capital, moins en danger qu'on ne pourrait le croire, un intérêt aussi énorme. Mais ce n'est même pas dans de telles conditions que s'exerce habituellement le prêt à la petite semaine Il exerce ses ravages parmi la population ouvrière qui ne se livre pas à ce petit commerce, et qui n'emprunte que pour satisfaire aux plus pressants besoins. C'est sur ces pauvres gens que pèse lourdement la hideuse usure qui dévore les salaires que par un travail opiniâtre ils parviennent à gagner. Voilà, en dehors de tout système, ce qu'est habituellement le prêt à la petite semaine. Aussi je n'hésite pas à l'appeler un crime et à considérer l'usurier comme un misérable que le mépris public ne peut trop poursuivre, et la justice ne peut trop châtier

Une autre clause usuraire est celle qui consiste à prendre pour base dans le calcul de l'intérêt une année de 360 jours au lieu d'une année normale de 365. Il paraît cependant que les usages. commerciaux sont en ce sens, et que le désir de simplifier les calculs a fait adopter ce mode de compte. On pourrait peut-être législativement apporter une dérogation au principe en faveur du commerce. Mais ce qui est hors de doute, c'est [qu'en l'état de notre législation actuelle, il est impossible de ne pas considérer une pareille convention comme usuraire. La cour suprême l'a, du reste, parfaitement compris, et n'a pas hésité dans nombre d'arrêts à considérer cette clause comme illégale. « Attendu, dit en effet la Cour de cassation, que lorsqu'il existe une loi formelle, on ne peut invoquer l'usage pour déroger à ses dispositions non plus qu'une prétendue facilité de compte, qui, fût-elle réelle, ne saurait prévaloir sur un texte exprès de la loi (1). »

Le principe qui domine toute cette matière de l'usure est donc bien net et bien formel : toute rémunération d'un capital prêté qui dépasse en quoi que ce soit le taux légal est usuraire et doit être réprimée. Mais cette règle n'est pas générale et admet quelques exceptions. Elle est en effet inapplicable aux contrats dits aléatoires dans lequel le gain à faire par les parties est subordonné à des conditions purement casuelles. Comment fixer ce qui dépend du hasard, et ne pourrait fournir au raisonnement aucune base sérieuse. Aussi le législateur a-t-il dans un contrat particulier fait l'application de ce principe général. L'article 1976 du code civil nous dit en effet, en parlant de la rente viagère, contrat essentiellement aléatoire, qu'elle peut être constituée au taux qu'il plaît aux parties contractantes de fixer. C'est ainsi encore que la loi de 1807 n'est pas applicable en matière de contrat à la grosse. Les chances aléatoires que court le créancier dans cette sorte de convention légitiment suffisamment la perception d'intérêts supérieurs au taux légal (2). Toutefois, je dois pour mettre l'exception que je pose hors de tout conteste en la restreignant dans de justes limites, faire deux observations. La première, c'est qu'il faut pour que l'aléa fasse sortir un contrat de la sphère d'application de la loi de 1807, que les risques acceptés ne soient pas ceux qui découlent nécessairement de tout contrat de prêts. C'est ainsi qu'un emprunteur ne pourrait stipuler un intérêt supérieur au taux légal, sous prétexte de l'insolvabilité plus ou moins grande de l'emprunteur, ou des variations multiples de la valeur de l'argent C'est précisément pour prévenir des abus de ce genre qu'est intervenue la loi de 1807, qui, dans le choix du taux, a tenu compte

(1) Cass. civ., 20 juin 1848. — Paris, 20 avril 1849. — Crim. cass. 14 mars 1852.

(2) *Sic.*, Troplong, N° 394 et suiv.

de toutes ces considérations. La deuxième observation, c'est que l'aléa doit être sérieuse. Il faut que la chance d'un gain illégal soit compensée par une chance sérieuse de perte. Tout le monde est d'accord sur ce point, et l'on convient généralement que dans l'hypothèse où même en prenant les chances les plus favorables à l'emprunteur, l'intérêt stipulé dépasserait le taux légal, il y aurait incontestablement usure.

Je crois avoir suffisamment expliqué par l'examen des différentes espèces que j'ai passées en revue le principe fondamental qui sert de base à la loi de 1807. On comprend que je n'aie pas la prétention de faire un code complet de toutes les stipulations usuraires qui peuvent se présenter dans la pratique, et qui sont aussi innombrables que les manifestations multiples de la volonté humaine. Je n'ai voulu que montrer que ce qu'était l'usure, et à quel signe on pouvait la reconnaître.

On conçoit que l'usurier, si fertile en ressources quand il s'agit de soustraire sa honteuse industrie à la juste sévérité des lois, ne pratique pas ouvertement le prêt à intérêt dans lequel l'usure serait trop facile à démasquer. Semblable au dieu de la Fable, il essaie par des transformations multiples d'échapper à l'œil attentif des Tribunaux. Il ne sera peut-être pas sans intérêt ici d'indiquer, sans entrer dans de grands détails, les différents moyens employés dans la pratique par les usuriers pour éluder la loi de 1807.

Nous retrouvons d'abord en première ligne un contrat célèbre dont nous avons déjà eu l'occasion de nous occuper en étudiant le prêt à intérêt au Moyen-Age. Je veux parler du *mohatra*. Ce contrat, on se le rappelle, consiste dans une vente à crédit faite à l'emprunteur suivie d'une revente au comptant et à perte. Le second prix payé constitue le capital prêté, et la différence entre les deux prix l'intérêt stipulé. Dans la pratique, ce n'est pas au vendeur lui-même que la revente est faite, mais à un prête-nom ; ce qui rend plus difficile la découverte de l'usure. Mais la Cour de cassation a rendu tous ces subterfuges inutiles et sa doctrine sur ce point est très-nette. D'un arrêt de rejet du **27 février 1864**, il résulte qu'il n'est pas nécessaire pour la constatation de l'usure que le second acheteur soit un prête-nom du vendeur, mais qu'il suffit que ce dernier ait participé à la revente. Les Tribunaux devraient donc, en présence d'un contrat ainsi intervenu, annuler les deux ventes conclues entre les parties faute de cause, et par application de l'article 1156 du code civil ; et puis considérer le second prix de vente comme le capital prêté en réduisant les intérêts au taux légal.

Je passe rapidement sur la théorie des trois contrats que j'ai étudiée plus haut, et qui, du reste, n'a plus guère qu'un intérêt historique ; et j'arrive à l'étude d'autres contrats fréquemment employés en pratique et sous lesquels l'usure parvient à se dissimuler. Ce sont la vente a réméré, le contrat pignoratif, le report.

La vente à réméré *a via aperta*, comme disait Dumoulin, , *ad illicitum fœnus exercendum* » (1) consiste dans l'opération suivante : *Primus* vend à *Secundus* un immeuble en stipulant que dans un laps de temps qui ne pourra excéder cinq années, il lui sera loisible de racheter l'immeuble vendu en restituant à l'acquéreur une somme supérieure à celle primitivement fixée. Cette stipulation d'une somme supérieure à la première est parfaitement licite ; mais on comprend facilement combien ce contrat, ainsi envisagé, offre de resssources pour dissimuler un prêt, la différence entre les deux prix constituant l'intérêt. Aussi, est-ce là avec le contrat pignoratif une des formes les plus généralement employées par les usuriers qui exploitent les habitants des campagnes. L'habileté des usuriers ne s'arrête même pas là et on voit souvent l'achetéur (en réalité le prêteur) ne verser entre les mains du malheureux emprunteur qu'une somme relativement minime, complétée par une foule d'objets sans valeur estimés très-haut et dont l'emprunteur se débarrasse moyennant une somme dérisoire que lui compte le prêteur. C'est avec ce système qu'on aboutit à ces prêts monstrueux, déférés temps en temps aux tribunaux et dans lesquels l'intérêt s'élève jusqu'à 200 à 300 % pour six mois. On voit les fournitures de vieux tableaux et de bouchons de liége imposées

____

(1) Dumoulin, *de usuris*, question 56, N° 892.

comme argent comptant ; on voit, un procès récent l'a révélé, des
fils de famille qui, par suite de ces marchés, se trouvent propriétaires d'un chameau, de 500 parapluies et de 4000 souricières. En
présence de pareils faits, on songe malgré soi à cette scène si
mordante où Molière flétrit les usuriers dans sa comédie de l'Avare.
« des 15000 francs qu'on demande, le prêteur ne pourra compter
en argent que 1200 livres, et pour les mille écus restant, il faudra
que l'emprunteur prenne les hardes, nippes, bijoux, dont s'ensuit
le mémoire et que ledit prêteur a mis de bonne foi au plus modique
prix qu'il lui a été possible. » Aussi ne s'étonne-t-on pas de la
fureur impuissante de Cléante contre Harpagon à la lecture d'une
pareille clause : « Que la peste l'étouffe, le traître, le bourreau
qu'il es. ! A-t-on jamais parlé d'une usure semblable. Et n'est-il
pas content du furieux intérêt qu'il exige, sans vouloir encore
m'obliger à prendre pour trois mille livres les vieux rogatons qu'il
ramasse. Je n'aurai pas deux sous de tout cela ; car il est en état
de me faire tout accepter, et il me tient, le scélérat, le poignard
sur la gorge (1). »

Aussi les tribunaux doivent-ils, quand de pareils contrats sont portés
devant eux, examiner avec soin tout en présumant à priori la sincérité,
s'ils ne cachent pas une stipulation usuraire. Il résulte des divers arrêts
de la jurisprudence sur ce point, que les circonstances principales
auxquelles on reconnaît que le contrat intervenu entre les parties
n'a d'autre but que de masquer une opération prohibée sont au
nombre de trois principales : La faculté de rachat, la vileté du
prix et la relocation instantanée au prétendu vendeur. Toutefois ce
ne sont là que des présomptions qui pourront faire naître une plus
ou moins grande conviction dans l'esprit des juges sur les véritables
intentions des parties. La principe est que les tribunaux ont plein
pouvoir pour poursuivre et démasquer l'usure sous toutes les
formes qu'elle revêt. Mais tant que le prêt usuraire n'apparaît pas
sous les dehors d'un contrat licite, celui-ci doit, jusqu'à preuve
contraire, être regardé comme sincère et ce serait méconnaître les

(1) L'Avare, acte II, scène I.

principes les plus élémentaires du droit que de déclarer, comme l'a fait un arrêt de la Cour de Lyon du 27 août 1841, nulle et usuraire une vente à réméré par cela seul qu'elle renfermait les trois circonstances précitées (1). Ajoutons enfin que les Juges devant puiser leur conviction dans des présomptions dont ils sont les souverains appréciateurs, pourraient déclarer un contrat usuraire quand bien même les trois circonstances précitées ne se trouveraient pas réunies (2).

La dernière clause de relocation instantanée du prétendu vendeur, jointe à une vente à réméré constitue ce que l'on appelle le contrat pignoratif qui est une des formes sous lesquelles le prêt se déguise le plus fréquemment. Dans ce contrat le prix stipulé pour le rachat étant équivalent à la somme primitive versée, c'est le loyer prétendu de l'immeuble qui représente les intérêts. La fraude est aussi facile à déguiser sous ce second contrat que sous le premier Aussi la jurisprudence peut-elle par application de l'article 1156 et en restituant au contrat le sens que les parties ont voulu lui donner, déclarer la vente nulle comme dissimulant un prêt usuraire. Les tribunaux peuvent établir leur conviction au moyen de toute espèce de preuve. C'est ici le cas d'appliquer l'article 1348 N° I. Il est bien entendu, et cela est du reste assez important à noter, que l'appréciation toute de faite en pareille matière échapperait à la censure de la cour suprême. Il est bien entendu aussi que la nullité d'un acte de vente à réméré peut être opposée au tiers acquéreur de bonne foi. Cela a été jugé maintes fois. (3)

---

(1) Civ. cass. 6 frim. an VIII, sir. 1, 1, 270.— Civ. rej. 24 fruct. an VIII, sir. 1, 1, 313. — Civ. rej. 23 décembre 1813, dev. 46, 1, 732. — Civ. rej. 22 avril 1816, dev. 46, 1, 639.

(2) Limoges, 18 mars 1828, sir. 29, 2, 156. — Montpellier, 25 août 1829, sir. 30, 2, 82. — Paris, 17 mai 1830, sir., 30, 2, 243. — Colmar, 22 août 1812, 15 mars 1815, 18 novembre 1814, 10 mai 1826, 24 décembre 1833 — Jurisprudence de la Cour de Colmar. VIII, 65, XI, 145, XII, 193, XXII, 83, XXIX, 321.— Limoges, 29 mars 1836, dev. 38, 1, 936. — Lyon, 27 août 1841, dev. 42, 2, 83. — Caen, 20 janvier 1846, dev. 46, 2, 490.

(3) Colmar, 12 février 1831, dev., 31, 2, 402.

La vente étant en effet radicalement nulle faute de cause, on comprend aisément que le prétendu acquéreur n'ait pu transmettre au tiers acquéreurs des droits qu'il ne possédait pas lui-même (1).

Un autre contrat qui a une grande analogie avec la vente a réméré quoique s'exerçant sur des objets différents, c'est ce qu'on appelle en style de bourse, le report. Cette opération, qui n'est qu'une spéculation sur la hausse ou la baisse, a été appelée avec raison, grâce aux nombreuses transformations qu'elle peut subir et aux combinaisons multiples auxquelles elle se prête, la clef du système des opérations de la bourse. Le report est une opération qui consiste à faire simultanément deux marchés, un achat et une vente à termes différents. On reporte du comptant à la fin du mois courant ou du moins prochain et de la fin du mois courant à la fin du mois prochain. La différence entre le prix de la vente au comptant et le prix de la vente livrable fin courant ou fin prochain forme le prix du report. Par le moyen du report la spéculation se lie avec les marchés au comptant, le propriétaire d'effets publics a toujours la certitude d'obtenir immédiatement la valeur de son inscription, et même s'il le préfère, d'obtenir cette valeur pour un temps assez court et à un taux général très-peu élevé et enfin le capitaliste, quand il a dans sa caisse une somme disponible mais pour peu de temps seulement, trouve encore à en faire un placement profitable. Prenons un exemple qui fasse mieux comprendre l'économie compliquée de ce contrat. *Primus*, agent de change, a deux clients *Secundus* et *Tertius*. Le premier possède une inscription de 3,000 francs de rente dont il veut se procurer la valeur ; le second a spéculé à la baisse et a vendu pour la fin du mois 3,000 francs de rente. L'échéance approche, et il faut que *Tertius* achète l'inscription de rente qu'il a vendue, mais il n'aura de capitaux disponibles, qu'à la fin du mois. Dans cette position *Quartus*, agent de change, a pour client *Quintus* qui, lui, a des fonds dont il

(1) Voir Loysel, *Just. cont.*, L. IV, t. I, reg. 11 — Merlin, *Rep. v° Pignoratif* (contrat). — Dissertation par M. de Neyremand. — Troplong, *de la rente*, II, 695.

peut disposer pour quelque temps. Voici comment ou procèdera : *Primus* agissant au nom de *Secundus* vend à *Quartus*, agissant au nom de *Quintus*, 3,000 francs de rente à 77 au comptant, et les rachète immédiatement pour *Tertius* par un seul et même marché à 77 francs 10 cent. livrables fin du mois. Ainsi *Secundus* aura vendu son inscription et en touchera le prix. *Tertius* aura acheté livrables fin du mois 3,000 francs de rente à 77 francs 10 cent. et en payera le prix avec celui qu'il recevra de l'acheteur à qui il avait vendu à découvert, et enfin *Quintus*, en achetant et revendant aura fait un placement avantageux et à courte durée. Effectué sans intention usuraire le report n'a rien d'illicite ; l'achat est sérieux : il transfère la propriété, la revente ne l'est pas moins. L'opération se réduit à une espèce de prêt fait sous forme d'achat et de revente. En réalité donc il n'y a qu'un prêt avec livraison de titres en nantissement, un contrat analogue au Mohatra ou au contrat pignoratif. Seulement au lieu d'acheter à terme plus cher et de revendre à plus bas prix, on vend au comptant et on achète plus cher à terme. Il est donc tout aussi facile que dans ces deux contrats de stipuler un intérêt usuraire. Les tribunaux jouiraient donc d'un égal pouvoir d'appréciation pour annuler une semblable opération s'ils y découvraient la stipulation d'un intérêt usuraire.

On comprend qu'il serait impossible de passer ici en revue tous les contrats qui peuvent servir à dissimuler l'usure. Ce serait là une œuvre considérable qui excèderait du reste les bornes que je dois tracer à ce travail. Chaque jour amène de nouvelles découvertes et la pratique est loin d'avoir dit son dernier mot. C'est ainsi que les tribunaux ont plusieurs fois annulé des contrats de rente viagère et même des échanges dans lesquels ils avaient reconnu l'existence de prêts usuraires. On peut donc poser en principe et c'est là une règle dont je me suis contenté de faire l'application en étudiant plus spécialement certains contrats célèbres dans les fastes de l'usure, que les tribunaux devront examiner avec soin sur la demande des parties et quelle que soit la nature du contrat soumis à leur appréciation, si les parties ne s'en sont pas servis pour masquer une opération usuraire et ils annuleront tous les contrats dans lesquels ils constateront l'existence d'une rémunération supérieure à celle qu'autorise l'article I de la loi de 1807.

SECTION DEUXIÈME

Sanction de l'usure civile.

Toute loi prohibitive ne peut exister que si l'exécution en est garantie par une sanction. Aussi le législateur n'a-t-il eu garde d'oublier d'édicter certaines peines ou déchéances contre ceux qui violeraient les prescriptions de l'article I.

La sanction civile est contenue dans l'article III, lequel est ainsi conçu :

« Lorsqu'il sera prouvé que le prêt conventionnel a été fait à un taux excédant celui qui est fixé par l'article I, le prêteur sera condamné par le tribunal saisi de la contestation à restituer cet excédant s'il l'a reçu ou à souffrir la réduction sur le principal de la créance et pourra même être renvoyé devant le tribunal correctionnel pour y être jugé conformément à la loi. »

Je dois d'abord faire sur ce texte une observation qui n'est pas sans importance.

On pourrait induire des expressions de cet article, que l'usure ne peut être opposée que par voie d'exception. L'article dit en effet que le prêteur sera condamné par le tribunal saisi de la contestation, ce qui supposerait qu'il est nécessaire que l'action principale ait été intentée par le prêteur. Mais ce serait une erreur, car il est hors de doute que l'emprunteur peut directement et par voie principale porter son action devant les tribunaux. L'article 3 dit en effet « Lorsqu'il sera prouvé » ce qui confère bien le droit à l'emprunteur de se présenter devant les tribunaux en offrant de faire la preuve réclamée.

De l'analyse de cet article il résulte que l'emprunteur a , en matière civile, deux actions pour obtenir la réparation du dommage qui lui est causé : une action en réduction et une action en restitution Ces actions énoncent par leur dénomination seule dans quel but le législateur les a introduites. L'action en réduction est celle par laquelle l'emprunteur qui n'a pas effectué le paiement des intérêts stipulés demande au tribunal de ramener le contrat intervenu entre le prêteur et lui, dans les bornes déterminées par la loi. Le contrat entaché d'usure n est pas nul, il est seulement réductible. L'action en restitution au contraire , est donnée à l'emprunteur pour se faire restituer l'excédant qu'il a payé , le contrat restant valable pour le surplus. L'usure n'est donc plus aujourd'hui comme du temps de Pothier une cause de nullité radicale pour le contrat qui en est entaché. Le législateur s'est contenté d'annuler tout ce qui serait fait en dehors de ses prescriptions , en respectant le contrat réduit aux proportions légales.

Une question commune aux deux actions s'est élevée sur le point de savoir à partir de quel moment le débiteur qui obtient du tribunal le remboursement ou l'imputation sur le capital de l'excédant d'intérêt qu'il a payé , a droit aux intérêts de cet excédant. Cette question est très-controversée et la doctrine et la jurisprudence sont ici en complète opposition.

La doctrine comme la jurisprudence distingue avec soin les deux hypothèses ; s'agit-il d'une action en réduction par laquelle l'emprunteur qui n'a pas encore soldé complètement sa dette, demande au tribunal de la restreindre dans les limites légales, la doctrine admet que l'excédant des intérêts s'impute de pleindroit sur le capital, de telle sorte qu'il se produit entre le prêteur et l'emprunteur une compensation instantanée. Ainsi et pour prendre une exemple qui fasse ressortir les conséquences de cette opinion , je suppose que *Primus* prête à *Secundus* une somme de 10,000 fr. productive d'intérêt à 6 °/₀ ; chaque année l'emprunteur devrait payer au prêteur la somme de 600 francs, c'est-à-dire 100 francs de plus que ne le permet l'article 1er de la loi de 1807. Or, comme moi, emprunteur, je suis votre débiteur de 10,000 francs et que vous, prêteur, vous devenez par suite du paiement de cet excédant, mon débiteur de 100 francs, il se produit une compensation qui réduit ma dette à 9,900 francs. Si j'attaque après la première année le contrat comme entaché d'usure, je ne serai condamné par suite de la réduction qu'à payer la somme de 9,900 francs. Si, au contraire, plusieurs années se passent sans réclamation de ma part, chaque année l'excédant de plus en plus grand des intérêts puisque le capital devient à mesure des réductions de plus en plus petit, devra par suite de la même compensation s'imputer de plein droit sur le capital. Cette doctrine aboutit donc à reconnaître que les intérêts de l'excédant courent de plein droit du jour où cet excédant a été versé.

Si l'on se place maintenant dans la seconde hypothèse, celle où la dette ayant été complètement éteinte, l'emprunteur s'adresse aux tribunaux pour demander la restitution de l'excédant d'intérêt qu'il a versé, la doctrine, conséquente avec elle-même, décide que les intérêts de l'excédant courent du jour du paiement effectué, de plein droit et avant toute demande en justice. Elle tire son principal argument de l'article 1378 qui décide que l'*accipiens* de mauvaise foi est tenu de restituer les intérêts et les fruits du jour du paiement effectué par le *tradens*.

Toute autre était l'opinion soutenue par la jurisprudence. S'appuyant sur le texte formel de l'article 3 de la loi du 3 septembre 1807, elle disait, quant à la première hypothèse, qu'il était impossible de voir là une compensation légale dans les termes de l'article 1290, puisque si la créance était liquide, elle n'était pas du moins exigible, la loi de 1807 ne faisant dans son article 3, courir l'exigibilité qu'à partir de la condamnation. L'article 3, dit en effet, que le prêteur « *sera condamné* » à restituer l'excédant ou à subir une réduction. La jurisprudence en concluait donc, que les intérêts de l'excédant, dans cette première hypothèse, ne devraient courir que du jour du jugement. Quant à la seconde hypothèse, la jurisprudence repoussait également les conclusions de la doctrine se fondant sur ce que le contrat intervenu entre les parties était parfaitement valable tant qu'un jugement n'était pas venu le modifier. Elle considérait la position du prêteur en possession de l'excédant comme analogue à celle de l'acheteur dans l'action en rescision pour cause de lésion, et ne faisant courir les intérêts à la charge du premier comme du second qu'à partir de la demande par application de l'article 1682. Elle niait, enfin, que l'argument tiré de l'article 1376 fût valable en cette matière, puisqu'il supposait un paiement fait indûment tandis qu'on ne pouvait considérer comme fait indûment le paiement qui n'était en définitive que l'exécution d'une obligation. Voici, en effet, comment s'exprimait la cour suprême dans un arrêt de rejet du 9 novembre 1816.

« Attendu que l'article 3 de la loi de 1807, qui dispose pour le cas où le prêt conventionnel a été fixé à un taux excédant celui qui est fixé par l'article 1 de cette loi, ordonne que le prêteur sera condamné par le tribunal saisi de la contestation, à restituer cet excédant ou à souffrir la réduction sur le principal de la créance ; que cette disposition manifeste clairement que la restitution ou la réduction n'est due qu'en vertu de la condamnation et par suite de la demande formée par le débiteur et conséquemment que cet excédant n'est pas susceptible de compensation avec le principal avant cette demande ;

« Attendu que la loi n'autorise pas la compensation partielle de chaque partie de cet excédant à l'époque de chaque paiement, mais la restitution ou la réduction faite sur le principal à l'époque de la condamnation ou de la demande de l'excédant total ;

« Attendu que la loi n'accorde pas les intérêts de cet excédant antérieurs à la demande du débiteur ; qu'ainsi le prêteur qui est condamné à le restituer n'est pas tenu de payer les intérêts à partir de chaque paiement qu'il a reçu ; que la condition du prêteur qui est condamné à souffrir la réduction sur le capital doit être la même, qu'il ne peut être passible d'intérêts antérieurs à la demande... etc. ».

Cette controverse a duré jusqu'à la loi des 10-27 décembre 1850, qui est venue y mettre fin et donner raison à la jurisprudence en adoptant le système de la doctrine. L'article 1 de cette loi porte : « Lorsque dans une instance civile ou commerciale, il sera prouvé que le prêt conventionnel a été fait à un taux supérieur à celui fixé par la loi, les perceptions excessives seront imputées de plein droit aux époques où elles auront eu lieu sur les intérêts légaux alors échus et subsidiairement sur le capital de la créance. — Si la créance est éteinte en capital et intérêts, le prêteur sera condamné à la restitution des sommes indûment perçues avec intérêt du jour où elles lui auront été payées ».

Quel est l'effet d'une transaction intervenue entre les parties et ayant pour objet le contrat entaché d'usure ? La transaction sera certainement valable si les parties ont exprimé librement leur volonté formelle en ce qui touche les usures passées et consommées et si elle dégage le débiteur de toute obligation usuraire pour l'avenir. Ainsi la jurisprudence a plusieurs fois décidé que la transaction était valable quand elle ne laissait pas subsister la cause de de l'usure et alors même qu'elle intervenait avant que le débiteur ne se fût complètement libéré (1).

Ici se pose une question qui n'est pas sans importance, c'est la question de preuve. Il est, en effet de principe, que c'est à celui qui affirme l'existence d'un fait à le prouver. C'est donc à l'emprunteur à faire la preuve du caractère usuraire du contrat qu'il attaque. Or, comment fera-t-il cette preuve ? Rien de plus simple si l'existence d'une stipulation usuraire ressort de l'acte incriminé. En effet, le titre lui-même faisant preuve de la nullité qui le vicie, la question de savoir si la preuve testimoniale est ou non admissible ne peut même pas se soulever. On conçoit, du reste, que ce ne sera là qu'une exception bien rare. Les usuriers, en effet, sont pour la plupart des hommes qui ont fait des moyens de frauder la loi une véritable étude et qui savent déguiser leurs stipulations usuraires sous les dehors de contrats parfaitement légaux. Ces conventions soumises aux tribunaux seront donc toujours extérieu-

---

(1) *Sic* Dumoulin, *Usure*, N° 8. — Louet, lettre I. — Troplong, *du prêt*, N° 404. — Req. Rej. 21 novembre 1832.

rement valables et ce sera au défendeur à montrer qu'en réalité elles ne recouvrent qu'un prêt usuraire. Mais alors, l'emprunteur pourra-t-il demander au tribunal de prouver par témoins l'existence de l'usure alors même que l'intérêt engagé au débat serait supérieur à 150 francs et que la convention attaquée serait relatée dans un titre? L'affirmative ne peut être un instant douteuse, car les principes eux-mêmes nous conduisent à l'admettre. Les articles 1348, al. I, et 1353 du Code civil, sont en effet formels. Ils nous disent en termes catégoriques que la preuve testimoniale est toujours admissible, quand le contrat est attaqué pour cause de dol. Or, le prêteur qui stipule un intérêt usuraire viole l'article 1 de la loi de 1807, et commet un délit civil, un dol qui fait rentrer la convention où il se trouve sous l'application de l'article 1353.

Il ne faudrait pas même hésiter à admettre qu'un acte authentique puisse être attaqué par la preuve testimoniale, et sans employer la voie périlleuse de l'inscription de faux; toutes les fois, bien entendu, que l'emprunteur ne contredira pas directement les faits allégués par le notaire. Cela a été jugé maintes fois, et notamment dans un arrêt de la cour de Paris du 2 mai 1823, et un arrêt de rejet de la cour de cassation du 3 avril 1814 (1). « Attendu, dit ce dernier arrêt, que les articles 1348 et 1353 du Code civil autorisent la preuve testimoniale contre toute attaque pour cause de dol ou de fraude, et qu'ils abandonnent aux lumières et à la prudence des magistrats, d'apprécier les faits articulés pour apprécier le dol et la fraude; attendu que la loi de 1807 prohibant l'usure, les défendeurs étaient autorisés à offrir la preuve que des intérêts usuraires avaient été reçus par le demandeur, et qu'il appartenait à la cour royale de juger si les faits articulés étaient pertinents; que dès lors, en admettant la preuve, l'arrêt attaqué a fait une juste application de la loi, rejette... » Toutefois, il est bon de faire remarquer qu'un arrêt qui rejette la preuve testimoniale

(1) Junge, Crim. cass., 2 décembre 1813. — Req., 28 juin 1821. — Caen, 25 juillet 1827 et 12 janvier 1828. — Bourges, 2 juin 1731. — Dalloz, *verbo prêt à intérêt*, N° 239.

contre un acte attaqué pour usure en se fondant sur ce qu'en droit cette preuve n'est pas admissible, mais en outre sur ce que les faits dont la preuve est demandée ne sont pas pertinents, échappe à la censure de la cour de cassation.

Reste pour compléter les explications sur ce point à rechercher combien de temps dure l'action ou l'exception accordée à l'emprunteur pour faire prononcer la restitution ou la réduction des intérêts usuraires stipulés ou payés; en un mot, par quel laps de temps, elle se prescrit. M. Chardon, argumentant de ce fait que dans l'espèce c'est en définitive la rescision du contrat qui est demandée, admet ici la prescription décennale de l'article 1304. Mais c'est là une opinion qui est repoussée par tous les auteurs et par la jurisprudence, et l'on est unanimement d'accord pour décider que l'action et l'exception en restitution ne se prescrivent que par trente ans. On peut invoquer en ce sens la prescription édictée par l'ordonnance de 1510 et l'opinion de Dumoulin qui disait déjà : « *Qui condicens indebitum non dicitur venire contra pacta et conventa, nec petere illa rescindi* ». Et, en effet, ce n'est pas le contrat que l'on attaque, c'est, au contraire, lui que l'on invoque pour démontrer l'existence de l'usure. Écoutons M. Troplong, qui établit ce système avec un remarquable talent : « Vainement objectera-t-on, dit-il, qu'un contrat nul ne peut être attaqué, d'après l'article 1304, que pendant dix ans, et que pour obtenir la restitution, le débiteur doit avant tout, faire tomber le contrat qui a été cause du paiement, je réponds que cet article n'est pas applicable. L'emprunteur n'a pas besoin d'attaquer le contrat, il lui suffit de s'en prendre au fait et de dire : j'ai trop payé, [car j'ai payé 10 % au lieu de 5 %. Loin d'attaquer le contrat pour le faire tomber, il s'en empare pour prouver l'injustice dont il a été victime (1) ».

Et plus loin, M. Troplong ajoute encore des observations qu'il faut citer, car on ne peut mieux penser, ni mieux dire. « De deux choses l'une, dit-il, ou l'emprunteur demande pour l'avenir la

_____

(1) Troplong, *du prêt à intérêt*, N° 401.

réduction du contrat qui le soumet à des prestations usuraires ; ou bien, il demande la restitution de ce qu'il a payé pour le passé. Au premier cas, il est évident que, quand même le débiteur aurait subi pendant trente ans la loi d'un créancier livré à l'usure, il pourrait toujours réclamer le retour au droit commun qui le protége. Que le créancier soit demandeur ou défendeur, il est arrêté par une exception insurmontable tirée de la loi de 1807. « *Quæ temporalia sunt ad agendam perpetua sunt ad excipiendum* (1) ». D'ailleurs, que serait-ce que sa demande ? si ce n'est une requête à fin de continuer l'usure, *de continuenda usura* comme dit Dumoulin. Quel tribunal lui donnera accès ? Défendeur, il succombera devant la jurisprudence d'une loi d'ordre public qui ne souffre pas que le laps de temps paralyse ses effets, et autorise le cours d'intérêts usuraires. Ou bien il s'agit d'une demande en restitution de ce qui a été payé indûment, et alors l'action intentée par le débiteur se prescrit par trente ans (1) ».

A partir de quelle époque courra la prescription de l'action en répétition d'usure accordée à l'emprunteur contre le prêteur ? Nous sommes encore sur cette question en désaccord avec M. Chardon. Cet auteur prétend que la prescription ne doit courir qu'à partir du dernier paiement. Mais c'est là une dérogation au droit commun qui ne pourrait exister qu'en vertu d'un texte formel. Or, la loi de 1807 est complétement muette sur ce point et, comme dit encore très-justement M. Troplong : « Quelque défaveur que mérite l'usure, il ne faut pas exagérer les sévérités de la loi L'action court du moment où l'indu-paiement a été fait. »

(1) Troplong, *traité du prêt*, N° 898.

SECTION TROISIÈME

Du délit d'habitude d'usure.

« Tout individu, dit l'article 4 de la loi de 1807, qui sera prévenu de se livrer habituellement à l'usure, sera traduit devant le tribunal correctionnel, et en cas de conviction condamné à une amende qui ne pourra excéder la moitié des capitaux qu'il aura prêtés à usure. S'il résulte de la procédure qu'il y a eu escroquerie de la part du prêteur, il sera condamné outre l'amende ci-dessus à un emprisonnement qui ne pourra excéder deux ans. »

Cet article définit le délit d'usure. S'en rend coupable et comme tel devient justiciable devant la police correctionnelle, celui qui se livre habituellement à l'usure. Le délit d'usure est donc un fait complexe qui suppose l'existence de plusieurs prêts usuraires, et l'on peut tirer de ce principe certain une conséquence non moins certaine, c'est qu'un prêt isolé, quelque exhorbitant que soit l'intérêt stipulé, ne pourrait constituer un délit et rendre le prêteur justiciable des tribunaux correctionnels. De même il est encore certain que la perception successive d'intérêts usuraires émanés d'un même prêt, ne pourrait entraîner aucune sanction pénale.

Que faut-il entendre par l'habitude d'usure ? La loi ne l'a définie nulle part ; il faut donc s'en rapporter à la sagesse des tribunaux qui pèseront suivant la gravité et le nombre des prêts consentis, s'il y a dans les faits incriminés une habitude véritable de la part du prêteur. Ainsi j'admettrais sans hésiter, et cela a été jugé plusieurs fois, qu'il suffit pour constituer le délit de l'existence de deux prêts (1). C'est en effet là une question de fait pour l'appréciation

(1) Crim. rej., 24 décembre 182%.

de laquelle les tribunaux sont souverains. Je n'admettrai donc pas avec M. Petit, que l'habitude ne puisse être constituée que par l'existence de quatre prêts successifs. C'est là un nombre purement arbitraire qui ne repose sur aucun texte. La loi montre bien au contraire qu'en s'abstenant de fixer une limite dans une matière aussi délicate, elle a entendu s'en rapporter à la sagesse et à la prudence des tribunaux.

La question peut paraître plus douteuse quand il n'existe qu'un prêt, mais qui a été renouvelé plusieurs fois par suite de prorogations successives d'échéances accordée par le prêteur sur la demande de l'emprunteur. Ainsi par exemple, je prête 10,000 fr. à *Primus* avec intérêt à 10 %, en stipulant que la somme prêtée deviendra exigible à telle époque que je détermine. L'échéance arrivée, mon emprunteur me demande de la proroger, s'engageant à me servir les intérêts au même taux. J'accepte et il intervient ainsi de mon consentement plusieurs prorogations successives. Y a-t-il là une série de prêts qui puisse constituer une habitude. La difficulté vient de ce que l'on peut prétendre qu'il n'y a pas là deux prêts distincts, mais une continuation, une prorogation du premier. Quelque spécieuse que puisse paraître cette interprétation, je crois au contraire qu'il ne faut pas hésiter à voir là la réunion des éléments nécessaires pour constituer l'habitude d'usure. En effet, il est impossible de soutenir qu'il n'y ait là qu'un prêt successivement prorogé. En réalité, si l'on va au fond des choses, on acquiert la conviction qu'il y a là, en définitive, plusieurs prêts distincts. Le prêteur n'est-il pas en effet libre, à l'échéance, de recouver la possession de son capital, et s'il le laisse entre les mains de l'emprunteur, n'est-ce pas en définitive un nouveau prêt qu'il consent. Et du reste, si l'on ne voulait pas voir dans cette série d'opérations un véritable délit d'habitude d'usure, ne serait-ce pas fournir aux usuriers une arme pour éluder la prohibition de la loi. Aussi la jurisprudence n'a-t-elle pas hésité à décider qu'il n'était pas nécessaire pour constituer le délit d'habitude d'usure que les prêts fussent faits à différentes personnes, que chaque renouvellement d'un prêt usuraire devait être assimilé à un nouveau prêt usuraire :

« Attendu, dit un arrêt de la Cour de Paris, dans une affaire où un sieur Lecerf avait ainsi renouvelé plusieurs fois un prêt usuraire, que si la loi du 3 septembre 1807 n'a prévu que le délit résultant de l'habitude de l'usure, cette loi a laissé aux magistrats le droit d'apprécier les faits caractéristiques qui constituent cette habitude ; attendu que cette habitude peut résulter d'actes successifs d'usure, commis au préjudice d'une seule et même personne, comme elle peut être constituée par une réunion de faits isolés d'usure, commis au préjudice de plusienrs individus, lesquels n'auraient été ainsi lésés qu'une seule fois. Qu'il suit de là que pour décider s'il existe à la charge d'un inculpé un délit d'habitude d'usure, il faut avoir égard au nombre des délits marqués du caractère de l'usure plutôt qu'au nombre même des individus victimes de spéculations usuraires. Attendu que l'opération primitive de Lecerf était usuraire ; que le premier renouvellement a eu pour résultat : 1° De donner une nouvelle période à l'usure originaire dont le terme était expiré ; 2° De créer à l'égard des intérêts une stipulation usuraire tout-à-fait nouvelle. Attendu que le second renouvellement a été à la fois la renaissance de conventions déjà marquées du sceau de l'usure, et le point de départ d'une nouvelle usure exercée par les intérêts, etc... »

Une autre question, qui n'est pas sans importance et qui a fait quelque temps difficulté, est celle de savoir si les faits antérieurs à une première condamnation pour délit d'habitude d'usure, mais qui n'ont pas servi de base à l'usure, peuvent être repris postérieurement par le ministère public pour, joints à d'autres prêts usuraires, constituer un nouveau délit? La négative est généralement admise. Telle était déjà dans l'ancien droit l'opinion d'Airault et de Jouve. La même doctrine est enseignée par M. Maugin qui la fonde, avec raison selon moi, sur ce que les faits particuliers nouvellement découverts ne sont que les éléments d'un délit déjà jugé, de sorte que l'action à laquelle on voudrait les faire servir de base ne serait pas fondée snr une cause nouvelle, mais serait seulement étayée sur des moyens nouveaux, circonstance insuffisante pour écarter l'exception de chose jugée. Malgré l'évidence de ces arguments, la Cour de Cassation n'avait pas admis tout d'abord cette solution, et dans un arrêt de rejet du 5 août 1826, elle avait jugé que des faits usuraires antérieurs à une première condamnation dans laquelle ils n'ont pas été compris, pouvaient devenir les éléments d'une poursuite nouvelle quand il avait été commis de nouveaux faits d'usure depuis cette condamnation. Elle est revenue depuis sur sa jurisprudence dans un arrêt de rejet du 25 août 1836. Aujourd'hui la question est devenue d'une importance beaucoup moindre par suite des dispositions nouvelles de la loi de 1850 qui décide : « qu'après une première condamnation pour habitude d'usure, le nouveau délit résultera d'un fait postérieur, même unique, s'il s'est accompli dans les cinq ans à partir du jugement ou de l'arrêt de condamnation. »

SECTION QUATRIÈME

Sanction pénale.

La sanction du délit d'habitude d'usure non compliquée d'escroquerie ou d'une circonstance aggravante de récidive, est établie dans l'article 4 de la loi de 1807 modifié, par l'article 2 de la loi de 1850. Voici ces deux textes : article 4 « Tout individu qui sera prévenu de se livrer habituellement à l'usure sera traduit devant le tribunal correctionnel, et en cas de conviction condamné à une amende qui ne pourra excéder la moitié des capitaux qu'il aura prêtés à usure. »

Article 2 « Le délit d'habitude d'usure sera puni d'une amende qui pourra s'élever à la moitié des capitaux prêtés à usure et d'un emprisonnement de six jours à six mois. »

L'article 4 de la loi de 1807 nous dit que les tribunaux peuvent condamner les personnes coupables du délit d'habitude d'usure *en cas de conviction*. On s'est demandé en présence de ces termes de la loi si les tribunaux ne pouvaient puiser leur conviction que suivant les règles du droit civil ou s'ils étaient libres, quel que fût le caractère des titres soumis à leur appréciation, d'admettre en tout état de cause la preuve testimoniale pour établir l'existence du délit. La Cour de Colmar avait en effet décidé que les tribunaux correctionnels étaient incompétents pour apprécier la légalité intrinsèque d'actes soumis à leur appréciation, et qu'il ne pouvait y avoir lieu à poursuite de la part du ministère public tant que les tribunaux civils n'avaient pas prononcé. Cette doctrine de la Cour de Colmar a été avec raison repoussée par la Cour de Cassation, qui a reconnu, dans un arrêt rendu au criminel le 2 décembre 1813, que les tribunaux correctionnels peuvent, sur la poursuite du ministère public, admettre la preuve par témoins pour constater le délit d'habitude d'usure, lors même que le résultat qu'elle doit avoir peut se trouver en contradiction avec des actes authentiques.

Il résulte de l'article 4 de la loi de 1807 comme de l'article 2 de la loi de 1850, que la peine prononcée est double et se compose d'une amende qui ne peut excéder la moitié du capital prêté et d'un emprisonnement qui peut varier de six jours à six mois. Il est bien entendu que la limite fixée par la loi à l'amende est un maximum que les juges ne peuvent dépasser. Mais il ne faudrait pas en induire que ce soit en même temps un minimum. Nul doute que le tribunal ne puisse abaisser l'amende pour la proportionner à la gravité du délit.

Il peut s'élever une difficulté pour le calcul de l'amende, quand la condamnation est basée sur les renouvellements successifs d'un même prêt usuraire. Faut-il considérer la somme successivement prêtée comme une et identique, ou bien considérant chaque renouvellement comme un prêt nouveau, calculer l'amende sur un capital équivalent à la somme des capitaux prêtés. La différence des résultats explique l'importance de la question. Ainsi, je suppose que Pierre ait prêté à Paul la somme de dix mille francs à 10 %, et qu'il soit

intervenu quatre renouvellements successifs. Dans la première hy·
pothèse, le capital étant considéré comme n'ayant subi aucune
modification, le maximum de l'amende sera de cinq mille francs ;
dans la seconde, au contraire, il sera de vingt-cinq mille francs.

La jurisprudence, appelée plusieurs fois à se prononcer sur cette
question, a toujours été unanime pour décider que le calcul devait
être fait sur le capital primitif augmenté d'une somme égale à chaque renouvellement, sur une somme de cinquante mille francs dans
l'espèce. Nous trouvons en effet ce principe formellement consacré
dans un arrêt de la cour de cassation du 31 mars 1837, rendu
contrairement aux conclusions de M. le procureur-général Dupin :
« Attendu, dit la cour, que ce qui sert d'élément au délit, doit
servir d'élément à la peine ; qu'il résulte de là que les renouvellements d'un même prêt entrent nécessairement dans la supputation de
l'amende comme il concourt à caractériser le fait que cette amende
a pour objet de réprimer ; qu'il en est de ces sortes d'actes comme
des prêts successivement faits de la même somme à diverses personnes, puisqu'après chaque renouvellement, le prêteur reprend
la libre disposition de son capital, qu'il peut, à son gré, ou le laisser
au même emprunteur, ou le laisser à d'autres, et que dans
l'un comme dans l'autre cas il forme un contrat nouveau qui, s'il
est entaché d'un contrat d'usure présente le même caractère d'im-
moralité et de dommage ; qu'ainsi en décidant que dans le calcul des
capitaux prêtés à usure il devait être tenu compte du montant des
renouvellements itératifs, par suite desquels étaient intervenues de
nouvelles conventions usuraires, et de nouvelles perceptions d'intérêts excédant le taux légal(1)..... »

Quelle que soit l'autorité qui s'attache à des décisions aussi unanimes des cours d'appel et de la cour suprême, je ne crois pas que
cette opinion doive être suivie. Il me semble en effet qu'il est
impossible d'admettre que ce qui sert d'élément au délit doive

(1) Junge, crim. reg., 23 mars 1838. — Agen, 19 juillet 54. — Dalloz, pér.
55, 2, 164. — Dijon, 17 février 1855, D. P., 55, 1, 264. — La jurisprudence
n'a pas changé depuis la loi de 1850 qui a aggravé la pénalité.

servir nécessairement d'élément à la peine, et il me semble que si, au lieu de s'attacher exclusivement à la lettre de la loi qui, je le reconnais, entendue strictement est favorable à la jurisprudence, on remonte jusqu'à son esprit, on est amené à repousser cette solution qui surtout, depuis la loi nouvelle de 1850 aboutit, en exagérant la peine, à blesser la justice. Je ne puis ici mieux faire que de reproduire les développements savants de M. le procureur-général Dupin dans son réquisitoire.

« Il est nécessaire, dit-il, de faire une distinction entre la convention nouvelle, le prêt nouveau, et la somme réellement prêtée. Sans doute le renouvellement peut avoir le caractère d'un prêt nouveau et d'une nouvelle convention ; mais on n'y voit par le déboursement d'un capital nouveau. Or, il faut remarquer que la loi n'a pris pour base de la fixation de l'amende que le capital réellement prêté, déboursé, sorti de la main du prêteur pour entrer dans celle de l'emprunteur, la certaine quantité qui a été prêtée et qui doit être rendue. Quel que soit le nombre des renouvellements, si le capital prêté est le même, s'il a, comme l'arrêt attaqué le constate dans l'espèce, été laissé dans les mains de l'emprunteur, c'est ce capital seul qui doit servir de base au calcul de l'amende. »

Et il ajoutait : « Dans tous les cas, et alors même qu'il y aurait doute sur l'interprétation à donner à la loi de 1807, le doute devrait se résoudre dans le sens le plus favorable au condamné. N'oublions pas que le système de l'arrêt attaqué ne repose que sur une fiction, celle qui tend à faire considérer les renouvellements comme des prêts nouveaux. Or, en matière pénale surtout, il ne faut s'attacher aux fictions que quand elles sont écrites dans la loi. »

Nous n'avons discuté jusqu'ici que la première pénalité infligée à l'usurier par la loi de 1807. La loi de 1850 y a apporté deux modifications. Elle augmente la sanction établie par la loi de 1807, et elle ajoute à l'amende un emprisonnement qui peut varier de six jours à six mois. Elle y apporte surtout une modification profonde en édictant une pénalité pour la récidive, et en déterminant quelles sont les conditions d'existence de cette dernière. D'après l'article 3,

1er alinéa, de cette loi nouvelle, la récidive oblige les tribunaux,
sauf l'application de l'article 463 du code Pénal, à prononcer le
maximum de la peine édictée par l'article 25, et permet aux juges
de la porter jusqu'au double, sans préjudice du droit qu'ont les
tribunaux de placer le condamné sous la surveillance de la haute
police, ainsi que le portent les articles 57 et 59 du code pénal,
D'après le même alinéa, le fait de la récidive peut résulter d'un
prêt isolé, pourvu toutefois que ce prêt intervienne dans les cinq
ans à partir de la condamnation. Sous la loi de 1807, l'habitude
d'usure devait précéder toute poursuite. L'article 3, alinéa 1er, de
la loi de 1850 nous dit en effet: « en cas de nouveau délit d'usure,
le coupable sera condamné au maximum des peines prononcées par
l'article précédent, et elles pourront être élevées jusqu'au double,
sans préjudice des cas généraux de récidive prévus par les articles
57 et 59 du code pénal. »

Une autre question qui a aussi quelque peu prêté à la controverse
est celle de savoir si la complicité doit être admise en notre matière
et si les tribunaux correctionnels peuvent appliquer des peines
aux complices des stipulations usuraires. La raison de douter
venait du silence de la loi de 1807 et de celle de 1850 sur la question. Mais on est généralement d'accord pour admettre qu'il y a
lieu, en l'absence de règles spéciales, de faire ici l'application du
droit commun en matière de complicité. On ne peut donc douter
que les tribunaux en reconnaissant l'existence d'un fait d'usure, ne
puissent condamner avec l'auteur du délit les complices de ces
mêmes délits. Il est également certain que la femme peut tomber
sous le coup de la loi pénale s'il était reconnu qu'elle ait pris part
avec son mari à la passation d'un acte usuraire. La complicité peut
résulter de ce fait qu'une personne avait confié à une autre ses
capitaux pour les faire valoir à un taux usuraire ; elle peut encore
résulter de conseils donnés aux délinquants. Ainsi il a été jugé
plusieurs fois qu'un notaire qui conseillerait habituellement à ses
clients le prêt usuraire, ou leur fournirait les moyens de déguiser
ce contrat illicite sous les dehors d'un contrat valable, pourrait être
condamné comme complice et se voir, à ce titre, appliquer la même

peine que l'auteur principal. Mais pour que cette complicité existât il faudrait, comme le fait très-exactement remarqué M. Roland de Villargues : 1° que les actes usuraires eussent été passés en faveur du même individu ; 2° qu'ils fussent assez nombreux pour constituer l'habitude.

On s'est encore demandé si le tribunal correctionnel pourrait sur les conclusions de la victime du délit se portant partie civile, condamner le délinquant à lui payer des dommages et intérêts nonobstant la réduction antérieurement prononcée par le tribunal civil ? Je crois, nonobstant l'opinion contraire de plusieurs cours d'appel, qu'il ne faut pas hésiter à décider que les tribunaux correctionnels ne seraient pas compétents pour accorder des dommages et intérêts à la partie lésée. En effet, il est impossible d'admettre qu'il puisse être prononcé deux réparations civiles. La loi a déterminé ce que devait être la réparation civile en organisant dans l'article 3 de la loi du 3 septembre 1807 les actions en réduction et en restitution. Les dommages et intérêts accordés par les tribunaux correctionnels manqueraient donc de base puisque le dommage, seule cause de l'action, aurait déjà été réparé. « Attendu, dit un arrêt de la cour de Bordeaux du 12 juillet 1837 que lorsqu'il s'agit de prononcer sur l'action en réparation du dommage causé par un fait, ce fait doit être examiné en lui-même, et le préjudice qui en a été la suite être estimé.

Attendu que ne pouvant connaître des réparations civiles que lorsqu'ils y statuent accessoirement à un délit, les tribunaux correctionnels sont sans attribution pour statuer sur l'action en réparation du dommage à laquelle un fait particulier d'usure peut donner lieu. Qu'au surplus et indépendamment du motif ci-dessus puisé dans la nature complexe du délit il s'agit, le texte de l'article 3 de la loi du 3 septembre 1807 indique qu'en fait de prêt conventionnel le prêteur ne peut être tenu que par la loi civile à réparer le préjudice causé soit en restituant l'excédant de l'intérêt civil s'il l'a reçu, soit en souffrant la réduction sur le principal de la créance.... etc.. »

Ces considérants sont parfaitement exacts et la doctrine de Bordeaux a été consacrée dans plusieurs arrêts par la cour suprême (1).

L'usure peut quelquefois être simple, c'est-à-dire dégagée de tout élément criminel étranger et c'est pour elle que sont faites les pénalités que nous venons d'édicter. Mais elle peut aussi se compliquer d'éléments criminels nouveaux indiquant chez le délinquant un degré de criminalité plus élevé. C'est ainsi par exemple qu'au délit d'usure peut se joindre le délit d'escroquerie ou celui d'abus de confiance. Si nous ne consultions que le droit commun nous dirions qu'il n'y a lieu, dans l'espèce, par application de l'article 365 du code d'instruction criminelle, qu'à prononcer la peine la plus forte. Mais les deux lois spéciales sur la matière apportent ici une dérogation au droit commun. Voici en effet comment sont conçus les articles, 4 2ᵉ alinéa de la loi de 1807 et 4 de la loi de 1850.

Article 4. — S'il résulte de la procédure qu'il y a eu de la part du prêteur escroquerie, il sera condamné, outre l'amende ci-dessus, à un un emprisonnement qui ne pourra excéder deux ans.

Article 4 (loi 1850). — S'il y a escroquerie de la part du prêteur, il sera passible des peines prononcées par l'article 405 du code pénal sauf l'amende qui demeurera réglée par l'article 2 de la présente loi.

Il résulte bien de ces deux textes que lorsque au délit d'usure se joint le délit d'escroquerie, le cumul des peines prononcées séparément par le code pénal et par les lois spéciales sur la matière peut avoir lieu, contrairement au droit commun qui veut, en ce cas, lorsque plusieurs crimes ou délits ont été commis, que la peine la plus forte soit seule prononcée. A ce sujet on s'est demandé à quels textes il fallait se reporter pour la définition et la constatation de l'escroquerie, car, une loi du 12 juillet 1791, déterminant la nature de l'escroquerie était en vigueur au moment où fut promulguée la loi de 1807, et l'article 405 du code pénal qui forme aujourd'hui la législation en vigueur ne fut décrété qu'en 1810. On comprend par suite que, la définition de l'escroquerie donnée par ces deux textes étant différente, il n'est pas sans importance de savoir auquel de

(1) *Secus*, crim. rej., 24 décembre 1825.

ces deux textes il faut se référer. La jurisprudence n'est pas unanime sur la solution à donner à cette difficulté. Plusieurs arrêts de
cour d'appel et un arrêt de cassation du 14 juillet 1827 avaient
décidé que l'article 35 de la loi du 22 juillet 1791 était seul applicable en cette matière et qu'il n'y avait pas lieu d'appliquer l'article 405 du code pénal puisqu'il n'avait été promulgué qu'en 1810.
Mais on avait généralement admis que la loi de 1807 n'ayant pas
défini ce qu'on devait entendre par escroquerie, il était naturel de
se référer avant le code pénal à l'article 35 de la loi de 1791 et
depuis le code à l'article 405 qui définit l'escroquerie d'une manière
moins large (1). Cette question du reste ne fait plus doute aujour-
d'hui depuis la loi des 19-27 décembre 1850 dont l'article 4 renvoie
en effet formellement à l'article 405 du code pénal.

Ces principes spéciaux que la loi de 1807 et celle de 1850 établissent en matière d'escroquerie doivent-ils être étendus au cas
d'abus de confiance ? L'affirmative est généralement admise et se
fonde sur l'intention évidente du législateur. En effet dans la loi de
1791 l'escroquerie avait un sens beaucoup plus large que celui qui
lui a été donné dans notre code pénal actuel. Elle s'entendait de
toute manœuvre frauduleuse employée pour tromper les emprunteurs. La loi de 1850 en se servant du même mot a dû nécessairement l'employer dans le sens primitif qu'il avait. C'est du reste
parfaitement logique car *ubi eadem ratio idem jus*. Cette solution
est du reste généralement admise en doctrine et en jurisprudence (2).

L'exercice habituel de l'usure est un délit, mais qui diffère des
délits ordinaires parce qu'il est complexe et n'existe que par la
réunion de plusieurs faits. Il n'est donc point douteux que le ministère public qui a réuni tous les éléments du délit ne puisse poursuivre directement le délinquant devant les tribunaux correctionnels.

---

(1) *Sic*, crim. rej., 4 mai 1837. — Crim. cass., 11 mai 1839. — Conf.
MM. Garnier, p. 90, Chardon, p. 88. — *Secus*, M. Petit.

(2) Cass., 2 mai 1851. — Bordeaux, 16 mars 1859, confirmé par un arrêt de
cassat. du 4 février 1860, dev. 61, 1, 895.

Mais un point très-controversé est celui de savoir si un particulier qui se prétend victime d'un fait d'usure habituelle pourrait comme cela est permis en droit commun, intenter lui-même l'action pénale devant les tribunaux correctionnels, et se porter partie civile sur l'action du ministère public. On est généralement d'accord quant au premier point de la difficulté pour refuser au particulier lésé la mise en mouvement de l'action publique. En effet l'habitude d'usure étant un fait complexe et le prêt usuraire dont se plaint l'emprunteur étant un prêt isolé, la preuve qu'il en ferait serait insuffisante pour établir le délit. En un mot l'action appartenant à chacun des individus lésés se restreignant à son seul intérêt, nul n'a qualité pour poursuivre la répression d'un délit qui se compose de plusieurs faits distincts (1)

Mais la controverse est beaucoup plus vive sur le point de savoir si l'emprunteur lésé peut se porter partie civile sur l'action intentée par le ministère public? MM. Chauveau et Faustin Helie (journal de droit criminel, vol. 38 p. 62) admettent l'affirmative qui a été aussi soutenue dans l'arrêt solennel de 1839 et a été consacrée plusieurs fois pour les cours d'appel. Les partisans de ce système se fondent sur ce que les articles 1, 3, 63 du code d'instruction criminelle ont attribué à la juridiction criminelle ou correctionnelle les actions civiles pour éviter de multiplier les actions et les procédures. Ils se fondent encore sur ce que le fait incriminé constitue véritablement un délit car s'il est vrai que l'habitude d'usure se compose de faits particuliers, il n'est pas moins vrai que lorsqu'un individu est condamné pour habitude d'usure, il est nécessairement condamné pour chacun de ces faits particuliers; que dès lors on ne peut concevoir qu'un fait qui a donné lieu à une condamnation correctionnelle soit un délit par sa réunion avec d'autres faits et qu'il cesse de l'être quand il s'agit de prononcer la réparation civile.

---

(1) Confes., Chardon, *de l'usure*, N° 36. — Garnier, id., p. 82 — Crim., cass., 8 fév. 1809. — Crim. rej., 5 mars 1813. — Crim. cass., 2 mars 1826. — Crim. rej., 18 février 1850. — Crim. cass., Chambres réunies, 21 juillet 1841.

Quelque spécieux que soient ces arguments la cour suprême a toujours admis que le particulier lésé ne pouvait porter son action civile devant les tribunaux correctionnels. Je ne puis mieux faire que de citer ici les considérants de l'arrêt solennel du 4 novembre 1839 rendu contrairement aux conclusions de M. le Procureur général Dupin.

« Attendu que l'action civile en réparation du dommage causé par tout fait quelconque de l'homme est de sa nature dans les attributions des tribunaux civils ; que ce n'est que par exception à l'ordre général des juridictions que la loi criminelle a autorisé facultativement l'exercice de l'action d'intérêt privé devant les juges qui ont pour mission spéciale de réprimer, dans l'intérêt de la société, les crimes, délits et contraventions.

Attendu qu'en réglant l'exercice de cette faculté les articles 1, 3, 63 du code d'instruction criminelle ne permettent de porter l'action civile devant les tribunaux correctionnels soit accessoirement à l'action publique soit par citation directe, qu'à celui qui se prétend lésé par un délit et qui réclame la réparation du dommage causé par ce délit, qu'il faut donc que le fait sur lequel cette action se fonde, constitue par lui-même un délit.

Attendu qu'en introduisant un principe nouveau en matière de prêt d'argent et relativement à l'intérêt conventionnel, la loi spéciale du 3 septembre 1807 a fixé les limites de la répression à laquelle elle a voulu parvenir ; qu'en ouvrant la voie civile pour la réparation du fait particulier d'usure, elle n'a ouvert la juridiction correctionnelle et établi la répression pénale que] contre celui qui se livre habituellement à l'usure ; qu'ainsi et devant la juridiction correctionnelle le fait particulier d'exaction usuraire qui a été exercé à l'égard de tel individu, n'est que l'un des éléments dont la réunion composera le délit complexe d'habitude d'usure, mais ne constitue par lui-même ni la cause de l'action publique, ni la base de la condamnation pénale, ni par conséquent le délit ; d'où il suit que le dommage qui a pu résulter de ce fait particulier n'ayant pas été causé par un délit, l'action civile en réparation de ce dommage ne peut être portée que devant les tribunaux civils etc... Casse (1) ».

Les tribunaux correctionnels ne sont pas obligés dans les jugements par lesquels ils condamnent des individus comme coupables du délit d'usure de déclarer le taux auquel l'argent a été prêté. Il suffit qu'ils déclarent que la plupart des prêts ont eu lieu à un taux qui excède le taux légal. Mais il est indispensable qu'ils déterminent le chiffre auquel s'élèvent les prêts usuraires afin que les tribunaux d'appel ou la cour suprême puissent apprécier si l'amende a été régulièrement calculée.

Il me reste pour en finir avec cette matière à examiner une dernière question. Par quel laps de temps se prescrit l'action publique née du délit d'usure ? La loi de 1807 et celle de 1850 sont complètement muettes sur ce point. Aussi doit-on décider qu'en l'absence de texte spécial, c'est aux principes de droit commun qu'il faut se référer.

Nous appliquerons donc ici l'article 638 du Code d'instruction criminelle aux termes duquel tous les délits se prescrivent par trois ans. Mais quel sera le point du départ de cette prescription ? La difficulté vient de ce que l'on n'est pas ici en présence d'un délit ordinaire mais d'un délit complexe dérivant non d'un fait mais de l'habitude d'un fait qui seule peut lui donner naissance et le constituer. Aussi ne doit-on pas s'étonner que les auteurs ne soient pas d'accord sur ce point. M. Chardon dans son traité du dol, soutient que la prescription ne doit commencer qu'à compter du jour du dernier paiement. M. Petit, au contraire, dans son traité de l'usure, page 102, donne comme point de départ de la prescription le prêt lui-même. « De deux choses l'une, dit-il, si c'est le paiement et non le prêt qui constitue le fait d'usure, on est irréprochable jusqu'au paiement ; si, au contraire, c'est le prêt qui est répréhensible, si c'est le prêt qui est la contravention à la loi, c'est du jour du prêt que doit courir la prescription. Or, ce qui constitue le délit, c'est le prêt, car ce que la loi de 1807 défend, c'est de prêter ».

Quelque logiques que soient ces arguments, je crois que la doctrine de M. Chardon est préférable. En effet, il me paraît impossible de séparer le paiement du prêt. Le premier n'est que l'exécution, le complément du second. Ajoutons ensuite que l'intérêt social commande d'adopter cette doctrine, car si la prescription commençait à courir du jour du prêt lui-même on se verrait souvent dans l'impossibilité de réunir assez de faits non prescrits pour constituer le délit d'habitude d'usure. Ainsi donc, quand trois ans se sont écoulés depuis le dernier paiement effectué en exécution d'un contrat usuraire, tous les faits antérieurs sont prescrits et ne pourraient plus légalement servir de base à une action publique; mais qu'un nouveau prêt usuraire soit consenti avant l'expiration des trois ans et aussitôt revivent tous les prêts antérieurs même ceux postérieurs de plus de trois ans à la passation du dernier. On conçoit, en effet, que sans cette renaissance, si je puis m'exprimer ainsi, de tous les faits antérieurs il serait très-difficile, pour ne pas dire impossible, de réunir des éléments en nombre suffisant pour établir le délit et l'amende qui doit lui être appliquée (1). Remarquons enfin que le délit d'escroquerie réuni à l'usure ne forme pas un délit distinct de celle-ci et par suite qu'il est soumis à la même prescription.

(1) Crim. rej., 13 juin 1821. — 24 décembre 1825. — Rej., 25 février 1826. — Cass., 21 octobre 1841. — Agen, 29 juillet 1851. — Cass., 17 mai 1851. — Cass., 30 décembre 1853.

APPENDICE

LÉGISLATIONS ÉTRANGÈRES.

Je n'aurais pas épuisé complètement ce sujet si, arrivé à ce point de mon travail, je n'examinais brièvement quel est l'état des législations européennes. Je dois d'autant moins omettre cette dernière partie de mon sujet que sur ce terrain je rencontre encore mes adversaires qui puisent dans la comparaison des diverses législations un dernier argument en faveur de leur système. J'aurai, en le réfutant, renversé le dernier rempart derrière lequel ils s'abritent.

L'Angleterre était au commencement de ce siècle soumise à une législation restrictive. Ce n'est qu'en 1837 que celle-ci s'est transformée, pour faire place à une législation consacrant le principe de la liberté. La fixation du taux de l'intérêt a été depuis cette époque laissée à la libre détermination des parties contractantes. Une seule exception avait été maintenue pour le prêt hypothécaire; mais elle a disparu en 1854 sous les efforts réitérés des économistes. Aujourd'hui l'Angleterre, qui n'a jamais établi de distinction entre les matières civiles et les matières commerciales, jouit de la liberté la plus complète.

L'Italie a suivi la voie dans laquelle s'était engagée l'Angleterre. Une loi du 5 juin 1857 a proclamé la liberté du prêt à intérêt. Le délit d'usure a été supprimé dans le code pénal, et la seule garantie que la législation italienne accorde à l'emprunteur contre l'avidité du prêteur consiste dans faculté de rembourser, à l'expiration d'une période quinquennale, le capital produisant des intérêts trop élevés. Encore faut-il que l'emprunteur avertisse par écrit six mois d'avance le prêteur du versement qu'il est dans l'intention de lui faire.

L'Espagne a aussi aboli toute loi restrictive. Les parties sont libres de stipuler tel intérêt qu'il leur convient pourvu, que la convention soit rédigée par écrit. Le taux légal n'est pas fixé législativement : chaque année le gouvernement a le pouvoir de le déterminer. Notre article 1908 actuel a aussi passé dans la législation espagnole. Le remboursement du capital, sans réserve des intérêts de la part du prêteur, en fait présumer le paiement et libère le débiteur.

La Prusse, après de longues hésitations, a aujourd'hui adopté le même principe. Une première tentative en ce sens, faite par le gouvernement, avait échoué en 1857, devant la Chambre des Seigneurs, entraînés par l'éloquente opposition de M. de Rittberg. Mais en 1860, avant la guerre d'Autriche, le roi Guillaume a proclamé la liberté de l'intérêt, en n'apportant de restriction à ce principe que pour le prêt hypothécaire. Mais toute faculté est laissé à l'emprunteur de se libérer, après un délai de six mois, de toute dette produisant un intérêt supérieur à 6 p. %.

En Saxe, nous rencontrons encore une loi limitative. L'intérêt conventionnel est fixé, en matière civile, à 5 p. %. et à 6 p. % en matière commerciale. L'anatocisme est formellement interdit.

En Belgique, le principe de liberté a aussi triomphé. Depuis une loi du 8 mars 1865 les parties contractantes peuvent fixer comme elles l'entendent le taux de l'intérêt. Toutefois, la législation belge reconnaît encore un délit d'usure. Ce délit a lieu quand le prêteur abuse de l'inexpérience, de la jeunesse et des passions de l'emprunteur. L'article 367 du Code pénal frappe d'un emprisonnement d'un mois à un an, et d'une amende de 1,000 à 10,000 francs l'usurier convaincu de ce délit. Cette sanction pénale, bien qu'elle laisse place à l'arbitraire, a au moins l'avantage de ne pas laisser impunis les misérables qui exploitent la faiblesse et la misère.

Le Danemarck est depuis 1855 régi par le principe de liberté, en matière de prêt à intérêt. Le roi Frédéric VII a, le 6 avril 1855, décidé que l'intérêt serait libre, ne faisant d'exception que pour le prêt sur les immeubles. Encore même dans ce dernier cas, il est loisible au ministre d'accorder, sur la demande des parties, l'autorisation de prêter à un taux supérieur à 4 %, qui est le taux légal. En dehors de cette autorisation, le prêt hypothécaire fait à un taux usuraire rend le prêteur passible d'une amende qui peut aller jusqu'à vingt fois le double du profit illicite, et en cas d'impossibilité de déterminer le profit les juges ont tout pouvoir de déterminer le *quantum* de l'amende, d'après les circonstances.

La Suède n'a pas suivi l'exemple que lui donnaient la plupart des États européens. Elle n'a apporté aux lois limitatives qui la régissent qu'une légère modification. Une loi du 13 septembre 1864 n'a laissé la détermination du taux de l'intérêt à la libre volonté des parties que pour les prêts dont l'échéance ne dépasse pas six mois; il faut en outre que l'argent soit avancé contre obligation que ne garantit pas un droit d'hypothèque ou de gage à titre hypothécaire.

Les États-Unis n'ont pas, sur ce point, de législation uniforme. Aucune loi fédérale n'a été votée, et chaque État conserve ses lois spéciales. Il faut du reste reconnaître que dans ce pays jeune et rude, qui s'effraie difficilement des inconvénients de la liberté, le taux de l'intérêt est presque partout libre, et les tribunaux se montrent très-larges dans l'appréciation de l'intérêt.

En Autriche et en Russie, les lois restrictives sont encore en vigueur. L'intérêt légal est de 5 pour % en matière civile et de 6 pour % en matière commerciale. Toutefois, la législation russe paraît être sur le point de se transformer dans le sens de la liberté. Je lis en effet dans le *Journal Officiel* du 5 février 1874, une dépêche datée de Saint-Pétersbourg et ainsi conçue : « Le projet de loi portant abolition du taux légal de l'intérêt a été révisé par le ministère de la Justice et soumis de nouveau à l'examen des départements réunis de législation, d'économie, et des affaires civiles du conseil de l'empire. La fixation du taux de l'intérêt serait abandonnée aux parties contractantes; dans le cas où le taux n'aurait pas été déterminé par écrit et dans ceux où il est réglé par une disposition légale, il serait de 6 % par an. Le projet ne permet pas de stipuler des intérêts pour les intérêts. Il autorise toutefois la capitalisation des intérêts lorsqu'après un an ceux-ci n'ont pas été payés. »

Enfin dans l'empire du Brésil, au Chili, dans la République de l'Équateur, dans la Republique de la Nouvelle-Grenade, au Pérou, dans l'Uruguay, les parties peuvent librement fixer le taux de l'intérêt.

Tel est brièvement exposé, car on comprend que l'étendue déjà considérable de ce travail ne me permet pas d'entrer dans des détails, l'état de la législation des principaux peuples sur le taux de l'intérêt. Il est certes favorable aux partisans des doctrines économiques, qui voient dans cette majorité d'adhésions à leur système une preuve de la vérité des principes qu'ils préconisent. Aussi ne se font-ils pas faute de l'opposer comme la meilleure démonstration de leurs théories, celle qui résulte des faits, à tous ceux qui non convertis à leur doctrine, se serrent encore autour de la loi de 1807 pour la défendre.

Il semble, d'après eux, que la France, habituée à devancer les autres nations dans la voie du progrès, se soit en cette matière laissée dépasser par la presque unanimité des peuples qui l'entourent, perdant ainsi son ancien prestige et son antique renommée. Ces considérations tant de fois déjà développées par les économistes, et avec complaisance parce qu'elles excitent l'amour-propre national en le blessant, sont-elles philosophiquement et pratiquement vraies, et devons-nous nous incliner devant la doctrine qu'elles défendent, comme devant une vérité que la voix des nations elle-même semble proclamer. Je ne le crois pas ; et je pense qu'ici encore les partisans de la loi de 1807 ne sont pas désarmés devant les derniers coups qu'on leur porte, et que des considérations de l'ordre le plus élevé militent pour le maintien de la loi restrictive qui nous régit. S'il est un principe certain que la philosophie du droit a mis en pleine lumière, c'est que toute législation se compose de deux parties légitimes, quoiqu'essentiellement distinctes. La première, composée de ces principes immuables que la raison déduit à priori, que l'expérience confirme, et qui, vrais en tout temps et en tous lieux, peuvent être transportés au-delà de toutes les frontières, parce qu'ils ne sont le patrimoine exclusif d'aucun pays ; l'autre, indigène, portant la marque des traditions locales, des mœurs, des besoins de chaque peuple, et qui résument en un mot ce qu'il y a de spontané dans son existence. C'est de cette seconde partie que Pascal ne pourrait dire « vérité en deçà, erreur au delà. » Car, bien que différentes dans leur principe et opposées dans leurs conséquences, les règles qui la composent n'en sont pas moins vraies, chacunes, dans le milieu qu'elles régissent. C'est dans cette dernière catégorie que l'on doit faire rentrer la loi limitative du taux de l'intérêt. Ce n'est pas par la comparaison qu'on en fait avec les lois étrangères qu'il faut l'apprécier, mais en elle-même, par l'étude des conditions économiques dans lesquelles se trouve placé le peuple qu'elle régit, de ses mœurs, de ses instincts, de ses habitudes et de son génie. Or, la constitution de la France, les principes qui président à son développement, ses instincts, ses aspirations, son génie enfin, car ce mot résume tout, sont-ils les mêmes que ceux des nations qui l'entourent et au millieu desquelles elle vit ? Assurément non. Et il suffit de jeter les yeux sur le sol français pour s'en convaincre.

Dans notre pays, le capital est constitué démocratiquement, notre législation, nos mœurs contribuent à le diviser à le morceler sans cesse en le répandant entre plus de mains.

Que les économistes contestent, s'ils le veulent, l'excellence de ces résultats, ils sont dans leur droit. Mais en fait ces résultats existent, et, je crois quant à moi, qu'ils sont une des plus belles conquêtes de la révolution. Nous ne voyons pas en France, à côté de colossales richesses, une affreuse misère qui est comme une plaie attachée aux flancs de quelques uns des pays qui nous entourent. Nos campagnes sont peuplées de petits propriétaires qui cultivent eux-mêmes leur champ avec l'amour que l'on porte toujours à sa chose, et nos villes sont remplies d'une population honnête active qui gagne honorablement sa vie sans se lancer dans des entreprises de hasard qui donnent naissance à plus de catastrophes quelles n'engendrent de profit. Aussi ne doit-on pas s'étonner en présence d'un pays ainsi organisé que le levier de sa puissance, la condition de sa prospérité soit l'épargne. Adam Smith l'avait déjà constaté dans son ouvrage sur la richesse des nations et c'est un fait qui aujourd'hui se passe de démonstration. Or la loi de 1807 peut revendiquer dans ce résultat une large part. S'il est un principe certain que tous les jours les faits viennent confirmer, c'est que l'épargne ne fleurit et ne se développe que dans des circonstances déterminées. La régularité et la fixité du revenu bien plus que l'alternative continuelle de hausse et de baisse en sont la source. Le capital influe plus qu'on ne pense sur les mœurs. Là où le revenu est modeste, mais assuré et certain, la prévoyance se développe et donne naissance à l'épargne. Que la spéculation au contraire s'empare d'un peuple, que les fréquentes oscillations de la fortune viennent développer dans son sein les ardentes convoitises et la soif insatiable du gain, alors les vertus modestes et calmes qui font la force véritable des nations disparaissent pour ne plus laisser place qu'à cet enfièvrement qui naît du désir de la richesse et du besoin du luxe, et qui, sous les apparences de la prospérité et de la puissance, ne cachent que misère et faiblesse. Sachons donc dans l'intérêt de notre puissance matérielle et de notre grandeur morale mettre un frein à cet esprit d'aventure, à ce besoin de jouissances que nous avons déjà trop chèrement expiées et qui grâce à cette loi que l'on attaque aujourd'hui ont pu moins librement se développer.

Que cette prétendue supériorité des peuples qui nous entourent ne blesse pas notre amour propre national. Libre à eux, si leur constitution est moins délicate que le notre, si ce souci de l'honneur, cette horreur pour tout ce qui ressemble de près ou de loin à l'injustice qui paraissent être comme un sens français, sont chez eux moins vifs et moins développés que parmi nous, libre à eux, dis-je, de laisser dépourvu de sanction ce que nous considérons comme un crime. Ces deux qualités, qui de tout temps ont été les nôtres, appartiennent bien à notre nature et doivent exercer sur notre législation une profonde influence, restons tels que nous sommes avec nos qualités et nos défauts, nos instincts et nos mœurs, avec ce qui fait en un mot notre originalité et notre raison d'être. C'est l'explication de nos gloires dans le passé et le fondement de nos espérances dans l'avenir.

CONCLUSION.

Je disais, au début de ce travail, que l'intelligence humaine était faible, et que, pour atteindre la vérité qu'elle sent être son but et sa fin, il lui fallait passer par bien des tâtonnements et bien des luttes, heureuse encore quand elle arrivait à la posséder. Je crois, dans le cours de cette étude sur l'intérêt conventionnel, en avoir fourni la plus éclatante démonstration. Depuis près de trente siècles, l'esprit humain travaille pour trouver la solution de ce problème dont l'histoire nous montre le développement et qui, pas plus aujourd'hui qu'à Rome, n'a pu être étudié sans passion. A-t-il réussi ? Je n'ose l'affirmer. Au milieu de ce conflit d'opinions contradictoires naissant du caractère éminemment complexe du problème, l'esprit se prend à douter et hésite à se prononcer dans un sens ou dans l'autre. Depuis la loi de 1807 la controverse est loin d'être apaisée. Deux fois déjà, en 1830 et en 1850, deux propositions ont été faites à la Chambre des Députés pour demander l'abrogation de la loi qui nous régit. Tout récemment encore un nouveau projet de loi tendant au même but vient d'être déposé sur le bureau de l'Assemblée Nationale par l'honorable M. Limpérani. Les deux premières ont été rejetées, et le vote de la Commission chargée d'apprécier la troisième permet de croire qu'elle subira le même sort. L'Église elle-même ne s'est pas encore désintéressée dans la question ; et tous les jours paraissent de nouveaux ouvrages qui recherchent ce que doivent être son influence et ses principes. On comprend qu'en présence de dissentiments aussi profonds entre les meilleurs esprits et les autorités les plus respectables, je sente mon insuffisance.

Ce n'est qu'après bien des perplexités que je me suis décidé à soutenir la loi de 1807 ; si je me suis trompé j'aurai du moins pour excuse ma bonne foi.

POSITIONS.

DROIT ROMAIN.

I.

Le taux de l'*unciarium fœnus*, fixé par la loi des XII Tables était de 10 %.

II.

Lorsqu'un pacte d'intérêts est adjoint *in continenti* à une stipulation le créancier a l'action *ex stipulatu* pour les intérêts comme pour le capital.

III.

Dans le cas de pacte d'intérêts adjoint *in continenti* à un *mutuum* de somme d'argent, le créancier n'a qu'une exception.

IV.

S'il est intervenu des offres réelles, suivies de consignation, le cours des intérêts cesse à partir de l'offre.

V.

L'obligation de payer des intérêts ne peut s'établir par prescription.

VI.

Le débiteur ne peut forcer son créancier à recevoir le paiement de sa créance avant le terme, *deducto interusurio.*

DROIT CIVIL.

I.

Le prêt de denrées dont le cours est constaté par des mercuriales peut être fait à un taux supérieur au taux légal.

II.

La convention d'anatocisme ne peut avoir pour objet que des intérêts échus.

III:

L'action en réduction d'une stipulation usuraire est imprescriptible. L'action en restitution des intérêts usuraires se prescrit par trente ans.

IV.

La possession d'état n'est pas admissible comme preuve de la filiation d'un enfant naturel.

V.

Les créanciers non opposants d'une succession bénéficiaire qui se présentent avant l'apurement du compte et le paiement du reliquat peuvent exercer leur recours et contre les créanciers déjà payés et contre les légataires.

VI.

La quotité disponible de l'article 1094, alinéa 2, est tout à la fois restrictive et extensive de la quotité disponible de droit commun.

VII.

La réserve de l'enfant naturel en concours avec un légataire universel, lorsque le défunt a laissé des frères et sœurs ou descendants d'eux, est égale à la moitié de celle qu'aurait un enfant légitime.

VIII.

La sanction de l'article 171 consiste dans les difficultés et les lenteurs que présentera la preuve du mariage, lorsque l'acte de célébration n'aura pas été transcrit sur les registres français.

IX.

Le créancier à hypothèque générale peut poursuivre, à son choix, l'expropriation d'un immeuble du débiteur quand bien même l'immeuble choisi serait grevé d'une hypothèque spéciale postérieure et quand bien même il existerait dans le patrimoine du débiteur d'autres immeubles libres de toute hypothèque spéciale. — Le créancier à hypothèque spéciale n'aurait dans ce cas d'autre ressources que la subrogation par voie de paiement direct.

DROIT COMMERCIAL.

I.

L'escompte n'est pas soumis à la loi de 1807.

II.

Le prêt fait par un non-commerçant à un commerçant peut être
fait valablement à 6 %.

PROCÉDURE CIVILE.

I.

La constitution d'avoué n'est pas nécessaire dans la procéduro
de référé.

II.

La saisie-arrêt pratiquée même pour une créance inférieure à ce
qui est dû par le tiers saisi a néanmoins pour effet d'atteindre et
d'arrêter, dans les mains de ce tiers saisi, la totalité de ce qu'il doit
au saisi.

DROIT INTERNATIONAL.

I.

Les tribunaux français, dans le cas de prêts faits en pays étranger
au-dessus du taux légal français, peuvent condamner l'emprunteur
à payer les intérêts stipulés pourvu qu'ils ne dépassent pas le taux
fixé par la loi du pays ou la convention a été passée.

II.

Les tribunaux français sont compétents pour connaître d'une
action en partage d'une succession ouverte en pays étranger,
intentée par un co-héritier français.

DROIT PÉNAL.

I.

L'amende dans le cas d'un prêt unique successivement renouvelé doit être calculée seulement sur le capital réellement prêté.

II.

S'il y a eu continuité de faits usuraires la prescription ne commence à courir, même pour les faits antérieurs à trois ans, qu'à partir du dernier paiement.

Vu :
Ce 80 avril 1874.
Le Président de la thèse,
H. MABIRE.

Vu :
Ce 7 mai 1874.
Le Doyen,
BLONDEL.

Permis d'imprimer :
Ce 7 mai 1874.
Le Recteur,
FLEURY.

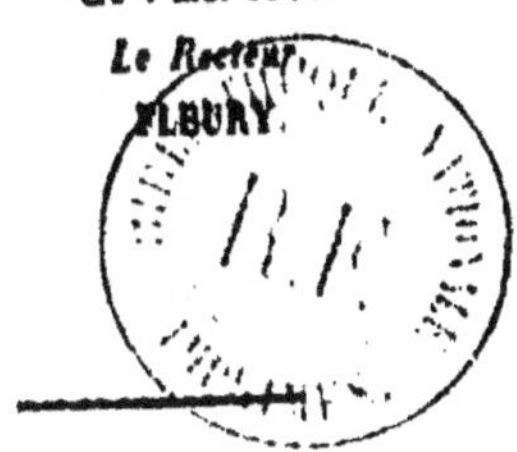

Lille-Imp. L Danel